本书由国家社会科学基金(10XJY036)和
2014年重庆师范大学学术专著出版基金资助

中国企业对外直接投资对国内经济影响研究

ZHONGGUO QIYE DUIWAI ZHIJIE TOUZI
DUIGUONEI JINGJI YINGXIANG YANJIU

古广东 丁伟 高和 姚山 ◎ 著

中国社会科学出版社

图书在版编目（CIP）数据

中国企业对外直接投资对国内经济影响研究/古广东等著.—北京：中国社会科学出版社，2017.1

ISBN 978 - 7 - 5161 - 9683 - 0

Ⅰ.①中… Ⅱ.①古… Ⅲ.①企业—对外投资—直接投资—影响—中国经济—研究—中国 Ⅳ.①F279.23 ②F12

中国版本图书馆 CIP 数据核字（2017）第 000308 号

出 版 人	赵剑英
责任编辑	卢小生
特约编辑	林　木
责任校对	周晓东
责任印制	王　超
出　　版	中国社会科学出版社
社　　址	北京鼓楼西大街甲 158 号
邮　　编	100720
网　　址	http：//www.csspw.cn
发 行 部	010 - 84083685
门 市 部	010 - 84029450
经　　销	新华书店及其他书店
印刷装订	北京明恒达印务有限公司
版　　次	2017 年 1 月第 1 版
印　　次	2017 年 1 月第 1 次印刷
开　　本	710×1000　1/16
印　　张	19
插　　页	2
字　　数	325 千字
定　　价	75.00 元

凡购买中国社会科学出版社图书，如有质量问题请与本社营销中心联系调换
电话：010 - 84083683
版权所有　侵权必究

前 言

作为当今世界最重要的经济现象，对外直接投资在一国经济发展过程中扮演着十分重要的角色。世界经济的兴衰更替，往往也伴随着对外直接投资的发展。在过去四百年里，世界经济发展跌宕起伏，此消彼长，世界经济重心从英国、德国、美国一路转移，直到日本、亚洲四小龙，再到今天的中国乃至所谓的"金砖国家"经济体，这其中对外直接投资一直如影相随。

在有关对外直接投资对母国经济影响研究中，早期研究侧重对外直接投资对一国经济的整体影响，如对国内就业、出口贸易、产业结构、技术和国际收支等方面，这些影响，既有正面的，也有负面的，而且主要是理论方面的研究。而近期研究则侧重于对外直接投资对一国内部经济的具体影响，甚至细分到地域，而且研究内容更加实证化。

近年来，随着"走出去"战略的实施，中国企业对外直接投资的规模越来越大。统计显示2014年，中国企业对外直接投资高达1160亿美元，超过中国利用外资规模，中国已经成为资本的净输出国。对外直接投资对中国国内经济的影响日益显现，在此背景下，本书以"中国企业对外直接投资对国内经济影响的理论分析与实证检验"为题，力求就中国省域的对外直接投资展开相关实证研究。

本书是在笔者主持的国家社会科学基金项目"中国企业对外直接投资对国内经济影响的理论分析与实证检验"（10XJY036）基础上修改而成的。在项目的实施过程中，我们采取了团队合作、分步推进的方式。除本人外，其他人员撰稿分工如下：丁伟（研究生，现任职于中国农业银行重庆市北碚区支行）：第二章、第三章以及第五章部分；高和（研究生，现任职于晋商银行晋阳分行）：第四章、第五章部分及第六章；姚山（博士生，现就读于四川大学）：第七章。另外，我所指导的研究生谭庆国（现就职于中国农业银行重庆市忠县支行）、扬琴等也参与了研究所需资料的收集与整理等工作，在此一并感谢。当然，由于时间和精力有限，难免出现瑕疵，对于本书中可能存在的遗漏与错误，欢迎读者批评指正。

古广东
2015 年 9 月 于重庆大学城师大园

目　录

第一章　导论 …………………………………………………………… 1

　　第一节　研究背景与研究意义 ……………………………………… 1
　　第二节　研究基本框架 ……………………………………………… 3
　　第三节　研究方法与技术路线 ……………………………………… 6
　　第四节　可能的创新 ………………………………………………… 6

第二章　对外直接投资与本国经济发展：文献综述 ………………… 8

　　第一节　发达国家的研究 …………………………………………… 8
　　第二节　发达国家之间的比较研究 ………………………………… 15
　　第三节　发达国家和发展中国家之间的比较研究 ………………… 20
　　第四节　新兴经济体国家之间的比较研究 ………………………… 29

第三章　对外直接投资与本国经济发展：机理分析 ………………… 37

　　第一节　对外直接投资与本国产业结构 …………………………… 37
　　第二节　对外直接投资与本国技术 ………………………………… 44
　　第三节　对外直接投资与本国出口贸易 …………………………… 49
　　第四节　对外直接投资与本国就业 ………………………………… 64
　　第五节　对外直接投资与本国国际收支 …………………………… 72

第四章　对外直接投资与本国经济利益：发达国家实证 …………… 77

　　第一节　对外直接投资与发达国家经济利益 ……………………… 78
　　第二节　美国对外直接投资及其国家经济利益 …………………… 79
　　第三节　日本对外直接投资与其国家经济利益 …………………… 103
　　第四节　对外直接投资与本国经济：美日比较 …………………… 126

第五章 对外直接投资与中国经济：总体研究 ·········· 129

第一节 中国企业对外直接投资对中国产业结构
升级的影响 ·· 129
第二节 中国企业对外直接投资对中国技术进步的影响 ·········· 137
第三节 中国企业对外直接投资对中国国际收支的影响 ·········· 143
第四节 中国企业对外直接投资对中国国内就业的影响 ·········· 151
第五节 中国企业对外直接投资对中国外汇储备的影响 ·········· 160
第六节 中国企业对外直接投资对中国区域经济的影响 ·········· 167
第七节 中国企业对外直接投资对中国出口贸易的影响 ·········· 177

第六章 对外直接投资与本国经济发展：比较研究 ·········· 185

第一节 对外直接投资与本国经济发展：中国和美国的
比较研究 ·· 185
第二节 对外直接投资与本国经济发展：中国和英国的
比较研究 ·· 193
第三节 对外直接投资与本国经济发展：中国和日本的
比较研究 ·· 201
第四节 对外直接投资与本国经济发展：中国和德国的
比较研究 ·· 208

第七章 对外直接投资与中国省域经济发展 ·········· 218

第一节 对外直接投资与中国省域经济发展：
以重庆为例的实证研究 ······························ 218
第二节 对外直接投资与中国省域经济发展：比较研究 ·········· 225
第三节 实证检验：对外直接投资与出口贸易 ····················· 247

第八章 结论与建议 ·········· 267

第一节 研究结论 ·· 267
第二节 政策建议 ·· 270
第三节 进一步研究的方向 ···································· 272

附录 问卷调查表 ·· 273

参考文献 ·· 279

第一章 导论

第一节 研究背景与研究意义

随着全球经济一体化趋势的不断加强，作为国际资本基本流动形式之一的对外直接投资（Outward Foreign Direct Investment，OFDI）已逐渐成为促进当今世界经济发展的最重要、最活跃因素。20世纪80年代以来，国际投资格局发生了巨大变化，无论是传统的发达投资国，还是后起的新兴工业化国家（地区）和发展中国家，都积极采取各种政策措施鼓励本国企业对外直接投资。尽管发达国家的跨国公司在全球对外直接投资中仍然占据主导地位，但来自发展中经济体的对外直接投资在国际直接投资领域也已开始发挥越来越重要的作用。可以说，对外直接投资已经成为全球经济增长的重要推动力量，而学术界关于对外直接投资的相关理论研究也经历了从形成到逐渐完善过程，并产生了丰硕研究成果。但从现有文献资料看，这些研究多以数据资料条件较好的美国、瑞典、日本、英国等发达国家为研究对象，主要研究发达国家跨国公司跨国经营行为对其母国经济利益的影响，大都认为，对外投资对母国的经济影响正效应要大于负效应。但对发展中国家而言，由于对外直接投资起步晚，规模小，对本国经济影响不显著等原因，针对发展中国家对外直接投资的理论研究相对较少，已有研究的视角多是将发展中国家视为东道国角度进行，缺乏对发展中国家作为投资母国的研究。而事实上，处在不同经济发展阶段的国家，对外直接投资对本国经济影响的关注焦点明显不同，发达国家主要着眼于对其国内就业的影响，而发展中国家主要看重对其出口贸易进而国际收支的影响。不容忽视的一点是，发展中国家的对外直接投资已起步，有的发展中国家对外直接投资规模已具相当规模,对本国经济影响已越来越显著。因此,发展中国家对外直接投资对其国内经济影响的理论分析与实证研究正逐渐成为经济学界关注的热点。

中国作为当今世界最大的发展中国家,自20世纪80年代以来,伴随经济的持续高速增长以及对外开放的不断深化,对外直接投资也从无到有、由小到大地迅速发展起来,特别是中央最高决策层提出实施"走出去"战略以来,我国企业界掀起了一轮又一轮对外直接投资高潮。据商务部统计,2014年,我国境内投资者共对全球156个国家和地区的6128家境外企业进行了直接投资,累计实现投资6320.5亿元人民币(折合1028.9亿美元),同比增长14.1%。其中股本投资和其他投资5288.5亿元人民币(折合860.9亿美元),占83.7%,利润再投资1032亿元人民币(折合168亿美元),占16.3%。截至2014年年底,我国累计非金融类对外直接投资3.97万亿元人民币(折合6463亿美元)。[①] 如此规模的对外直接投资,虽不能与西方发达国家相比,也与我国吸引外资规模尚有差距,但其增长速度已令世界瞩目,对外直接投资对我国经济利益影响的研究再次成为国内各界关注焦点。经历了社会发展资金的短缺、国有企业改革的艰辛以及正在经历的就业压力与人民币汇率压力的煎熬,对外直接投资无疑更加引人注目:因为,对外直接投资与这些热点问题息息相关。无论资金外流对国内投资的挤占,还是国内厂商海外建厂对国内就业的替代以及外汇储备激增造成的人民币升值压力,都需要我们认真思考对外直接投资对本国经济的影响。近年来,中国企业的对外直接投资蓬勃发展,总体规模甚至超过作为新兴经济体代表的韩国,更加值得关注的是,这种趋势仍在加速发展。在当前我国人民币面临诸多不利经济因素的背景下,深入探讨对外直接投资对中国经济的影响,并借鉴国际经验予以治理,无疑具有重要现实意义。

但与中国对外直接投资蓬勃发展的现实形成鲜明对照的是,国内外学者有关中国对外直接投资研究还较为缺乏,这与我国对外直接投资起步晚,外向型经济不明显有着直接关系。从国内目前已有的研究文献来看,主要存在以下两方面的问题:其一,欠缺研究深度。目前国内关于对外直接投资的研究,多数在于考察中国对外直接投资的基本动机、发

---

① 商务部统计资料。

展战略、行业与地区分布特点等方面的问题，较少关注对外直接投资对中国经济利益的影响。其二，研究角度单一。这些文献或仅研究对外直接投资对本国出口贸易的影响，或仅研究对外直接投资对本国国内就业的影响，而罕有从整体上研究对外直接投资对本国国内经济影响的文献。基于这种背景，本书以"中国企业对外直接投资对国内经济影响研究"为题，侧重国内研究欠缺的整体研究和分省域和区域的研究，根据我国实际国情和国内有效统计数据，对该领域进行较为系统的理论分析与实证研究，以丰富这一领域的研究成果，弥补理论研究的不足，对我国实施"走出去"战略具有一定理论指导意义与现实借鉴意义。

第二节 研究基本框架

本书的分析框架如图 1-1 所示，包括导论、文献综述和机理分析、先行国家实证、总体实证、比较研究、省域实证以及结论与建议。按照本书框架图的构思，本书共分八章，各章内容如下：

第一章简要介绍本书的选题背景与研究意义、研究思路与基本框架、主要内容以及可能的创新。

第二章对国内外有关对外直接投资与本国经济利益的相关文献进行了梳理和评价，主要从基于先行发达国家的研究、国家之间的比较研究以及基于中国的研究三个角度整理。通过对相关文献的梳理，掌握有关研究结论并以此形成有待实证研究部分进一步检验的一些基本假说。

第三章对外直接投资对本国经济影响的机理分析，就对外直接投资影响本国经济的传导机制框架进行相应研究。就现实经济生活而言，对外直接投资对本国经济的影响是一个错综复杂的问题，是一系列相关因素相互作用的结果，不能一概而论。但对外直接投资对本国经济的影响是客观存在的，是可以进行相应研究的，且可以加以模型化的。本章通过分析认为，可以从以下五个方面分析对外直接投资是如何影响本国的经济的，即对外直接投资与本国产业结构、对外直接投资与本国技术、对外直接投资与本国出口贸易、对外直接投资与本国就业、对外直接投资与本国国际收支平衡。对外直接投资是通过一个复杂的传导机制，对本国的经济产生影响的，这些影响既有积极的，也有消极的，本书力

```
导论 → 研究意义、框架、方法和创新

文献综述 → 先行发达国家的研究
          国家之间的比较研究
          基于中国的研究

机理分析 → 与本国产业结构
          与本国技术
          与本国出口贸易
          与本国就业
          与本国国际收支

发达国家实证 → 美国对外直接投资及其国家经济利益
              日本对外直接投资及其国家经济利益
              美日比较

总体实证 → 对中国产业结构升级的影响
          对中国技术进步的影响
          对中国国际收支的影响
          对中国国内就业的影响
          对中国外汇储备的影响
          对中国区域经济的影响
          对中国出口贸易的影响

比较研究 → 中国和美国比较研究
          中国和英国比较研究
          中国和日本比较研究
          中国和德国比较研究

省域实证 → 以重庆为例的实证研究
          省域之间的比较研究
          三个省份出口贸易的实证研究

结论与建议 → 结论、建议及进一步研究的方向
```

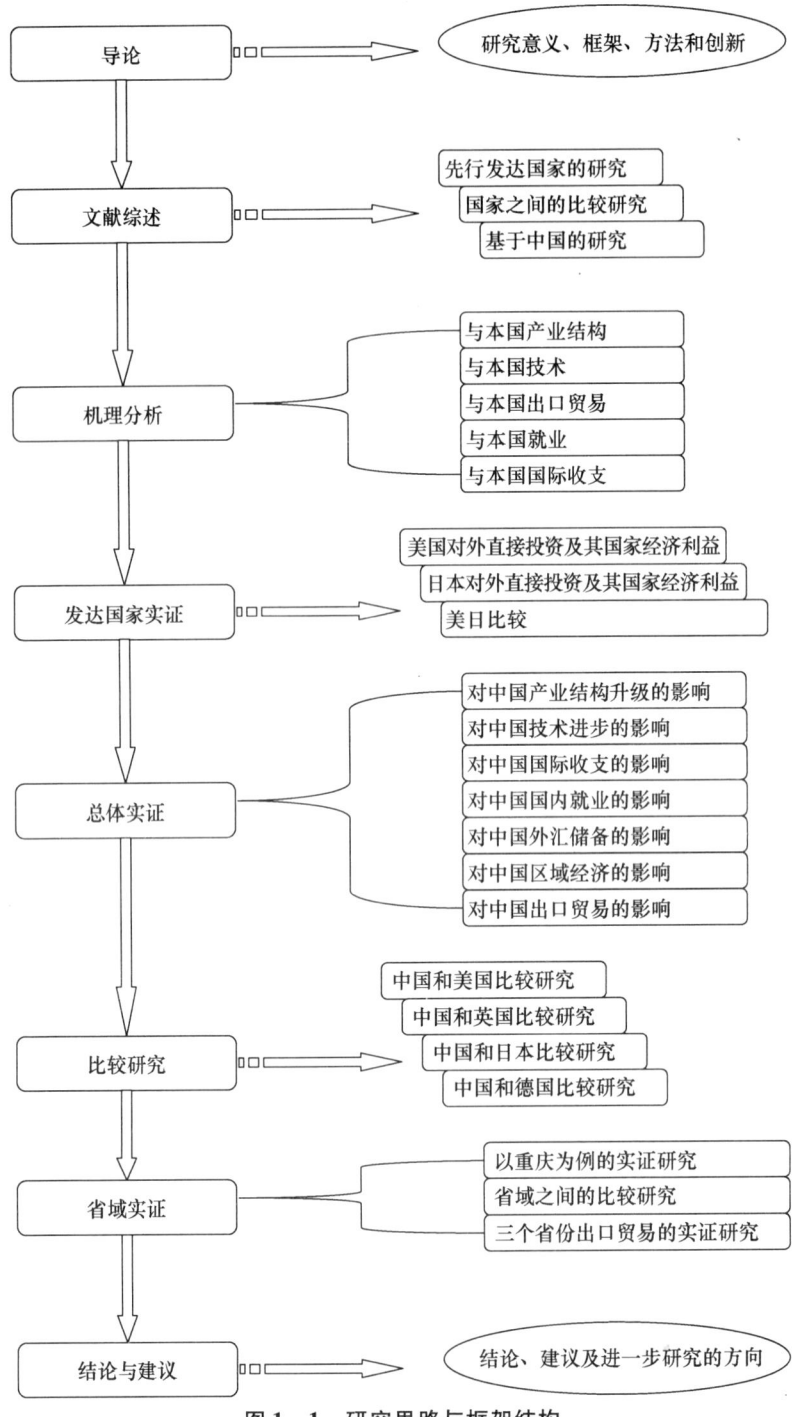

图 1-1 研究思路与框架结构

图通过构建一个完整的传导机制框架，将对外直接投资对本国经济造成的积极与消极两方面的效应纳入其中，并进行分析。

第四章就对外直接投资与发达国家国内经济发展进行实证研究，选择美国与日本两个发达国家研究，分别研究美国与日本对外直接投资历程、对各自国内经济产生的影响以及两个国家对外直接投资与本国经济影响问题进行了比较研究。美国的对外直接投资虽然起步不算最早，但在第二次世界大战后发展速度最快，其对美国国内经济产生了深刻影响；日本在第二次世界大战后的重新崛起，尤其是其产业结构的不断调整、优化与升级，在很大程度上与其对外直接投资息息相关。

第五章就中国企业对外直接投资对中国国内经济影响进行总体研究。研究从七个方面展开，即中国企业对外直接投资对中国产业结构升级的影响、中国企业对外直接投资对中国技术进步的影响、中国企业对外直接投资对中国国际收支的影响、中国企业对外直接投资对中国国内就业的影响、中国企业对外直接投资对中国外汇储备的影响、中国企业对外直接投资对中国区域经济的影响以及中国企业对外直接投资对中国出口贸易的影响。这个分析框架也是迄今为止国内在该领域研究中最完整、最全面的理论分析与实证检验框架。

第六章就中国企业对外直接投资与一些对外直接投资先行国家进行比较研究，分别是中国与美国的对外直接投资的比较研究、中国与英国的对外直接投资的比较研究、中国与日本的对外直接投资的比较研究和中国与德国的对外直接投资的比较研究。比较研究进一步加深了对于中国与先行发达国家在该领域内差距的认识，也提供了中国企业对外直接投资的有益借鉴。

第七章就对外直接投资与中国省域经济发展进行实证研究，该部分也是本书的创新之处。第一部分是以重庆为例的实证研究，从就业、进出口和产业升级三个方面研究重庆企业对外直接投资对重庆经济相关方面的影响。第二部分是不同省份间的比较研究，该部分选取了具有一定可比性省份，两两之间就对外直接投资对各自经济某一方面的影响展开实证研究，进而得出具有一定参考价值的结论。第三部分是关于对外直接投资与出口贸易之间的实证研究，分别以湖南省、广西壮族自治区和福建省为例，比较不同省（市、自治区）对外直接投资与出口贸易之间的关系。

第八章是本书结论、启示、进一步研究的方向及有关建议。

第三节 研究方法与技术路线

本书以相关理论为基础并采用最新统计数据，就中国企业对外直接投资对我国国内经济的影响进行了较为系统的理论分析与实证研究。从思路上看，本书的逻辑框架为"文献综述—理论研究—国家比较研究—省域比较研究—结论建议"。

经济学以实证与规范为主要分析方法，实证分析主要解决的是"是什么"的问题，规范分析则是"怎么样"的问题，因此本书主要采用实证分析与规范分析相结合的方法。在分析大量数据基础上，通过实证验证 OFDI 相关理论对现实的解释能力，并完善相关理论。以此为基础提出相应对策建议，做到实证分析与规范分析的有机统一。

由于本书涉及大量时间序列数据，而计量经济学的协整分析方法能有效解决时间序列的平稳性问题，因此实证分析中主要以协整为基础对数据进行处理。

比较研究及经验分析方法也是经济学研究常采用的方法。本书比较分析了发达国家对外直接投资和中国对外直接投资所产生的影响，并据此比较先行国和中国对外直接投资和这种投资对各自国内经济影响的不同，这些比较对尚处于对外直接投资起步阶段的中国具有一定的借鉴意义。在省域研究方面，选取经济相对发达和相对落后的省域进行比较研究，从较微观的层面具体考察对外直接投资对中国经济的影响（见图 1-2）。

第四节 可能的创新

鉴于国内外研究现状，本书的创新主要体现在以下几个方面：

其一，文献综述部分。本书系统梳理相关领域主要文献，不仅对国家之间的相关研究文献进行了分类和整理，而且对有关国内基于省域研究的文献也进行了详细的梳理，梳理过后的文献思路清晰，条理清楚。

其二，本书在对外直接投资对国内经济影响机理分析中通过链条模

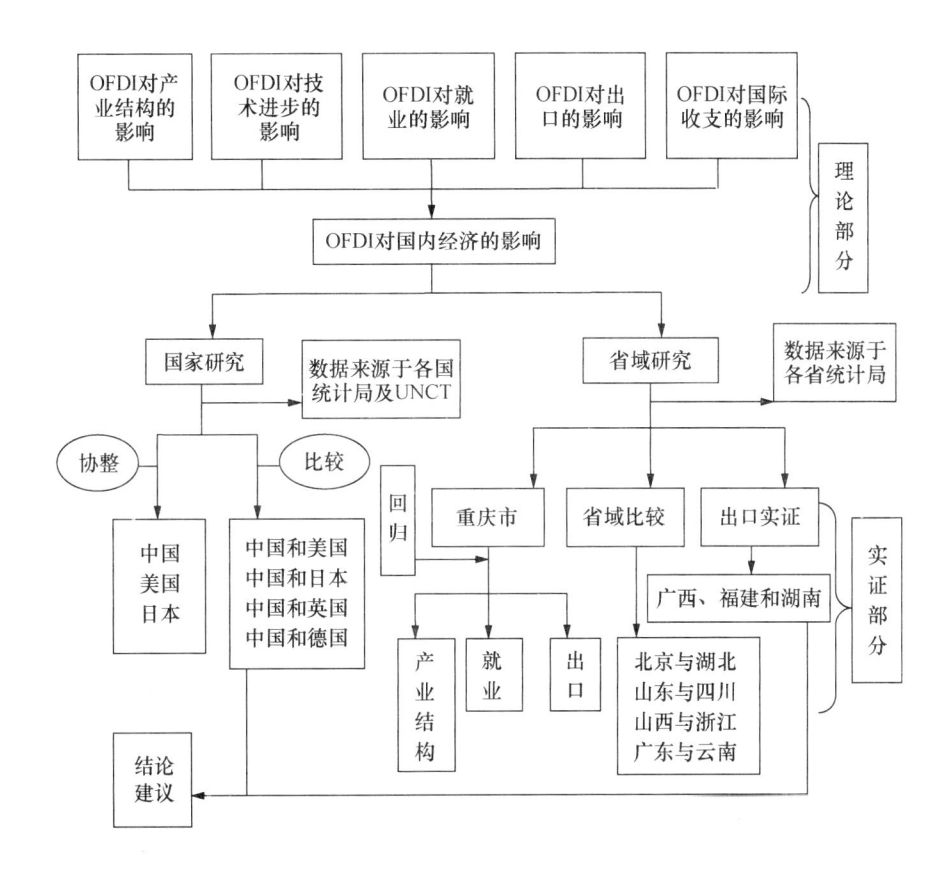

图 1-2 研究技术路线

型，构建了一个完整的对外直接投资影响本国国内经济的传导机制框架，并就对外直接投资影响本国国内经济的微观机制进行了深入探讨，该框架也是其后进行经验检验与实证分析的理论基础。

其三，本书以中国企业对外直接投资对国内经济影响作为研究对象，通过规范分析和实证分析相结合的方法对中国企业对外直接投资与本国国内经济的影响进行了较全面、综合的分析。

其四，本书就中国省域层面的对外直接投资对各自的经济影响进行了实证检验，实证检验选取了我国东部、中部、西部部分具有代表性和可比性的省域，构建相关模型，进行实证分析，实证分析的结果对制定相应的政策提供了可靠的参考。本书创新的重点在实证研究部分，对于中国省域对外直接投资对各自经济某方面的影响研究得出相关结论，也是本书的一个创新点。

第二章　对外直接投资与本国经济发展：文献综述

第一节　发达国家的研究

一　有关美国的研究

（一）美国对外直接投资的三个阶段

美国是目前世界上对外直接投资存量最多的国家，也是对外直接投资历史较长的国家。美国对外直接投资的历程及其特点，主要分为以下三个阶段：

第一阶段，第一次世界大战前的美国对外直接投资。南北战争后，美国经济进入迅猛发展时期，美国对外直接投资也进入急速扩张期。1897年，美国对外直接投资额累计为6亿美元；1908年增至16亿美元；1914年进一步增至26.32亿美元，占当时发达资本主义国家对外直接投资的一半以上（陈继勇，1996）。当时的美国对外直接投资呈现以下特点：一是在对外直接投资的地区分布上，呈现以美洲为主的特点；二是在对外直接投资的行业分布上，呈现以矿业、石油和农业为主的特点。第一次世界大战前美国对外直接投资的地区和行业分布，是与美国当时的整体实力、对外扩张战略以及当时全球基本格局相适应的。

第二阶段，1914—1945年美国的对外直接投资。1914—1945年相继发生了第一次世界大战、大萧条和第二次世界大战，是全球动荡不安的30年。在这30年中，美国对外直接投资仍继续增长。1945年，美国对外直接投资累计达84亿美元，是1914年的3.23倍。这一时期，美国对外直接投资的地区仍以美洲为主；而对外直接投资的行业中，制造业的地位则明显上升。1940年，制造业在美国对外直接投资累计额中的比重达到27.5%，较之1914年明显上升；而石油、采矿和农业三大行业的比重则明显下降，总共只有35.6%。

第三阶段，第二次世界大战后，美国对外直接投资规模不断扩大。2009年，美国对外直接投资累计余额4302851亿美元，占全球OFDI存量的22.7%，居全球第一位，对外直接投资地区分布由发展中国家为主转向发达国家为主。1950年，发达国家占美国对外直接投资中的比重只有48.7%，之后逐步上升。1975年后，发达国家占美国对外直接投资中的比重基本稳定在69%—75%。美国跨国公司对不同类型的国家投资模式有所不同。进入发达国家时，美国企业以并购为主；而在进入发展中国家时，美国企业则以绿地投资为主。

（二）美国对外直接投资对美国经济的影响

就美国对外直接投资对于美国经济影响，国内外学者也进行了一定研究。美国学者海默（Hymer，1960）在其博士学位论文中运用西方微观经济学中关于厂商垄断竞争的原理来说明跨国公司对外直接投资的动因，提出了"垄断优势论"，指出大企业凭借其特定的垄断优势从事对外直接投资，开创了对外直接投资理论研究的先河。该理论后来经过金德尔伯格（Kindleberger，1969，1975）的补充发展，现称之为"海默—金德尔伯格传统"。垄断优势论首次提出对外直接投资应该从不完全竞争出发，在市场不完全的情况下，企业才能够以自己的各种垄断优势，如技术优势、资金优势、规模经济优势等，对他国进行直接投资。其研究的对象只是实力雄厚、具有明显垄断优势的美国跨国公司。陈继勇、王清平（2004）结合美国20世纪90年代以来美国对外直接投资地区流向、产业流向和投资方式等发生的重大变化，着重从贸易规模、贸易商品结构、地区结构以及贸易收支四个方面系统、深入地探讨了90年代以来美国对外直接投资的发展对美国商品贸易的影响。他们认为，美国对外直接投资扩大了其国内的贸易规模，在扩大本国出口规模的同时，也会对本国出口的地区流向产生一定的影响。对外直接投资的不断发展不仅会引起本国整体产业结构的变化，而且还会引起本国产业内部行业结构的变化。而本国产业结构的变化必然会引起出口商品结构的变化。但是，由于跨国公司对外直接投资动机和投资行为的复杂性，加上不同投资国对外直接投资的规模、产业结构、地区结构等方面差异，所以，对外直接投资对不同投资国商品贸易收支的影响也不尽相同。而在这个问题上学术界目前也存在一定争议。张远鹏（2003）认为，美国对外投资对美国经济增长的影响是间接的。主要有以下几个方面：①对外直接投资高额利润的汇回，推动美国的消费与投资；②对外直接投资带动美国的出口；③对外直接投资保障美国企业的原材料供应；④对外直接投资使美国在全球范围内优化资源配置。杨菲（2006）认为，20世纪90年代后，美国对外直接投资对美国经济产生的影响主要集中在以下两个方面：①有助于拉动美国的消费与投资，对外直接投资能带来更高的利润率，巨额投资利润的汇回，在美国转化为投资消费，直接带动美国经济的增长；②对外直接投资推动美国出口，1989—1999年美国跨国公司内部出口加上其他美国公司对外国分支机构的出货从1025.58亿美元增加到2088.49亿美元，增长了103.64%。数据表明，美国跨国公司的外国分支机构对于带动美国出口有着巨大的作用，对外直接投资对美国的出口有着强大的推动作用。在国际收支方面，一直以来就是个争论激烈的话题，1968年，赫夫鲍尔和阿德勒为美国提供的研究报告发现，美国有较大比例的对外直接投资是由资本设备出口构成的，以致每100美元的投资对国际收支的不利影响为73美元。美国对外直接投资的得益每年达11.7亿美元，只要9年就可以收回全部投资。从长期看，这表明，美国对外直接投资对美国的国际收支产生着不可忽视的积极影响。邹全胜（2005）认为，美国对外直接投资的不断攀升，对传统分工的国际市场有相当程度的冲击。美国对外直接投资的方式，从整体上看，对世界经济的良性发展、对经济的全球化都起到了重要的促进作用。其对产业结构的影响，则主要集中于新经济方面，例如，有代表性的计算机硬件、软件和通信技术所构成的信息技术的快速发展。除此以外，从宏观上看，企业对外直接投资还从整体上增强了美国国际竞争力并加剧了国际竞争，通过对外直接投资为美国塑造了一大批规模庞大、实力雄厚的跨国公司，从而大大加强了美国的国际竞争力。而美国对外直接投资对本国经济发展的影响，主要表现在以下几个方面：

1. 对美国国内就业的影响，杨建清（2004）总结了国外关于对外直接投资就业效应研究

（1）就业替代理论。贾塞认为，在母国资本资源有限的情况下，对外投资将替代国内投资或国内消费，如果资金流出并没有出口增加或

进口减少来匹配，就会产生对就业的负效应。贾塞之后，鲁滕伯格（Ruttenberg）具体研究了两者的替代关系。

（2）就业补充理论。该理论认为，当对外投资属于防御性投资情况下，如企业投资于国外是为了开发国内得不到的资源或是由于关税壁垒妨碍其出口而导致对外横向投资时，对外投资将补充或促进国内投资或消费。这类投资往往能增加国外子公司对母国资本设备、中间产品或辅助产品需求，而对国内就业产生正效应。

（3）就业组合效果论。布洛姆斯特龙（Blomstrom）比较了美国与瑞典海外直接投资的差别后，认为对外直接投资的发展既有正效果，又有负效果。效果的大小取决于力量的对比与国际直接投资的产业分布等。利普西（Lipsey）利用回归分析与出口替代的分析方法，得出的结论认为，美国对外直接投资的负效应被流向国内的直接投资正效应所抵消。

（4）就业结构优化论。该理论认为，由于管理职能集中于母公司，因此创造了许多母非生产性就业机会。另外，国外子公司经营业务也会导致母国法律、公共关系服务和工程咨询等方面需求的增加。以上两个领域涉及高度熟练的人员，因而对外投资有助于国内就业结构的优化。

（5）公司战略论。海米尔（1992，1993）认为，公司战略可能以不同方式影响母国就业数量、质量及就业区位。采取独立子公司战略、简单一体化战略、深层次一体化战略的跨国公司对母国就业的影响是不同的。该理论认为，随着跨国公司一体化的增大，国际生产的劳动力市场状况变得更为复杂，跨国公司对就业数量、质量和就业区位在母国和东道国之间的配置就越具有主动性和灵活性，从而对外投资的母国就业效应就越具有不确定性和不稳定性。坎普贝尔认为，跨国公司海外直接投资对投资国在就业数量、质量及区位方面均具有直接的积极和消极效应，以及间接的积极和消极效应。杨建清（2004）通过对对外投资的宏观就业分析得出：替代效应大于刺激效应时，海外直接投资将导致投资国就业机会的减少；反之，将会导致就业机会的增加。戴翔通过实证分析研究了对外直接投资对国内就业影响，认为对外直接投资能够促进就业。

2. 对美国商品贸易的影响

陈继勇、王清平（2004）研究20世纪90年代以来美国对外直接投资对美国商品贸易的影响，并得出以下认识：①对商品出口的影响。对外直接投资扩大了美国商品出口规模，一定程度上改变了美国出口的商品结构，对外直接投资在很大程度上改变了美国商品出口的地区流向。②对商品进口的影响。对美国商品进口的增加起到一定的促进作用，对美国进口商品结构的影响也比较明显，对外直接投资对20世纪90年代以来美国进口商品的地区来源结构的影响不大。③对美国商品贸易收支的影响。90年代以来，美国对外直接投资的发展很大程度上缓解了美国商品贸易逆差上升的压力，对外直接投资的发展对缓解美国贸易收支恶化的压力，起到了相当重要的作用，如果考虑对外直接投资给美国带来的这一部分隐性商品出口收入，则对外直接投资对美国商品贸易收支的改善作用更大。杨菲通过对相关数据的分析表明，一国对外投资量与该国的出口量呈正相关关系。

3. 对服务贸易的影响

王清平（2004）分析对外直接投资对美国服务贸易的影响，得出结论认为，对外直接投资的发展很大程度上促进了美国服务贸易规模的扩大，并且为美国得来了巨额贸易顺差。由于对外直接投资区位的变化，在一定程度上也改变了美国服务贸易的地区结构，对美国服务贸易商品结构也具有一定的影响。

4. 对国际收支的影响

伯格斯坦（1978）认为，在没有考虑对外直接投资过程中的设备出口、中间产品和最终产品贸易条件下，根据对外直接投资的资金流出与汇回的股息、专利权费和管理费用比较，美国跨国公司对美国国际收支的净影响是积极的，并且估计的海外投资平均回收期在10—12年之间。戎建、苗瑞卿（2004）指出，美国对外直接投资对美国的国际收支产生着不可忽视的积极作用。肖建国通过实证综合分析，跨国公司海外直接投资对投资国（尤其是发达的投资国）国际收支改善具有综合的正效应。

二 有关日本的研究

战后日本对外投资的发展过程大概分为20世纪60年代起步、70年代快速增长、80年代急剧膨胀到90年代相对缩小等几个阶段。战后到60年代，日本对外投资规模极其微小，领域有限。1951—1962年，日本企业对外直接投资的年平均额为439万美元。投资地域倾向于地理相近的东南亚国家，以资源开发产业和劳动密集型产业为投资中心。到70年代，日本对外投资逐渐扩大，伴随着首个投资高潮的到来，日本对外投资领域也不断扩展。不仅进行资源开发型投资，而且开展了对制造业、商业方面的国际投资。80年代，日本的对外直接投资首次突破100亿美元大关，之后连年创纪录，平均每年增加100亿美元。到1989年达到675亿美元，比上年增长了40.9%，也迎来了1985—1989年战后第三次投资高潮，由此一跃成为世界投资大国。进入90年代，日本"泡沫经济"崩溃，之后日本对外投资进入连续三年下降期。90年代以来，日本对外投资进入调整过程，呈现一些特点，如对外投资总体上处于波动起伏状态；对欧美国家投资幅度下降，对亚洲投资呈现增长态势；投资更加注重海外市场的布局等。而国内外很多学者也对日本的对外直接投资对日本经济影响进行研究。70年代末，日本学者小岛清（Kiyoshi Kojima）运用比较优势原理，把贸易与对外直接投资结合起来，以投资国和东道国的比较成本为基础，着重分析了对外直接投资的贸易效果，提出对外直接投资的国际产业转移理论。其基本思想是：对外直接投资应该从本国（投资国）已经处于或即将陷入比较劣势的产业——边际产业（也是接受国具有显在或潜在比较优势的产业）依次进行。刘国华、张小龙（2008）认为，日本的对外直接投资既有成功之处也有失败。他们把日本对外投资的成功归结于首先解决了国内资源危机；日本对外投资还规避了不断升级的贸易摩擦。但日本的对外投资也存在着失误，主要是：大量资金流入美国，增加了投资风险；大量资本流向海外，导致了日本产业空洞化的产生。唐杰英（2009）重点研究了日本对外直接投资与贸易的密切关系，他通过实证分析日本对外直接投资的贸易效应发现：日本的对外直接投资是贸易互补型的，其对日本的进出口贸易有着明显的长期促进作用；日本的对外直接投资是引起其贸易顺差的一个重要因素。李晶晶（2008）认为，日本的对外直接投资对日本经济有三个方面的意义：①弥补和解决了经济发展中资源短缺问题。②对外投资有力带动了国内产业结构调整与升级。③有效回避了贸易摩擦，迂回发展了对外贸易。张宗斌、沈明伟（2011）通过实证分析得出结论，日本对外直接投资与出口的关系无论在短期内还是长期内二者都是互补关系。这一结论也符合日本学者小岛清关于日本式对外直接投资与对外贸易的关系是互补的论断。实际情况也是如此，日本对外直接投资最为活跃的产业恰恰是主要出口产业，由于对外投资的企业以制成品的生产企业为主，零部件等中间产品的国内采购比例很高，直接带动了日本出口额的增加。

三 有关英国的研究

兰益江（1986）对英国对外直接投资和发展趋势进行了研究，通过分析英国对外直接投资年流量等数据，得出英国对外直接投资量仍会有所增长；英国大跨国公司在其对外直接投资中仍将发挥主导的作用，会出现大公司联合经营趋势；英国对外直接投资的格局不会出现大的变化等结论。L. 纳楚姆、J. H. 邓宁、G. G. 琼斯（1998）研究发现，英国对外直接投资的产业结构与其具有比较优势的部门之间差异很大，从自然资源导向型和出口导向型，即对外直接投资多发生在本国自然资源贫乏和处于比较劣势的部门，到市场导向型，再到后来的效率与战略选择导向型对外直接投资，两者之间的互补性逐渐增强。另外，他们也发现英国具有比较优势的部门不同于其对外直接投资集中的部门。后者多保持了低水平的研发开支、高资本密集度和低劳动密集度，而前者技术密集程度更高。谢素科、黄虎（2000）对英国企业海外投资的宏观层面即投资的条件、投资的现状、投资的特点和投资的趋势四个层面进行简略的分析，揭示出英国对外投资的特点和面貌。通过对数据的比较分析和归纳，谢素科等认为，奉行自由贸易政策，减少国债，国际收支稳步增长，关税基本保持平稳较低水平等为投资提供了条件，英国的对外投资具有对外投资强度高及领域广阔，殖民地国家与本国融资一体化，投资行业多样等特点。Alan M. Rugman、Alina Kudina（2001）对英国对外直接投资的经济关系进行了研究，得出结论认为，英国必须有两个经济关系，即与欧洲的经济关系和与北美的经济关系。而这也与国家间的自由贸易和投资协议有关。冯雷、杨圣明、王迎新等（2003）从政府、商业和民间三个层面描述了英国对外贸易政策制定过程以及英国贸易促进体制的框架，重点介绍了英中贸易协会、英国出口信贷担保局的成立背景、组织机构和经营运作。另外，也说明了英国完整的出口贸易与海外投资促进体系；英国出口信贷担保模式的特征与发展趋势；英国中介组织的四大特征：服务性、非营利性、透明度和动态性。商晤（2004）

分析了英国直接投资的方略，从而总结了投资引资的诀窍。商晤总结出英国对外投资的流向趋势集中，英国企业青睐政治稳定和高透明度的投资环境，英国善于制定有利于投资的法规，政府加大宣传，企业积极推销，调整策略注重实效等投资特点。同年，林萱也通过比较数据等方式，总结出英国对外投资的流向集中，对外投资呈下降趋势，为企业营造投资环境，制定有利于投资的法规，政府和企业积极推销自己的特点。Sara Maioli（2006）通过构建理论模型预测OFDI的不同进入模式对东道国企业价格—成本盈余（Price - Cost Margin，PCM）的影响，以及采用固定效应工具面板和经过聚类修正的有效广义矩阵等不同估计模型，对1991—2001年的进口和OFDI对英国制造业企业PCM竞争规制效应进行的实证研究表明：绿地OFDI对利润有负向影响，而并购OFDI对利润的影响为正，即绿地OFDI对PCM有规制效应，并购OFDI会增加PCM。他们采用1991—2001年数据，研究贸易和OFDI对英国制造业企业价格—成本盈余竞争规制的影响效应。

第二节 发达国家之间的比较研究

一 美国和英国的比较

（一）对外投资流向

林萱（2004）发现，英国对外投资流向比较集中，根据英国官方数据，2011年55%的英国对外投资流向欧洲，而欧盟占84%。流向美洲的占25%，美国是所占比例最大的国家。对亚洲的对外投资只占12%，拉美占5%，澳大利亚和大洋洲占2%，非洲只有1%。张晓平（2001）通过研究发现，对外直接投资的80%都集中在欧洲、拉美和加拿大。对亚太地区的投资表现出在波动中增长的趋势，但占整体对外投资的比重不大。自20世纪90年代以来，亚太地区的投资有加强的趋势，1994—2000年，美国在亚太地区的投资占总额的20%以上，中国大陆、中国香港和中国台湾占36%。

（二）对外直接投资趋势

赵英奎（2002）有关数据显示，截至2000年，英国与美国的对外投资分别累计达8270亿美元和14452亿美元。林萱（2004）的联合国数据表明，在全球宏观经济不振等因素的影响下，世界对外投资在 2002 年比前一年下降了 22%。英国的下降更为明显，2000—2002 年从 2500 亿美元降到不足 400 亿美元，降幅超过 6 倍。张晓平（2001）研究发现，1970 年以来，美国已成为世界最大的资本输出国，对外直接投资也保持发展趋势。

（三）政府促进 OFDI 方式

赵英奎（2002）认为，英国为了促进海外投资，设立了全英贸易伙伴服务局来帮助企业做好海外投资市场研究，同时为企业的投资提供保险。美国政府在为企业提供海外投资信息和保险的同时还对海外投资企业给予资金扶持和税收优惠。林萱（2004）认为，英国积极谈判和签署投资协定。数据表明，1995—2002 年，英国分别签署了双边投资协定和避免双重征税协定 25 个和 18 个。政府部门更是积极促进对外直接投资的发展，为企业创造条件，开拓市场。如 UKTI 会对有对外直接投资意愿的企业提供方便和权威的信息咨询。邹全胜（2005）研究发现，美国政府为了保护美国跨国企业的利益，与 38 个国家签订了双边投资协定。仅 2003 年，美国就与不同国家签订了双边投资条约和避免双重征税条约分别达 86 项和 60 项。

（四）对外投资方式

兰益江（1986）在对 20 世纪 70 年代以来的英国对外直接投资研究后发现，英国主要以对外直接投资方式进行投资，其中又以对制造的投资为主。而投资重点则由英联邦国家转向了发达国家，尤其是对美国的投资急剧增多。对外投资中，利润再投资所占比重最大。邹全胜（2005）在研究中发现，90 年代后期，美国有 90% 的跨国企业是通过兼并方式进行对外投资的。并且主要以利润再投资的投资方式进行对外直接投资，接着是股权资本投资的投资方式，最后是以公司间借贷的投资方式投资。

（五）对外投资行业分布

L. 纳楚姆、J. H. 邓宁、G. G. 琼斯在研究中发现英国的对外投资一般集中在技术含量较低下的行业。张晓平（2001）在对美国对外直接投资研究发现，金融、保险和房地产业占对外投资行业分布的比重持续上升，第三产业所占比重的不断上升表现出对外投资产业结构的高级化趋势。

（六）进出口商品结构

张晓琪、杨一雪（2010）研究发现，居2009年英国商品出口前四位的分别是机电产品类、化工产品类、运输设备类和矿产品类。其中美国和德国是机电产品和化工产品的主要出口国。而位居进口前四的则是机电产品类、运输设备类、化工产品类和矿产品类。德国在英国的进口市场上占有很大的优势。尹显萍、刘燕在对美国1990—2001年的商品贸易研究后发现，OFDI使得商品出口规模扩大。其中，与1990年相比，电子及电器制造业的OFDI加大了该类商品的出口；而化工及相关产品制造业则相反，交通运输设备行业的OFDI对设备商品的出口有替代作用。OFDI对美国进口制成品的促进作用减小。

（七）对货物贸易的影响

张晓琪、杨一雪（2010）研究发现，相关数据表明，2009年英国货物贸易进出口金额较上年下降了25%，其中，出口下降27%，进口下降23.6%，造成贸易逆差。尹显萍、刘燕通过对建立回归模型对美国OFDI的商品、服务贸易进行实证分析后得出结论，美国的OFDI对服务贸易有积极影响，并且对进口和商品贸易的作用更明显。

（八）对外投资的出口效应

郭洪伟（2009）对1983—2006年中国、美国、英国、德国、法国及日本的对外投资与出口贸易效应利用格兰杰因果关系检验法进行对比分析认为，不同国家的对外直接投资出口效应各不相同。对外投资与出口对英国表现出明显促进作用，而对美国则不存在因果关系。

（九）对外投资的就业效应及技术溢出效应

德拉托雷（Dellatorre，1973）通过研究认为，对外直接投资可以增加高技术人员的就业数量。而格利克曼、伍德沃德（Glickman，Woodward，1989）在估计了1977—1986年美国对外直接投资对就业的影响后，也得出类似的结论。Stefano Eliaa、Ilaria Mariottib、Lucia Piscitelloa（2009）在对英国、美国、日本等国的研究后认为，英国的外直接投资使得技术熟练工人的比例增加。申嫦娥（2008）通过研究美国、英国等国在中国的对外直接投资后得出结论，认为美国和英国在中国进行的对外直接投资对中国有显著的技术溢出效应。

二 美国和日本的比较

美国和日本是对外投资大国，研究对比两国的对外直接投资有重要意义。美日对外直接投资的比较一般集中在产业结构变化、技术进步、就业影响、贸易关系以及对国际收支平衡的影响等方面。

(一) 概述

美国对外直接投资历史较长。第一次世界大战之前，美国主要投资在美洲和欧洲，对外直接投资行业以矿业、石油、农业为主，其规模与当时美国实力相适应。在两次世界大战期间，美国对外直接投资不断增长，其投资地仍以美洲为主，制造业的地位开始上升。在第二次世界大战后至今，美国对外直接投资特点是流量与存量增多，投资区域由发展中国家为主转向发达国家为主，投资行业也有变化，具体表现在制造业所占比例先升后降，服务业则不断上升，初级产品生产行业逐步退居次要地位。

日本的对外直接投资可分为60年代恢复起步期、70年代发展期、80年代飞跃期以及之后的调整期。从投资地点来看，日本对外直接投资在初期以发展中国家为主，到飞跃期则转向了发达国家，调整期又回到发展中国家。这可能与不同时期的对外直接投资目的有关。从投资行业看，日本一直以非制造业的对外直接投资为主，直到调整期制造业年度投资额超过非制造业。日本在不同时期的产业转移也有所不同，它从最初的劳动密集型产业、重化工业，到组装产业等技术密集型产业转移，再到实行并不单纯转移而是实行全球分工的策略。

(二) 产业结构

研究对外直接投资对产业结构的影响很多。根据日本学者小岛清的边际产业理论，企业对外直接投资将会导致一国产业结构发生改变。具体而言，母国会将在本国已不具竞争优势的产业逐步转移出去，从而使产业结构发生变化。

一般认为，在对外直接投资中，美国顺利地进行了产业结构升级，而日本则被"空心化"困扰。"空心化"是指随着对外直接投资发展，母国的产业不断向东道国转移，致使国内生产、投资、雇用等出现减少态势，造成经济低迷现象。美日都曾出现"空心化"的现象。关下稔（1990）认为，美国跨国公司一方面使世界经济繁荣，另一方面却使美国国内经济萧条，陷入"空心化"。日本在80年代开始，对外直接投资不断发展，成为对外直接投资的大国，一些学者认为日本也出现"空心化"。但是，由于美国对高新技术的及时投资等原因，使得美日

"空心化"并不相同。景婷婷（2008）通过对比美国和日本空心化现象得出两者空心化的差别在于产业转出与转入规模以及是否发展了高技术产业和服务行业的结论。美国在对外直接投资中，逐步调整国内产业结构，使其产业结构转变为以第三产业为主，第一产业和第二产业居后的格局。从第一、第二产业向第三产业转变是产业结构的演变规律，但是，在以对外直接投资主导的产业结构升级中，应注意加以控制，避免像日本这样的"空心化"出现。

（三）技术进步

对外直接投资对母国技术进步主要是通过改变熟练与非熟练工人比例和技术溢出等来实现。美国和日本的对外直接投资在技术进步方面有相似特点。因为企业对效率的寻求等原因导致产业外移，必然使工人比例变化，从而使技术进步。在技术溢出方面，日本表现更为明显。它通过对美国和欧洲等技术先进国的投资使自身科技水平大大提高。比如，布兰斯特（Branstetter，2001）实证研究表明，日本向美国对外直接投资时，日本企业知识外溢的流入和流出增加，因此，日本对外直接投资促进了其技术进步。

曹巍等（2004）通过分析对比得出由于实行不同的 R&D 战略，美国维持了持久竞争力，而日本则最终失去领先地位，对经济发展造成消极影响。

（四）就业

对外直接投资对就业影响的主要观点有就业创造效应、就业损失效应、就业不确定效应、就业结构效应、就业质量效应等。这些理论研究表明对外直接投资对母国整体就业情况影响不大，但对就业的结构以及质量等有影响。斯劳特（Slaughter，1995）用替代弹性研究产业工人发现，1977—1989 年，美国对外直接投资并未导致国内就业机会减少。利普西利用近 20 年美国跨国公司数据进行实证研究发现，对外直接投资并未对美国国内整体就业产生影响，但提高了工资水平。Bayoumi、Lipworth（1997）发现，1982—1995 年日本对外直接投资并未影响国内资本，对国内就业也不存在替代效应。对外直接投资对于就业结构的影响因产业的不同而不同。传统工业部门会发生替代效应，而对新兴产业部门和第三产业则会发生促进效应（寻舸，2002）。而由于就业结构的调整会促使劳动力人力资本提升，从生产率低岗位转到生产率高岗位，从而提高了就业的质量。应该注意的是，就业结构调整是市场本身就具有的特点，但是，对外直接投资明显地促进了就业结构的调整。由此看来，发展对外直接投资对母国就业是有利的。

（五）贸易

对外直接投资对母国出口贸易的影响从实证角度看有贸易替代和贸易创造效应两种观点。美日对外直接投资对贸易影响角度也有所不同。阿德勒和史斯文斯（Adler and Stevens，1974）通过研究美国在加拿大等国的海外生产和母公司的出口关系发现，子公司销售与母公司的出口负相关，支持替代效应。Belderbos 和 Sleuwaegen（1998）通过研究日本对欧洲 OFDI 影响因素得出，OFDI 与出口贸易之间存在替代关系。

古广东（2004）通过对美日比较指出，美国和日本的对外直接投资都促进了本国出口贸易的发展，他通过定性和定量的方法分析出，美国的对外直接投资的贸易创造效应大于贸易替代效应，其特点是对外直接投资与出口贸易之间的线性关系更加明显。而日本对外直接投资由于加大了对投资地区的贸易输出，而在其出口贸易的增长上效果更为明显。

（六）国际收支平衡

在对外直接投资对国际收支平衡中，支出主要是跨国公司的资本输出和海外子公司进口。而收入则包括利润汇回、对海外子公司出口以及向子公司派出人员工资等。美国国际收支中，投资收支的顺差在一定程度上弥补了商品贸易的逆差，使国际收支趋于平稳。日本的对外直接投资从长期来看，因出口贸易的增加和投资利润的汇回抵消了开始时的对外投资资本，所以是利于国际收支的。戎建等（2005）通过美国对外直接投资资金来源的特点，提出对外直接投资不会对国际收支产生大的负面影响。

研究美日对外直接投资还有通过政府政策、利息、国际金融环境等方面进行比较。比较美日的对外直接投资利于本书的研究。

第三节　发达国家和发展中国家之间的比较研究

一　美国和中国的比较

随着经济全球化发展，国家之间的对外直接投资已经成为国际经济合作的重要形式，对外直接投资发展速度非常快。数据显示，2010年，全球外国直接投资流出流量较上年增加了20%，同期，我国对外直接投资创下688.1亿美元的历史最高值，相当于"十一五"期间我国对外直接投资总额的2.3倍。虽然近几年来我国对外直接投资有了很大的进展，但与美国相比还有很大差异。关于对外直接投资与母国经济增长的关系，国内外学者作了大量的比较研究分析，并获得了许多有价值的成果，与此同时也发现了许多问题。

（一）中、美两国对外直接投资存在问题的比较

李杏、李小娟（2006）通过对各国投资依存度的比较分析发现，发达国家大多有较高的对外投资与吸引外资依存度，这些国家生产的国际化程度较高，且资本的全球配置能力较强。近些年来，我国大力引进外资，外资在国民经济中占有较高比重，然而我国的对外投资依存度很低，导致严重不平衡状态。另外，许海峰在投资规模、投资目标、竞争优势以及投资方式方面对我国对外直接投资进行了分析，发现我国对外直接投资规模相对较小，起步较晚。投资追求一种综合性的同时也考虑经济效应和社会效应的目标，但这一目标却不利于本国的发展。我国的对外直接投资无论在所有权优势、内部化优势还是在区位优势上都无法和美国比较。而在行业选择战略方面，陈浪南、童汉飞也分析了我国对外直接投资模式。经过分析外经贸部统计数据发现，在行业结构上，我国的对外直接投资过分偏重于贸易型投资。而在制造业和服务业方面，以低层次的劳动密集型等传统产业为主，对高新技术产业投资严重偏少。这些现象说明目前我国对外直接投资不仅在量上，而且在质上均与世界对外直接投资水平存在着较大的差距。

（二）对外直接投资对母国经济增长的影响

基于以上问题可以看出，中美对外直接投资具有显著差异。同时，对外直接投资对母国经济增长也有很大促进作用，但对外直接投资潜能的发挥还需要合适的经济环境。东道国自身必须具备消化和吸收资本、技术和管理水平的能力，才能合理运用外资企业的有效资源。邓宁（Dunning，1991）认为，本国对外国的直接投资可能提高国内生产率，但外国对本国的直接投资将内在减少国内创新能力，因此将对生产效率不起作用甚至是副作用。弗兰克（Frank，2001）通过考察13个工业化国家1971—1990年的数据得出了与邓宁假设近似的结论，即外国到本

国的直接投资并没有产生大量的技术转让，本国对外国的直接投资和进口使技术外溢，通过投资海外能使跨国公司获取技术，使本国的研究与开发基础得到加强。另外，马亚明、张岩贵（2003）在研究技术优势与技术扩散优化模式中揭示，技术与人才是企业的灵魂，技术优势是企业获得强大市场地位的最有效的手段。他还运用单向和双向扩散模型论证了技术落后厂商进行对外直接投资，可能是为了在地理上靠近先进厂商以分析技术溢散的好处，而不是为了利用已有的优势，从而解释了发展中国家跨国公司存在的理由。王成岐、张建华和安辉（2002）运用计量模型考察了影响对外直接投资与经济增长的各种因素，结论是各种经济政策因素，如市场化改革对对外直接投资与经济增长的关系有着深刻影响。桑秀国（2002）利用新增长理论构建模型强调对外直接投资可以降低引进外国技术的成本，促进技术进步，从而提高经济增长率。但江锦凡却认为，对外直接投资在经济增长中的作用机制包括资本效应和技术溢出效应。外资产生的资本效应主要是通过产业连锁效应、示范效应和牵动效应实现的，技术溢出效应则是通过人力资本变化影响我国的软技术实力实现的。王志鹏和李子奈（2004）构建了一个内生经济增长模型，运用我国1982—2001年29个省份数据进行实证分析，其结论是对外直接投资促进我国经济增长必须具备一定的人力资本要求。

从以上理论可以看出，我国对外直接投资效应主要以计量分析为主，而美国对外直接投资分析中却以定性分析为主，定量分析极少。在定性研究成果中，黄蔚认为，美资为我国丰富的劳动力资源提供了与资本要素相结合并发挥有效作用的机会，推动了农村剩余劳动力向城镇转移的进程；带来的先进管理经验、技术转移和技术溢出效应以及参与国际合作与竞争的经验，为我国经济全要素生产率的提高均做出了贡献。肖麟（2005）从我国经济增长、资本市场发展、技术进步、产业结构升级、就业增加、出口扩大等方面分析了美资的贡献，其结论是美资的进入不仅推动了中国经济的持续增长，而且也提高了经济增长的质量。

（三）结论及相关建议

就上文分析看，我国对外直接投资已成为促进本国经济发展的重要因素之一，我国经济增长对美国对外直接投资也起到了很大促进作用。但我国对外直接投资需要改善。杨长湧基于美国对外直接投资的经验认为，一国对外直接投资的根基是强大的企业，同时安全性是投资地区选择需要遵循的重要原则。另外，一国政府还应该鼓励我国企业更多地在亚洲投资，同时从多个层次支持这一投资。陈芳娌就我国对外直接投资政策方面认为，我国政府应该建立健全法律体系和监管机制；简化行政审批程序，提高审批效率；还要健全对外投资的保障制度，同时积极发展对外投资信息咨询服务等。而在行业选择方面，陈浪南、童汉飞认为，我国对外直接投资的行业选择思路应该是从国民经济发展的宏观利益出发，结合国内经济发展各方面需求和现实条件，重点选择资源开发型、机械、电子等成熟技术行业，航天技术、激光通信等高新技术和信息产业以及对外承包工程和劳务出口类等进行对外直接投资。另外，张新乐、王文明、王聪通过对我国对外直接投资决定因素的实证研究分析认为政府应该在一定程度上减少政治对外直接投资的影响，将出口和对外直接投资结合起来。总之，随着我国对外直接投资整体战略规划的实施和相关政策法律的完善，我国对外直接投资的发展前景将会非常广阔。

二 日本和中国的比较

对外直接投资是促进经济发展的重要力量，而中国与20世纪80年代日本的对外直接投资极其相似，进行中日两国对外直接投资的比较具有非常重要的现实意义。

（一）对外投资发展史比较

"日本式道路"的理论基础，源于日本著名经济学教授小岛清提出的小岛模型。在此基础上，小岛清提出了"日本式直接对外投资论"，为日本对外直接投资提供了理论依据。

尹新纲（1997）通过叙述日本对外直接投资发展史寻找日本式道路的实践证明：第二次世界大战结束时，日本全部海外投资几乎为零；1963年起，日本对外直接投资开始起步；60年代中后期到70年代末是日本对外直接投资的高速增长时期，而大规模扩张时期则贯穿整个80年代，日本海外直接投资有了非常迅猛的增长；90年代至今是日本对外直接投资规模逐渐缩小时期。

Leonard K. Cheng 和 Zihui Ma（2010）通过研究中国对外直接投资得到中国对外投资发展史：1960—1970年，中国经济还处于闭关自守阶段；从1978年，随着改革开放政策的实行，中国开始进行对外投资；90年代之后，中国对外投资进入高速增长阶段，到1996年，在发展中国家中成为第四投资大国。

(二) 对外投资动机比较

张宗斌、于洪波 (2006) 通过对中日两国对外直接投资的动机比较得到：20 世纪 80 年代之前，日本对外直接投资的主要动机是为了得到原材料和资源等生产原料的来源保证；80 年代，日本对对外直接投资动机主要是开辟市场，寻求低成本生产。中国对外直接投资动机主要有自然资源寻求型和技术管理学习型这两种类型。

(三) 对外投资政策比较

蔡丹 (2002) 研究了日本对外投资优惠政策，这些优惠政策体现在以下几个方面：其一，日本政府成立政策性银行，向境外投资的大企业，只要有 10% 的资金就可以，剩下资金都可以由日本开发银行和进出口银行贷款，而中小型企业向境外投资，日本银行可以提供所有的无息贷款；其二，企业到海外投资所需的调研费用，政府给予补贴；其三，在税收上，企业到发达国家投资，所得利润的 10% 免税；到发展中国家投资，所得利润的 50% 免税。

李敏 (2006) 在研究美国、法国、日本鼓励对外投资的税收政策比较中指出，日本对外直接投资的税收政策：日本采取了税收抵免法；设立海外投资亏损准备金，让企业和政府共同承担在海外投资风险；日本制定了延迟纳税和 CFC 法规，CFC 法规是为了防止国外子公司留存利润来逃避税。

李保民 (2008) 通过研究中国对外直接投资的政策与支持得到：1979 年至 20 世纪 90 年代初，中国政策体系主要是限制企业对外直接投资；到 2000 年，中国逐步与世界接轨，对外直接投资政策体系逐步完善：一是大大放松了对境外投资项目的审核。二是中国政府加大对境外投资的支持。三是日益规范、健全境外投资的后续监管。四是逐渐完善服务体系。

(四) 对外投资影响因素比较

Kenneth A. Froot (1991) 研究指出，影响日本对外直接投资的主要因素：日本的巨额经常账户剩余、日元升值、贸易壁垒、东道国税收政策。

王丹 (2007) 通过对我国对外直接投资影响因素的实证研究得出影响中国对外直接投资的主要因素有东道国市场规模、双边贸易关系、东道国的汇率水平、东道国的税收政策和投资环境。通过中日对外投资影响因素比较发现影响两国对外直接投资的因素基本相同。

（五）对外投资状况比较

木每（2006）通过分析20世纪80年代中后期日本企业对外直接投资状况，并且与现在中国对外投资热进行比较发现，虽然中国当前对外投资环境与日本80年代中后期相似，但是，从总体上分析却有实质的区别，所以中国对外投资战略不应该效仿日本，应该走一条具有中国特色的对外投资之路。

徐中明（2008）比较分析了中日两国对外直接投资的相似性和本质区别，提出了具有中国特色的对外直接投资新思路：实行渐进性、有管理的汇率政策；在支持企业"走出去"的同时，加强和完善金融监管体制，有效防范金融风险；在"走出去"的过程中，中国企业要注重培育自己的技术和品牌优势；企业"走出去"要制定有步骤的国际化战略，进行充分的调查研究。

（六）对外投资行业结构比较

杨四维（2010）通过整理日本贸易振兴会统计数据，得出日本对外直接投资中制造业经历了先下降后上升过程；矿产行业的对外投资比例大幅度下降；对外投资在80年代下半期有小幅度下降之后又回升，但仍具有重要的地位；日本对电子业、服务业的投资逐年递增。他又根据商务部2006—2008年对外投资公报数据发现，我国加快了向服务业的投资；由于我国拥有丰富廉价的劳动力，所以不用向海外投资制造业寻求较低劳动成本；对采矿业等资源型的投资虽然逐年下降，但一直保持在前四位的位置；从我国发展趋势看，以进口贸易为主的批发零售投资将保持较高水平。

余瑜（2006）通过选取日本20世纪90年代和近两年对外直接投资最具代表性两大产业，即劳动密集型产业及组装型制造业生产和进出口相关数据说明，日本这两大产业的对外直接投资在近些年来呈现发展趋势。80年代以来，由于日本技术创新和制度创新没有实现，使得日本90年代的经济处于衰退状态，组装型制造业向东亚其他国家和地区的转移处于半停滞状态，所以该产业的生产主要在日本国内进行，而劳动密集型产业的对外投资一直稳定增长，但其在国内的发展空间很大。

(七) 对外投资主体比较

王文举、王三星（2002）通过对中日对外投资主体选择比较后认为，日本建立了具有竞争力的跨国公司作为投资主体；日本大型企业与中小型企业相结合进行投资活动。从中国对外投资企业的行业类别、产权类别、行政隶属关系等方面看，中国对外投资经营主体结构复杂；从专业分类来看，中央和地方专业外贸公司和大型生产国有跨国公司占主导地位；从规模来看，中国小型跨国公司占比例较高，不能形成规模经济。

汤建光（2007）在比较中日对外直接投资动因与特点中得到对外投资主体的启示：中国较早的对外投资主体主要是拥有进出口权的专业外贸公司和省、市国际经济技术合作公司。随着中国对外开放，对外投资迅速扩大，投资主体也呈现多样化格局，但是参与投资活动的主要是中小型企业。日本在早期发展对外投资活动中也主要是中小企业，对此日本政府采取措施，大力鼓励大企业与中小企业联合，并由大企业向中小企业提供技术、信息和资金等条件，来带动中小企业向发展中国家投资建厂。

三 日本和印度的比较

经济全球化已成为当今世界发展的主流，对外直接投资同样受到各国投资者的青睐。发达国家凭借其雄厚的技术力量和丰富的经营管理经验，在对外直接投资上一直占据有利地位。但受经济全球化影响，发展中国家也认识到发展对外直接投资的必要性，虽然起步比较晚，经济技术和管理能力等方面相对落后，但厚积薄发，在对外直接投资上越来越占有重要的地位。以日本和印度为例，这里从发展起因、投资特征、产业结构、投资量、对经济发展作用，以及未来投资的新发展几个方面来概述日本与印度对外直接投资的不同之处。

(一) 日本与印度对外直接投资发展起因

经济学者翁全龙认为，印度对外直接投资起因是经济关系面临着严峻挑战，包括国外经济危机带来的压力，国内市场的技术和资本的极大需求；同时发达国家和发展中国家对本国企业都采取了保护措施，使印度进出口逆差扩大，因而需要扩大出口，而与国外企业合作是最好的扩大商品出口的方法；此时又面临印度私人垄断企业的扩大，国内的反垄断政策，使企业需要追求国际市场以谋求更多的利益，印度独立以来一直引进外资,为印度的对外直接投资打下了坚实的技术基础和管理经验基础;加上政府的鼓励和优惠政策,使印度企业加快了对外直接投资(翁全龙,2006)。李国平(2001)提到,70年代初日本企业减员、减量等原因使得日本的资本过剩,期望日元升值使得贸易逆差加大,从而加快了日本对外直接投资,但此时仍处于低水平的投资。80年代因为日元升值,国内生产技术不断提高,以及贸易顺差等原因使得日本企业加快对外直接投资,并一跃成为投资大国。日本经济学家 Shujiro Urata 也阐述了日本发展对外直接投资的起因,50年代中期之后日本经济的复苏,日本拥有丰富的投资机会,同时进行海外投资可以应对外汇短缺,而且经济的迅速增长使得海外投资吸引力增大。

(二) 日本与印度对外直接投资的特征

日本与印度因为其国情不同,加上经济体制的不同,对外直接投资也具有自己的特征。高巍(2006)总结了印度对外直接投资的几个特点:一是海外并购是印度对外直接投资的重要模式,大比例的投资投在第二产业和第三产业,且主要是在美国和英国投资电信软件业;二是印度的中小型企业对外投资活跃,凭借着自己打出的特色走向国际;三是印度的对外投资企业大都适应国际需求,投资在服务业,尤其是非金融类服务业。日本对外投资的特征李国平(2001)表述为以下几点:一是日本比较集中于对发展中国家的投资,对发达国家的投资表现为持续增加,资源开发投资降低;二是同印度相似,日本也多采取海外合资办立企业,且多是在发展中国家;三是20世纪90年代以来,受泡沫经济影响,日本对外直接投资经历了锐减和恢复两个过程,在锐减中却明显增加了对中国和东盟的投资,且多采取合并和收购的投资形式。

(三) 日本与印度对外直接投资的产业结构

张婷(2005)利用印度对外直接投资的产业分布图阐述印度对外直接投资的产业分布,其主要投资是在制造业,其次是非金融服务业,而制造业中以制药业为主要投资。近几年,印度的信息技术服务的对外投资也迅速增长,且主要投资国是发达国家,印度在不断增加对制造业投资比例的同时,非金融服务业的投资的比例有所减少,其主要投资是在第二产业和第三产业。日本对外投资的产业结构则有所变化,崔岩和臧新(2006)用格兰杰因果检验分析了日本对外投资的产业结构的调整和对外投资总体之间的关系。认为产业结构的变化和调整是对外直接投资的原因，日本投资一直以第二、第三产业为主，第一、第二产业有下降趋势，而第三产业一直呈现上升趋势。日本将劣势产业向外转移完全符合小岛清的"边际产业扩张论"观点，因为与发展中国家相比日本所谓的劣势产业已经具有比较优势了。这些产业主要是制造业、金融保险业、电气机械、运输设备和化工等。

（四）日本与印度对外直接投资量

张婷（2005）利用印度对外直接投资的区域分布统计说明，印度对外直接投资的目的地主要是美国，其次是俄罗斯，印度还会选择一些免税国家进行投资以减轻投资负担。但总体来说，印度对发展中国家投资多，投资总量远多于对发达国家的投资，为发达国家的2倍。20世纪以前印度的对外投资流出量处于非常低的水平，几乎都在200万美元之内；20世纪以来印度的对外投资流出量以几倍、几十倍的速度增长（Basedon Reserve Bank of India，UNCTAD）。张文春对日本的对外直接投资流出量分析得出，20世纪以前，日本的对外直接投资流出量就远远超过了印度，都是几万美元、百万美元的投资，是印度的几十倍乃至上百倍。20世纪以后对外直接投资的流出量呈持续增长趋势。

（五）日本与印度对外直接投资对经济发展的作用

翁全龙总结了对外直接投资给印度经济发展带来的好处：一是扩大了商品的出口，从而国内商品的销售市场有了保障；二是因商品出口的增加，相应增加了外汇收入，调节了国际收支；三是印度的对外直接投资使印度国际地位和作用有所提高，也增强了世界各国对印度的信任，从而增加了合作，加大了对外直接投资。利普西（2000）认为，日本通过对外直接投资，加速了企业国际化的进程。由此，日本不仅成功克服了日元升值对出口的影响，而且在世界范围内优化了资源配置，特别是在东南亚形成了以日本为中心的国际分工体系，即日本国内集中进行高新技术产品的研究开发和设计，在国内生产优质原材料和关键零部件，在发展中国家加工组装，然后向欧美各国出口。由此，日本企业不仅继续提高和保持了国际竞争力，而且在国际分工中处于非常有利的地位。

（六）日本与印度对外直接投资的新发展

印度对外直接投资未来的发展趋势，一是印度应找准发展机会，顺应发展中国家需要，向外输出技术，以承包工程、咨询服务业带动合资企业；二是印度对外投资的中间技术水平随着世界其他国家的经济技术水平的发展，已不能适应发展中国家的需求，需要开办三边或多边合资企业；三是印度投资者对资金有强烈的需求，印度政府考虑设立专门机构减轻投资者负担并对投资者增加外汇支持；四是鼓励并筛选好的企业家出去，加强对投资者的管理，以使得海外投资企业办得更好。刘昌黎（2005）对日本对外直接投资新动向作了总结：在投资对象的变化上，日本减少了对发达国家的投资，尤其是对美国和欧盟的投资，而加大了对发展中国家的投资，尤其是对中国的投资。在投资内容上，对制造业投资增加，非制造业投资减少，在制造业中以汽车工业为中心展开，对电气机械工业、化学工业的投资迅速加大。大幅减少了对信息通信业的投资，并使得非制造业投资减少，但金融保险业一直占非制造业中的最大比例并有所增加，运输业紧随其后。

通过以上研究可以得出这样的结论：印度是亚洲新兴经济体国家，是一个不发达的农业国家，资本和技术都很缺乏，投资的产业水平也较低，且大都为劳动密集型产业，在这一点上，它的对外直接投资不占优势。印度经济发展中的"二元性"明显，两极分化极为严重，但其专一开发自己的投资优势，对外直接投资在不断扩大。日本是经济投资大国，对外投资起步早，且发展迅速，但随着不断兴起的新兴经济体国家的对外直接投资，日本不断改革自己的投资产业、投资对象等，以保证对外投资收益。

第四节 新兴经济体国家之间的比较研究

一 中国和印度的比较

周杰（2008）通过比较中国和印度20世纪90年代以来对外直接投资现状及特点，分析出两国在投资行业、区位选择、投资方式和投资主体等方面的差异。与印度相比较，中国目前的对外直接投资规模和总体效果依旧占有优势，但在海外投资的某些层次与印度相比已较落后。在产业结构上，中国对高新技术产业、现代服务业的海外直接投资较小，行业结构有待优化。在投资主体上，中国国有垄断型企业占绝对优势，海外投资综合实力不强，海外企业综合竞争力需要提高。

赵洪（2010）通过分析中印两国自20世纪80年代以来的对外投资发展进程，比较和证实了中国政府主导型和印度私人企业主导型的投资方式所产生的不同投资效果和国际影响。中国的对外投资战略和企业国际化进程是由政府主导，国有企业占据较大的比重，而印度的对外投资过程更多的是市场推动、私人企业为主导。与印度私人企业相比，中国国有企业的投资方式、经营策略和发展理念有所不同，导致其海外投资活动与当地社会产生摩擦与纠纷。此外，中国政府主导的一些投资项目和主权财富基金的并购项目遇到一些政治阻力。在投资领域方面，由于中印两国在对外投资地区和行业分布上存在着很大差异，海外投资的策略、方式和侧重点不同，两国可以互相学习、共求发展。

王春晓（2008）通过比较中印两国对外直接投资经济效应、主体竞争力的区别，对中印两国对外直接投资和经济增长进行了回归分析，得出中国OFDI产生的经济效应无论从长期还是短期，都要比印度优秀。同时也发现中国在宏观指标上对外直接投资比印度先进，但印度在投资主体的微观竞争方面具有优势。同时，王春晓（2008）验证中印两国对外直接投资所处的阶段，经过分析发现：中国OFDI正处于从第二阶段向第三阶段过渡时期，即OFDI大规模上升阶段，而印度才进入第二阶段，即OFDI起步阶段。

綦建红、李鸿（2008）对中印对外直接投资的特点从投资规模、投资主体、投资行业、投资区位、投资方式和投资绩效与收益方面进行了比较，对中印对外直接投资的宏观经济效应方面进行了实证分析，提出了促进中国对外直接投资的建议。

方慧、张贝贝、张青（2009）比较了中印对外直接投资现状，并从宏观（国家政策、区位选择）、中观（产业选择）和微观（投资主体）三个方面寻求中印在对外直接投资方面存在差别的原因。中国在对外直接投资流量和存量方面存在优势，但印度在对外直接投资政策、投资产业、投资区位、投资主体等方面更加出色，所以，中国可以借鉴印度的经验，促使对外直接投资能得到更好更快的发展，本国企业能更好地"走出去"。

黄庐进、梁乘（2011）就中印对外直接投资的特征分别从投资方式和投资区位两个角度进行了比较研究，在对外直接投资方式方面，应完善有关跨国并购的法律法规，且提供国外跨国并购相关法律法规的信息咨询；同时应为进行跨国并购的企业提供相关的信贷、税收优惠，为企业的跨国并购提供便利。对于对外直接投资区位，应扩大对发达经济体的投资规模。

宾建成、刘兰勇（2011）从中印对外直接投资的规模、结构和效果三方面进行了比较，中印两国对外直接投资有许多共同点，中国目前对外直接投资的总体规模具有一定优势，但在海外投资的投资绩效和投资结构方面却落后于印度。我国应在对外直接投资主体、投资产业结构、对外投资项目方面进行优化，提高我国对外直接投资的影响。中印两国在对外直接投资中存在很多共同点：中印两国对外投资总体都呈现增长的趋势；与世界上发展中国家相比，还具有很大的潜力；对外投资都较侧重制造业。不同点在于：中国在对外直接投资的规模具有一定优势，但在对外直接投资结构和效果上却落后于印度。在产业结构上，现代服务业、高新技术产业，比如 IT、软件等行业，中国海外直接投资规模较小。在投资主体上，中国还是国有企业占绝对优势。在投资效果上，印度呈稳步上升趋势，而中国基本处于下降趋势。

蓝庆新、张雅凌（2008）研究发现，印度的对外直接投资不仅在规模上扩展迅速，而且在地区格局、主体选择、方式选取、行业重点和投资绩效等方面也形成了鲜明的特点和竞争优势，并带动了印度本国的经济发展。因此，对印度近年来在对外直接投资方面的成功经验进行研究，对我国实施"走出去"战略有参考作用。

钱学锋、张瑶（2005）研究发现，中印海外投资符合发展中国家海外投资的一般规律，但中印海外投资的潜力并未充分发挥，两国利用对外投资优化产业结构和进行要素有效配置的能力还可以加强；中国目前在包括海外投资在内的所有方面都超过了印度，但印度在某些关键方面优于中国，不排除将来赶超中国的可能。

二 中国和俄罗斯的比较

中国和俄罗斯是两个具有代表性的经济转轨大国，在两国经济发展中，对外直接投资贡献不小，本章对两国对外直接投资情况做比较。

（一）两国对外直接投资特点

张为付（2008）研究发现，在对外直接投资流量规模、对外直接投资流量增长率、集中度等方面比较中，中国胜过俄罗斯，而在对两国对外直接投资绩效指数分析中，中国呈现大幅波动下降趋势，俄罗斯呈波动上升趋势。1996年，中国对外直接投资绩效指数大大高于俄罗斯，在此之后绝大部分年份俄罗斯超过了中国。彼得·甘米尔托夫特（Peter Gammeltoft, 2008）说明，俄罗斯对外直接投资行业多为石油、天然气和金属等方面的资源开采以及电信、制造业等，而中国对外直接投资行业则主要是贸易、服务和石油、天然气、矿产等资源开采，除此之外还包括制造业和IT行业。东道国方面，俄罗斯主要在欧盟、独联体国家、美国和中东欧国家，而中国则倾向于美国、日本、澳大利亚和德国等国家。

杨成（2006）指出，俄罗斯企业的"走出去"是从独联体开始向欧洲、北美、亚太乃至南美辐射。而独联体作为投资的首要地区原因在于，独联体国家与俄罗斯有传统的经济上的联系，而且独联体国家企业的股票因为存在被低估的现象所以价格普遍低廉。

朱华（2012）提出，中国对外直接投资的区位分布特点为：亚洲是中国企业投资最集中的地区，欧非洲次之，北美洲紧随其后，由此可以看出中国投资地区相对多元化。从行业分布来看，租赁和商业服务业占最大的比重，金融业和采矿业紧随其后。

（二）两国对外直接投资发展历程

周升起（2009）总结了中国对外直接投资发展历程，1982—2008年，中国对外直接投资大致经历了三个阶段：（1）包括1982—1991年的起步阶段，本阶段绝大多数对外直接投资属于政府，民营企业基本不会积极主动地对外投资；（2）1992—2001年进入大起大落的不稳定发展阶段；（3）2001年至今，由于一大批企业成熟壮大以及国家战略和政策措施，中国保持快速、稳定、持续增长的对外直接投资。Soviet Period（1998）认为，俄国工厂于19世纪末向外投资，即使在第二次世界大战期间，苏联也没有放弃全部对外投资，而在战后，国外公司数量开始增长。张宝艳（2009）总结到，虽然俄罗斯对外投资企业的数量在增加，但对外直接投资掌握在几个大公司手中。直到近几年，俄罗斯对外直接投资急剧扩张，2006年排在新兴市场经济体第二位，仅次于中国香港特别行政区。

（三）两国对外直接投资的问题

中国与俄罗斯的对外直接投资虽然发展较快，但投资数额相较其投资潜力距离尚远，对外直接投资发展阶段滞后于本国经济发展水平，其

原因在于:

第一,俄罗斯对外直接投资规模较小,跨国公司缺少管理人才,所有制结构优化不够,对环境、安全与保障等的现代标准缺少了解,并且其一般资产国际化指数远低于发达国家和发展中国家相应指数。

第二,中国经济的繁荣发展造就了巨大的国内消费市场,使得大量外商投资进入本国,同时国内企业对外投资动力和压力减少,而国内企业缺乏所有权优势,不能充分利用东道国的区位优势。

(四) 两国对外直接投资对国内产业结构的影响

国际资本流动的主要形式之一是对外直接投资,与母国产业结构调整有非常密切的关系。日本学者小岛清(1978)认为,母国将国内失去优势的部门和产业转移到国外,使国内集中力量发展比较优势产业。王英和刘思峰(2008)通过计算灰色绝对关联度、灰色相对关联度和灰色综合关联度,结果表明,对外直接投资能促进我国产业结构的优化升级,其中采矿业和制造业的对外直接投资对产业结构优化升级的作用尤为突出。

在对俄罗斯的研究中,张宝艳(2009)认为,俄罗斯将劳动密集型产业、技术水平低端的产业等(如石油、化工业)转移到国外,而在国内集中力量发展高精尖产业,促进了俄罗斯国内产业结构的优化升级。

(五) 两国对外直接投资对国内技术进步的影响

肖怡楠(2009)认为,对外直接投资对于中国影响不大,原因在于中国投资规模较小,分布国家多为自身技术较为落后的国家,集中投资的行业很大部分是非技术密集型产业。另外,我国对外直接投资起步晚,国内企业又处于学习模仿能力较低的阶段,同时又缺乏国外经营的经验,所以获得的技术进步有限。

Kalman Kalotay 和 Astrit Sulstarova(2004)指出,俄罗斯企业通常在传统行业中运用成熟的技术,所以技术研究并不是他们主要注重的方面。而近些年,一些俄罗斯跨国企业表现出对先进专有技术和固定战略资产的兴趣,例如注重品牌和当地分销网络。

三 韩国和巴西的比较

巴西是南美洲最大的国家,一直是拉美地区重要的外国投资地。而随着国际经济形势的变化和韩国经济实力的增强,韩国逐步从单向引进外资转向了引进外资与对外投资并举，对外投资的规模越来越大。本章从四个方面将韩国与巴西进行比较。

(一) 投资环境及现状

高雪莲（2002）指出，巴西实行基本开放的外资政策：在原先的开放基础上，相继放松了对石油、天然气、矿产开采、电信、电力等领域的垄断，后又开放报纸新闻、电台和电视等领域，截至2002年8月，除邮电、民航和航天外，巴西的服务业均已基本对外开放。目前，巴西吸引外国直接投资的总额位居世界第九，在发展中国家名列第二，仅次于中国。

俞剑平、王东、孙金霞（2001）分析了巴西的投资环境：在经济环境方面，1999年年初，巴西金融动荡后，政府采取紧缩银根的政策，用偏高的利率来维持低通胀水平，为改善贸易逆差，巴西政府实施"外销行动计划"，1998—2002年采取激励外销行动。在政治环境方面，巴西现行政治制度根源于1988年宪法，是三权分立的政体，实行总统制。在法律环境方面，巴西的公司法经修正后取消了国籍歧视。但社会环境、全民教育的不够普及造成了劳动生产力低下。

康伟、齐中英（2005）研究表明，1997年金融危机过后，韩国实行了"经济复苏三年计划"，进一步放宽产业与股权比例限制，简化审批手段，一跃成为亚洲第二引资大国。

(二) 投资来源

刘正才（1996）通过对巴西和韩国的研究指出：

在国内金融资本方面，两国政府都是通过创办国有银行，完善金融体系，提高利率，增加储蓄来进行资金筹措。韩国政府通过大幅度调高存款利率来增加储蓄，巴西政府是在适当提高存款利率的情况下通过压制通货膨胀来增加储蓄。

在财政支出方面，两国均采取改革税制，增加财政收入，同时实行财政赤字，扩大财政支出政策。

在利用外资方面，两国都大量举借外债，主要以政府和政府担保的贷款为主。而韩国是以国外官方贷款和国际金融组织的贷款为主，巴西则以向西方私人商业银行借债为主，巴西政府还建立了出口企业基金和投资网络对巴西的商品出口和对外直接投资提供资助。

（三）投资流向

刘正才（1996）从投资流向方面将韩国与巴西进行比较后认为：

从投资产业结构看，韩巴两国都以加速工业化为先，导致农业发展缓慢。韩国由发展劳动密集型轻工业转向发展重工业，巴西则一直优先发展重工业。

从投资的所有制结构看，韩国政府注重私人企业发展，投资主要以间接投资为主；巴西政府则以直接投资为主，大部分流向国营企业。

（四）投资趋势

汤丹花（2006）指出，第二次世界大战后，巴西引导外国直接投资流向重点发展部门，在短时间内建立了新兴工业。

刘士余、李培育（1995）指出，巴西采取积极控制通货膨胀、贸易自由化、创造环境引入外资、国有企业改革等措施，说明保持经济秩序正常、保护民族工业、重视国内资金利用、以长期外资为主等措施，有利于推进国家对外直接投资。

张为付（2008）的研究指出，巴西对外直接投资的存量呈逐年上升的态势，巴西对外直接投资的存量增幅位列金砖四国的第二位。1990—2007 年，巴西对外直接投资的流量变动剧烈，但从流量和存量上来看巴西对外投资不断增长。同时，巴西对外直接投资的绩效指数也呈波动上升趋势。

尹保云（1997）在韩国和巴西的比较中指出，第二次世界大战后，巴西进行了两次大的产业结构改变，分别是 1964—1967 年由进口导向替代出口导向的转变和 1980 年至今的"稳定"和"私有化"的改革；而韩国的产业结构的发展则经历了五个具有明显特征的阶段，分别是1953—1959 年的进口替代阶段、1965—1972 年的劳动密集产品出口扩张阶段、1973—1979 年的向重化工业升级的阶段、1981—1987 年的工业化成熟阶段，以及 1993 年起开始的向世界"中心国家"努力的阶段。在两国产业结构调整中，巴西只强调 GDP 增长速度和出口数量增加，而韩国除强调这两点外，还强调以民营企业为主体的发展，强调较为平等的收入分配。

马常娥（2009）研究了韩国对外直接投资的发展和特点，认为韩国对外直接投资经历了贸易型投资（1959—1979 年）、自然资源导向型投资（1980—1987 年）和市场寻求型投资（1988 年至今）三个发展阶段，其特点是以大企业为投资主体、有秩序的区域策略和分阶段的目标市场、适应国内产业结构升级的行业投向、从独资到合资的灵活经营方式。

姜虹、范纯增（2002）通过对韩国的研究指出，韩国对外直接投资呈现区域特征，如地区集中性、资源指向性、市场导向性、投资中心呈阶段性转移、地区不断多元化、地区差异日益明显等，这是多方面因素共同作用的结果。

（五）结论

从以上研究可以看出，韩国、巴西的对外直接投资有异有同，都是在不断增多。韩国的对外直接投资带动了商品的输出，将商品生产延伸到国外，扩大了整体生产，提高了经济规模效应，促进了韩国跨国企业的形成和发展。对外投资还增加了韩国的外汇收入，同时韩国政府制定了扩大对外投资政策，积极鼓励对外投资。

巴西的对外投资侧重于传统产业，不断向高新技术产业发展，政府在政策上提供支持以促进自身发展。投资政策更加自由化，还在金融和税收方面提供支持以促进自身经济发展。

第三章 对外直接投资与本国经济发展：机理分析

作为处于对外投资起步阶段的发展中大国，中国对外投资的经济影响至关重要，所以国外有关这一问题的研究和成果就成为我国理论界了解和评析的重点。在现实经济生活当中，对外直接投资对本国经济的影响是一个错综复杂的问题，且这些影响既有积极的，也有消极的。本书力图构建一个完整的传导机制框架，将对外直接投资对本国经济造成的积极与消极两方面的效应纳入其中，为其后的实证分析提供理论框架。本书认为，可以从以下几个方面分析对外直接投资对本国的经济造成的影响，它们分别是对外直接投资与本国产业结构、对外直接投资与本国技术、对外直接投资与本国出口贸易、对外直接投资与本国就业、对外直接投资与本国国际收支平衡以及对外直接投资与本国经济安全。

第一节 对外直接投资与本国产业结构

关于对外直接投资对本国产业结构的联系以及演进的正负效应，邓宁（1958）、弗农（R. Vernon, 1966）和小岛清（K. Kojima, 1978）等一些西方著名学者都有过这方面的研究，再综合一些现代学者的研究，归纳总结，对外直接投资对投资本国的产业结构影响主要包括两个方面：其一，投资本国通过直接投资对他国进行国际产业转移，在本国集中资源发展高级产业以达到提升本国产业结构的目的。其二，投资本国的这种行为客观上向东道国移植了与本国类似的产业，在东道国结构变动后也会对投资本国产生反馈效应，表现为东道国类似产业竞争力提高，成为投资本国强有力的竞争对手，引起投资本国同类产业的收缩等。正是由于这种传导与反馈效应，各国产业结构的互动影响不断深化，导致发展对外直接投资既可以对投资本国的产业结构调整产生积极的影响，同时也可能带来产业"空心化"的负面效应。

一 FDI与本国产业结构优化

对外直接投资可在宏观层面上起到调整产业结构的作用，这是20世纪70年代中期日本学者小岛清教授提出的边际产业理论的观点。他在《对外直接投资》一书中指出：一个国家可以通过对外直接投资延长其产业优势发挥作用的时间，即通过产业地点的转移、生产要素的部分替换，使这些产业优势继续存在。为了继续维持和扩大国内现有生产规模，就需要到比较优势更大的国家进行生产，而在投资本国国内集中发展相对优势更大的产业，使国内产业结构更合理。具体来说，被转移产业的选择标准是：该产业在本国具有比较劣势而在东道国却具有比较优势。因此，一国政府应核定本国已处于或即将处于劣势的产业，按顺序扶植处于边际的产业对外直接投资。若投资国按边际产业顺序向东道国投资，便可把劳动密集型、低技术、低附加值工序转移到其他国家，而将高技术、高附加值工序留在本国，以便腾出发展新兴产业的空间，同时摆脱相对劣势的产业，从而使本国的产业不断高级化。一般来说，发展对外直接投资，促进产业结构优化主要有四个方面的机制：

（一）传统产业转移机制

产业结构的调整和升级，必然伴随着新兴产业的兴起和传统产业的逐步衰退，生产要素从传统产业转移到新兴产业，这其实是一个要素重新组合的过程。一国产业结构的优化就是要把有限的生产要素得以最优的配置，以实现经济效益的最大化。按照这一原则，要解决一国产业结构问题，就应当将停留在一些失去比较优势产业里的生产要素转移出来，用这些资源去发展本国或本地区具有比较优势的产业，以盘活一国或地区内部的生产要素，使生产要素的产出尽可能最大化。然而，由于一些生产要素具有一定的刚性和沉没性，过剩生产要素存在着转出壁垒，这些壁垒主要来自生产设备及人力资本的专用性和沉没成本的存在。另外，还有政策和法律的原因。在产业退出壁垒一时难以消除从而阻碍本国产业结构调整的情况下，通过对外直接投资方式，向海外转移尚可利用的传统产业生产能力，使传统产业在一国市场顺利退出而不至于造成大的社会和经济负面影响，则既能释放出沉淀生产要素用于支持新兴产业的发展，又能获得高于国内的海外投资收益，极大地促进本国产业结构的升级。这一机制可以通过图3-1完整地反映出来。

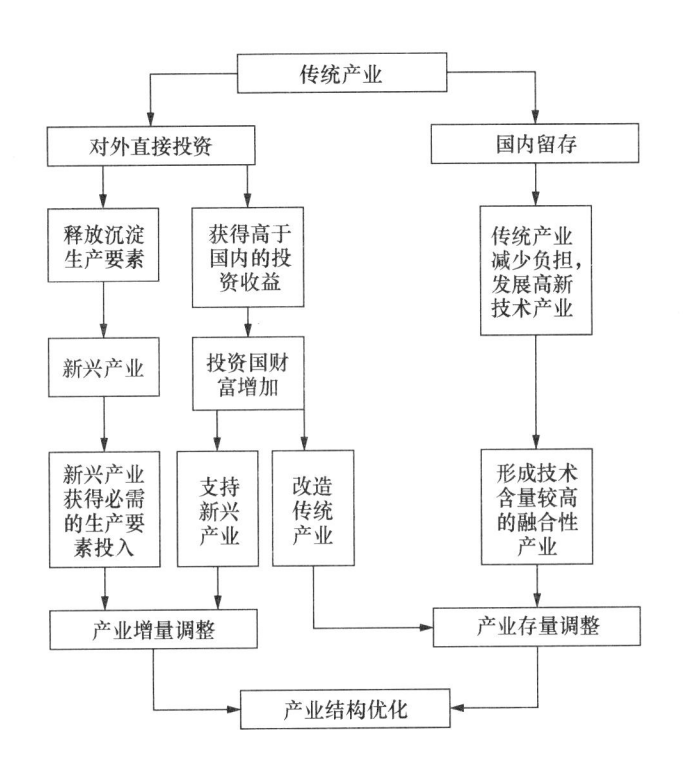

图3-1 对外直接投资的传统产业转移机制

（二）结构互动传导机制

在世界经济发展中，技术的重要性不仅表现在它使各国经济中技术密度和生产要素质量得到提高，以及技术进步成为经济增长、结构升级的关键性因素；而且还体现在技术的跨国转移在沟通和连接各国经济，包括促进区域间产业结构的互动演进上，从而在推动全球化进程中起着越来越重要的作用。

当投资本国通过一定的渠道引进了东道国的某种先进技术，经复制并被扩散，东道国的产业结构（至少是使用该种技术的产业部门）的状况就通过技术跨国转移而被传导到投资本国。如果投资本国重视技术的转移、扩散、消化和吸引力，将会出现两种情况：一是发挥后发优势，向东道国反输出，使东道国也获得改良后的技术，这会促进两国的结构变动和经济增长；二是投资本国引进技术后进行大规模仿制性生产，并由于某些条件优越，而使其产品具有较高的竞争力，这会促进东道国被迫放弃该种技术所生产的商品的市场，转向新的技术开发，从而得到结构改善、技术升级。由此，两国结构形成良性互动关系，引发新一轮产业传导。FDI 的结构互动传导机制可以通过图 3-2 来反映。

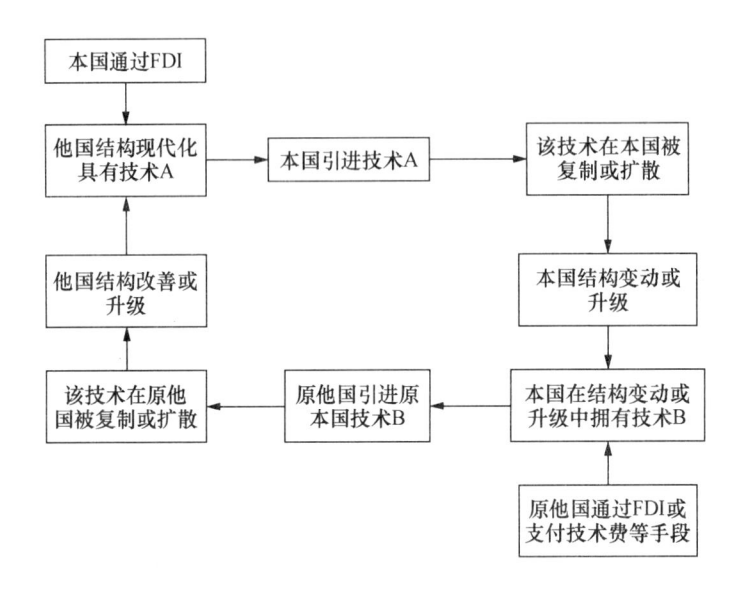

图 3-2 对外直接投资的结构互动传导机制

(三) 竞争机制

企业要在日趋激烈的国际竞争中立于不败之地，必然要求国内或地区为其提供有关投入要素和配套服务的产业提高自身素质，以提高产业结构整体素质并形成一种产业结构整合力。一方面，对外直接投资企业会要求上游供应商提高质量和效率；另一方面，会对流通领域中的信息提供、交货保证、付款条件、售后服务等有更高的要求，如希望能得到低成本全球融资的能力、国际市场上营销能力、风险规避能力，得到符合国际惯例的会计、法律、咨询服务的能力，否则将转向全球采购，如此一来，将促使相关产业和配套服务效率的提高。

同时，这样也会使内向化产业逐步转变为中间性产业，甚至向外向型产业转变，由此将极大地提高一国或地区产业结构的开放度，推进产业结构的优化。特别是当企业进行最终产品海外投资时，对国内或地区内为其提供中间产品的产业要求将更高,也将促使更多的产业卷入开放性的经济活动之中,这将更加强化该国或地区产业结构的开放度。而且,当某个产业中的一家企业采取海外投资策略时,将引入国外的资金、资源和先进的技术,提高自己在国内或地区内市场上竞争力。海外投资企业竞争力的提高,将对国内同行业的企业产生新的威胁,由此将推动该产业内部所有企业都提高自身的竞争能力,这样也就提升了企业所在产业的素质。显然,当企业进行海外投资时,将极大地提高一国或地区产业结构的整体素质,进而促进一国或地区产业结构的优化和升级。这一传导机制可由图3-3加以反映。

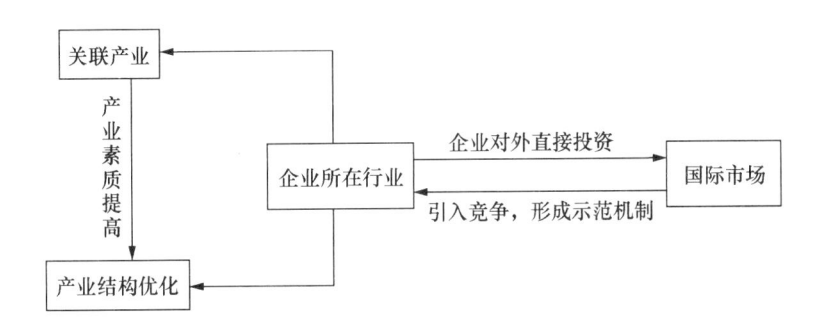

图3-3 对外直接投资的竞争传导机制

(四) 产业关联效应机制

对外直接投资的产业关联效应对国内产业结构升级有重大影响。一般而言,投资关联度弱的产业不利于国内产业结构跃迁,而国内连锁效应强的产业则对国内产业升级促进效应明显。发展中国家对外直接投资的重要目标之一就是要充分发挥FDI对国内产业结构跃迁的拉动效应。这一目标的实现,很大程度有赖于国际直接投资所带来的"产业内贸易量"的大小。这种交易份额越大,对外直接投资越有利。而产业内贸易量是由产业内各生产阶段的关联度或连锁度决定的。这种连锁关系被区分为前向连锁和后向连锁两种形式,如图3-4所示。

在图3-4中,图A表示具有较高的后向连锁度的产业综合体,图B表示具有较高前向连锁度的产业综合体。选择A图的产业进行投资可利用国际市场带动国内各种相关产品的生产,从而推动产业的整体发展;选择B图的产业投资则有利于利用国外资源来增加本国产品供给。

产业连锁效应即产品的供求链越长，对本国产业结构升级的拉动作用越大。

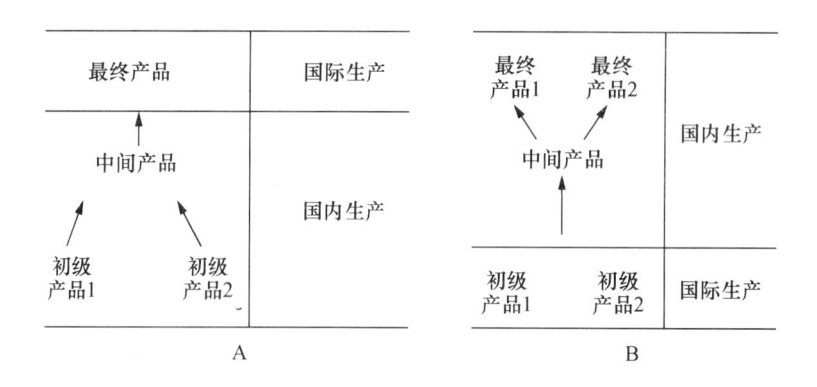

图 3-4　对外直接投资的产业关联效应机制

二　对外直接投资与本国产业"空心化"

一般来说，对外直接投资通过多种渠道可以促进本国产业结果优化升级，但是，当产业转移过渡威胁到本国技术领先优势甚至导致了产业"空心化"现象的滋生时，对外直接投资对本国产业竞争力的提高则是一种负面影响。所谓产业"空心化"，不同的西方学者对其内涵的界定不尽相同，大致有广义与狭义之分。广义产业"空心化"，是指伴随对外直接投资而出现的服务产业经济化的现象，即随着对外直接投资的发展而导致国内第一、第二产业比重下降，第三产业比重上升的非工业化现象。狭义产业"空心化"是指一个国家、地区已有产业处于衰退阶段，而新的产业还没有得到发展或者新产业的发展不够充分并且不能弥补已有产业衰退的影响，造成经济陷入不断下降甚至萎缩的局面。

对外直接投资之所以会造成投资本国产业"空心化"，原因比较复杂，以下两点尤其值得关注：

（一）无序产业外移，削弱原有产业基础

一国的对外直接投资在促进本国产业高级化的同时，也不断把国内的劳动密集型、资源密集型以至于部分资本技术密集型产业转移到海外子公司，使本国有形资本不断外移，从而使国内产业实体出现"空心化"（见图 3-5），在这种情况下，就有可能出现海外生产替代国内生产,使国内出现生产下降、就业下降、技术流失、税源转移等现象,从而造成国内产业的衰退。

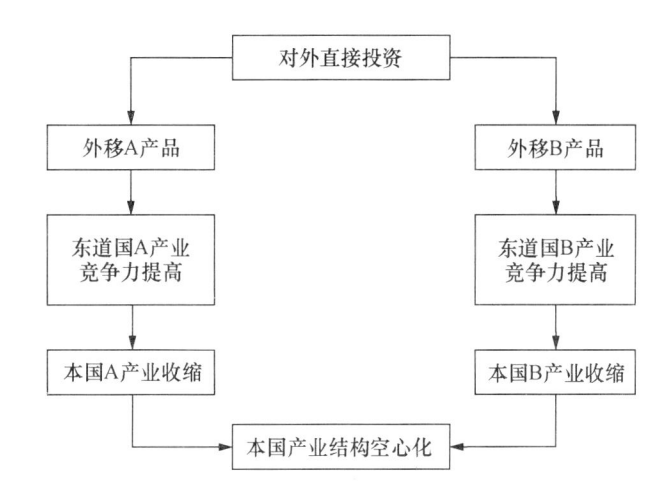

图 3-5 一国产业外移导致"空心化"

对外直接投资是否会造成本国产业"空心化",通常视以下四种效应的综合效应而定:一是出口替代效应,即以海外当地类似企业生产的产品替代国内生产出口商品,国内出口减少;二是出口诱发效应,即通过海外直接投资奖励海外企业,增加本国对海外当地企业生产设备、零部件供给,产生出口诱发效应;三是逆进口效应,即海外当地企业生产和制成品向国内的逆进口增加;四是进口转换效应,即由于生产向海外转移,国内生产需要进口的原材料及其结构将发生变化。在以上四种效应中,若出口诱发效应大于其他三种效应,则不会发生产业空心化;当其他三种效应大于出口诱发效应,将会造成国内出口产品被部分替代,生产下降,就业、产业衰退。

(二) 忽视技术创新,优势产业被赶超

从长期看,一国产业外移是一个循序渐进过程,在短期内与一国经济运行周期呈现明显正相关性。只有一国经济繁荣,跨国公司通过技术创新在本国衍生出更高级的产业,某些产业在国内的区位优势不复存在时,进行产业外移才是有必要的。否则,一国的低层次传统产业不断移出,而具有比较优势的新兴产业由于忽视技术创新又无法建立,将使该国的产业实体处于"空心化"。从微观角度而言，发达国家的产品创新是一个循环过程（见图3-6）。当一国进行对外直接投资时，实际上就是产品创新循环过程中的资本、技术出口阶段。在这个过程中，该国的创新产品将慢慢失去优势。这是因为，先进国到后进国进行直接投资，生产创新产品，得益于技术的溢出效应，后进国将慢慢学到创新产品的生产技术，可以自行生产，同时产业结构的演进，与先进国产业结构重叠，威胁到先进国的竞争优势，可能导致先进国内的产业衰退，进入到逆进口阶段。此时，将创新产品移出的国家，若没有再创新产品，或引进新产品，以填补产业外移缺口，循环链条断裂，自然会产生空心化。

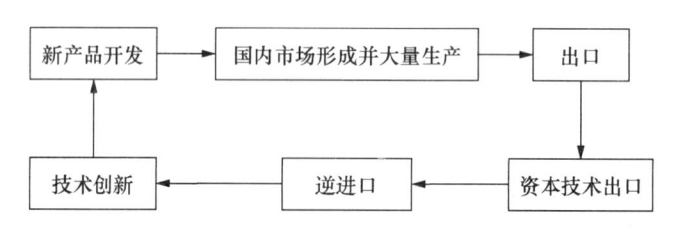

图3-6 一国产品创新的循环过程

第二节 对外直接投资与本国技术

对外投资对本国技术的影响取决于两方面：一方面，对外直接投资可能导致本国先进技术的流失；另一方面，对外直接投资可以反馈和促进本国技术进步。对外直接投资促进本国技术进步的传导机制包括两方面，即对外直接投资的正向技术转移及其延伸和对外直接投资的逆向技术转移（Keith Head and John Ries，2000）。

一 相关理论研究

Fosfuri 和 Motta（1999）建立了一个国际投资决策的古诺竞争博弈模型，其研究结果表明，技术落后的本国公司通过在技术发达国家进行直接投资可以获得技术提升。在东道国的技术水平高于本国技术水平前提下，本国企业对外直接投资借助技术扩散效应、演示—模仿效应、产业关联效应、人员培训效应，促进本国生产效率和技术水平提高，从而在理论上支持了对外直接投资可以促进本国技术进步的论断。

实证研究方面，Kogut 和 Chang（1991）最早研究了对外直接投资的技术寻求动机。他们在考察日本制造企业对美国的直接投资时发现，日本对美国的直接投资主要分布在 R&D 密集的产业，而且更倾向于建立合资企业形式，由此他们提出获取东道国的逆向技术溢出已成为跨国公司对外投资重要动因的设想。Neven 和 Siotis（1996）对欧共体内四大国 1984—1989 年行业层面的对外直接投资流量进行了量分析，结果发现，获取技术是来自美国和日本直接投资的重要推动力。他们进一步指出，关于存在技术获取的证据和国外公司选择的最优进入方式相联系。当公司试图利用其特有知识时，它们通常会采用新建方式和建立全资子公司来最小化对竞争对手的溢出；相反，试图获得某些特殊知识的公司更倾向于采用并购和合资方式进入。Van Pottels - berghedela Potterie 和 Lichtenberg（2001）（简称 L—P）首次把对外直接投资作为溢出渠道引入科和赫尔普曼（Coe and Helpman，1995）（简称 C—H）提出的国际 R&D 溢出效应模型来检验技术获取型 FDI 的逆向溢出效应。他们利用包括美国、日本、德国在内的 13 个国家 1971—1990 年数据，对国际贸易、利用外资和对外投资三种渠道的国际 R&D 溢出效应进行检验。结果表明，FDI 对国内生产率并无促进作用，进口和对外直接投资则对生产率有显著正的溢出效应；Bitzer 和 Kerekes（2008）运用 OECD17 个国家 1973—2000 年产业层面的数据对对外直接投资逆向溢出效应进行了检验，却得出了与 L—P（2001）完全相反的结论：FDI 流入对国内有显著的溢出效应，对外直接投资的逆向溢出效应却并不明显，并且非七国集团（G7）的对外直接投资对国内生产率还有显著的负面效应；普拉德汉和辛格（Pradhan and Singh，2009）研究了 1988—2008 年印度汽车产业的对外投资，研究结果表明，无论是对发达东道国还是发展中东道国的投资，印度汽车产业的对外直接投资均获得了显著逆向技术溢出效应。同时还发现，与东道国企业合资比在国外建立全资子公司更能促进国内技术进步。

国内对对外直接投资的逆向溢出效应的实证研究较少。赵伟、古广东和何国庆（2006）分析了中国对外直接投资与中国技术进步机理，并尝试检验了对外直接投资与中国技术进步的关系，结果发现，我国对外投资尤其是对 R&D 要素丰裕国家和地区的投资具有较为明显逆向技术溢出效应；王英、刘思峰（2008）采用国际 R&D 溢出回归框架实证分析了对外直接投资、FDI、进口贸易和出口贸易四种渠道的技术外溢对中国技术进步的影响,研究结果表明,FDI 和出口贸易渠道的技术外溢是我国全要素生产率增长的重要源泉,但是,以对外直接投资和进口贸易为传导机制的国际 R&D 溢出并未对我国技术进步起到促进作用;白洁(2009)建立包括国内 R&D 存量和对外直接投资溢出的国外 R&D 资本存量两个自变量的模型,检验了对外投资的逆向溢出效应发现,对外直接投资作为国际技术溢出的途径,对我国全要素生产率的增长有正向作用,但这种逆向溢出效应在统计上并不显著;刘明霞(2009)利用 2003—2007 年的省际面板数据检验了我国对外直接投资的逆向技术溢出效应,实证结果表明,我国的逆向技术溢出存在着较大的地区差异,人力资本吸收能力影响逆向技术溢出的大小。

二 相关模型分析

对外直接投资影响本国技术进步的相关模型散见于经济学相关文章,典型模型从对外直接投资的产业联系特征角度切入,重在考察不同类型的对外直接投资起因及其对投资本国的技术溢出效应。基思·黑德和约翰·里斯(Keith Head and John Ries,2000)将对外直接投资分为水平型和垂直型对外直接投资,布赖纳德(Brainard,1997)认为,当贸易成本很高而规模经济很低时,水平型 FDI 便出现了;卡尔、马库森和马库斯(Carr,Markusen and Maskus,1998)发展了知识资本的概念,并将可运输性、可合作性与技术密集度进行了分析。基思·黑德和约翰·里斯(2000)指出,由于假设海外分支机构活动独立于本公司,因此对其对国内技术密集度没有直接影响,但是海外分支机构的生产会影响国内公司生产规模,因此对国内技术密集度也有间接的影响,例如对外直接投资会替代本国出口,进而减少国内生产。

当生产函数是异质的,规模影响技术密集度。假设 H 代表公司需要的高技术工人,L 代表低技术工人,即:

$$H = F_H + v_H Y$$
$$L = F_L + v_L Y \tag{3-1}$$

由于生产需要一定数量的固定与变动的高、低技术工人,两者的比率如下:

$$\frac{H}{L} = \frac{F_H + v_H Y}{F_L + v_L Y} \tag{3-2}$$

根据产出变动而相对使用高技术工人的变动为：

$$\frac{\partial (H/L)}{\partial Y} = \frac{F_L v_H - F_H v_L}{(F_L + v_L)^2} \tag{3-3}$$

可见，本国技术密集度可能因产出上升也可能因产出下降，其关键取决于$\frac{F_L}{V_L} - \frac{F_H}{V_H}$的符号。在知识资本模型里，假设高技术活动仅仅需要固定数量的高技术工人，那么V_H可能接近零，这意味着当产出增加时技术密集度会下降。水平型的对外直接投资将替代本国出口，通过降低本国国内生产规模而导致本国国内技术进步。然而，垂直型的对外直接投资则因东道国的不同而对本国技术密集度产生不同影响。投资在低收入国家的对外直接投资会导致本国技术进步；反之，投资在高收入国家的对外直接投资会导致本国技术下降。这个结论也与现实观察到的情形相悖。现实情形是：几乎所有跨国公司都将研发机构放在高收入的发达国家，其目的非常明确，这便是获得更多的技术溢出效应。

三 对外直接投资影响本国技术进步机理

对外直接投资既然对投资本国技术进步具有积极效应，那么这种效应究竟是借助怎样的机理发生的呢？这方面的研究目前也处在探索阶段，结论极其零散。纵览有关研究文献，大体上可以理出四个机制：

（一）R&D费用分摊机制

即通过海外投资刺激东道国政府或企业分摊部分研发费用，由此使本国企业腾出部分资源用于核心项目的研究与开发。曼斯菲尔德（Mansfield，1974）对美国30家跨国公司进行的调查揭示，由于海外子公司为本公司分摊了大量的研究与开发费用，这使得本公司的研发费用减少了15%。客观地说，外向FDI分摊研发费用的机理主要有二：一个是利用东道国企业研发要素，分摊本公司的研发成本，这在那些研发资源导向型投资者那里尤其突出；另一个是利用扩大了的市场因而增加了的产销量降低单位产品研发费用，这在跨国公司那里尤其突出。

（二）研发成果反馈机制

即通过海外子公司研发形成的新技术反馈本公司，因而促进投资本国技术进步。Ronstadt（1977）的研究发现，发达国家的跨国公司在东道国投资设立研发机构，并与本公司的研发机构开展专业化分工合作。邓宁（1990）对世界大型跨国公司申请专利数据的研究表明，在所研究公司申请的专利总数中，其海外子公司所占比例，从1969—1972年的9.8%上升到1983—1986年的10.6%。研究还揭示，海外子公司研究与开发的新技术，能够更好地反映东道国的要素禀赋优势和消费者偏好，扩大跨国公司的产品竞争优势。几乎所有研究都显示，跨国公司海外子公司研发获得不仅对本公司具有技术反馈效应，而且对同一公司其他子公司的技术也有溢出效应。

（三）逆向技术转移机制

即通过对发达国家的直接投资，获得逆向的技术转移，这种机制通常与企业并购联系在一起。通过兼并收购、与东道国竞争企业的联合开发等途径，不仅可望掌握新技术发展动向，而且可望将先进技术反馈回国，加速逆向技术转移，进而促进本国技术进步。帕特尔（Patel，1995）考察了英国大公司海外子公司1979—1990年的专利变化数据，得出结论说，在这12年间，这些公司新增专利的60%得益于跨国并购活动。另有研究揭示，美国著名电脑公司恩科系统公司扩张的主要方式就是并购。该公司高层的理念就是：增加企业研发能力的捷径就是收购有用企业；通过并购，可以变竞争对手为合作伙伴，将其研究能力和成果据为己有，为公司注入新的技术和活力。事实上，在跨国公司扩展中，此类案例不在少数。

（四）外围研发剥离机制

即企业通过外向FDI剥离外围技术研发并配置到海外机构，从而使本公司可集中财力于核心R&D项目，增强本公司核心技术创新能力。这一机制与第一种机制具有异曲同工作用。这方面效应受到实证研究者的较多关注。据联合国贸发会议近期《世界投资报告》（UNCTAD，2005），有研究者对104个企业高级管理者调查揭示，在高技术对企业生存至关重要的行业，企业一定投向接近高端R&D的地方。70%受调查的高级管理者将可用劳动的能力与熟练劳工集聚作为关键因素，超过一半的认为海外研发的低成本优势是个重要诱因。

对外直接投资促进本国技术的上述机制，共同构成了一个逆向技术溢出系统，对于这些机理及其构成的机制系统，可借助图3-7加以描述。

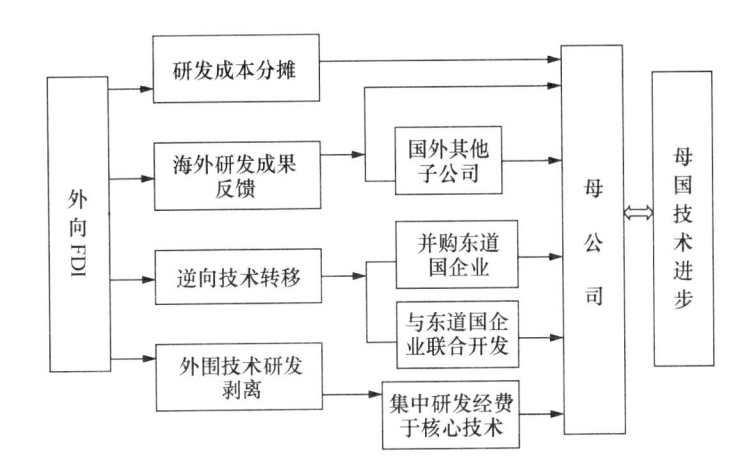

图 3-7 对外直接投资促进本国技术进步的传导机制

第三节 对外直接投资与本国出口贸易

对外直接投资与对外贸易之间的关系一直是国际经济学研究的重要内容。基于对外直接投资对一国对外贸易发展产生的巨大作用，各国政府对这一问题也予以高度重视。

西方学者在对外直接投资与对外贸易的关系上，一直存在着两种相反的观点，即"贸易替代论"与"贸易补充论"，而其理论争论可追溯到 20 世纪 50 年代。争论的理论框架经历了由新古典理论到新贸易理论的变迁，而实证分析的视角则经历了从宏观分析到微观分析直至因果分析的转变。

一 新古典理论框架下的分析

蒙代尔（Mundell，1957）是第一个对在 HOS 框架下分析资本流动与贸易之间互补或替代关系的学者。他首次严格地将资本引入古典国际贸易理论，并放松了生产要素在国际上不能流动假设和引入关税分析。其结论是资本流动将替代商品贸易，即关税保护将导致资本流动和商品贸易之间的完全替代。随后，赫尔姆伯格和施米茨（Helmberger and Schmitz，1970）通过比较资本不能流动的均衡与资本完全流动的均衡证明，在特定情形下，当生产要素在国际上流动时，贸易会随之增加，但他指出，国际商品贸易和资本流动之间究竟是互补还是替代关系其实是一个实证问题而非理论问题。弗兰特茨（Flatters, 1972）证明，仅仅在特定环境和贸易情形下，要素流动可能是对商品贸易的完全替代。他认为，蒙代尔的基本原理是含糊的并针对这一局限扩展了蒙代尔模型。通过扩展，他证明当两种要素和产品的贸易是自由的时候，要素和产品的流动是互补而非替代关系。普尔维斯（Purvis, 1972）试图在 HOS 框架下分析对外直接投资和贸易之间的理论关系，他放松了国家之间存在相同生产函数的假设，这便暗示 Rybczynski 线具有不同斜率。他证明只要两国的生产函数不相等，资本流动和商品贸易之间的替代和互补关系都是可能的，其本质依赖 Rybczynski 线斜率。在普尔维斯的分析中，资本流动刺激国际贸易，二者之间的互补过程是由于出口一种商品和进口另一种商品所带来的贸易机会的增加；反之，资本流动替代贸易是因为资本流动减少了贸易量。小岛清（1978）在其模型中仍使用了 HOS 分析框架，他也抛弃了国家之间具有相同生产函数的假设。然而，与以往观点相比，小岛清从不同视角考察了对外直接投资与贸易的关系，即以往的学者都是考虑货币资本流动，而小岛清原创性地将对外直接投资视为资本流动的特殊形式。在他的分析中，小岛清倾向于对外直接投资和贸易间具有互补性的观点，但这种互补性并非绝对的。当且仅当对外直接投资所涉及的产业在本国处于比较劣势而在东道国却处于比较优势时，对外直接投资就会刺激国际贸易的发展。反之，当对外直接投资所涉及产业在本国处于比较优势而在东道国却处于比较劣势时，对外直接投资会恶化本国贸易。为验证其理论观点，作者比较了日本和美国模式，并认为日本对外直接投资很可能刺激了国际贸易。总之，在新古典理论框架下的有关资本流动与对外贸易之间关系的模型都是在 HOS 框架即两国、两种商品、两种要素下做的分析。但这些分析都没有很好地处理资本流动和出口贸易的变动关系。

二　新贸易理论框架下的分析

20世纪70年代末期，国际贸易理论迅速发展，其显著特征是建立了一系列规模报酬递增及不完全竞争模型。基于这些新方法，对外直接投资和商品贸易之间替代或互补关系问题再次引起关注。斯密斯（Smith, 1987）是第一位在不完全竞争情形下基于战略角度思考对外直接投资的学者。他分析企业国际化必须作出的两种选择，即出口或海外生产。基于两种选择的各种成本的比较，斯密斯证明了市场结构（垄断/双寡头垄断）在决定出口和海外投资之间选择的重要性。在垄断情形下，所做的抉择依赖海外投资的固定成本和出口的运输与税收的直接比较。在古诺双寡头竞争情形下，两寡头间的产出水平和利润份额依赖于他们的战略行为。斯密斯的分析虽过于简单，但具有一定的价值。海默（Hymer, 1979）通过公司拥有的垄断竞争优势来解释对外直接投资行为，他认为，这些垄断优势可能来源于市场的不完全性、生产差异、要素价格、规模经济、经济政策（自由贸易壁垒和财政措施）。事实上，当这些优势获益高于海外建厂的成本时，公司倾向于国际化生产而非出口。弗农（Vernon, 1966, 1979）在其产品生命周期理论中认为生产活动的连贯分布依赖于产品生命周期所处的阶段。新产品首先在国内生产和销售。在第二阶段即成长阶段，产品陆续出口到邻近的然后更远些的国外市场。当进入成熟阶段，跨国公司直接在外国投资建厂生产。跨国公司的决定源于这些海外国家具有优势的劳动力成本，更大的当地市场需求及减少的运输和生产成本。交易成本理论学派中，主要有威廉姆森（Williamson, 1979）和科斯（Coase, 1994）对解释进入外国市场的不同形式的选择感兴趣。在他们的分析中，强调了交易成本在决定国际化战略中的重要性。他们认为，进入市场的交易成本越高，直接在外国投资并使生产本土化越明智。邓宁（1995）在其"折中OIL范式"中通过三种类型的优势，即所有权优势、内部化优势和区位优势解释国际化战略，并认为只有所有权优势，适合出口贸易；只有上述三种优势均具备的条件下，对外直接投资才是最佳选择。马库森（1983）证明蒙代尔模型中资本流动和商品贸易的替代关系只是一个特例，它仅在贸易是基于国家之间相对要素禀赋差异的基础上时才有效。他经过研究得出结论：基于不同国家贸易的要素禀赋差异所引至的要素流动促进贸易。赫尔普曼（Helpman, 1984）及赫尔普曼和克鲁格曼（Helpman and Krugman, 1985）通过考察水平差异产品的不完全竞争模型，证明当对要素禀赋求微分，差别产品的产业内贸易及这些要素投入的公司内贸易将会出现。布赖纳德（1993）发展了具有两国和两个产业的模型。处于差别产品产业的公司在出口和作为替代模式的对外直接投资之间进行选择，以进入外国市场。就差别产业而言，由于公司内部的研发活动，生产是一个多阶段的内部报酬递增过程。布赖纳德证明，通过对外投资和贸易向海外扩展的决定依赖于邻近优势和有关规模太少，即生产集中于同一地区的优势之间的获利机会。马库森（1995）也得出相似的结论。他尤其强调规模经济、要素禀赋差异、运输成本、公司特定优势之间的相互作用在决定投资和国际贸易之间关系时的重要性。沿着汉森等（Hanson et al., 2001）的研究思路，埃克霍尔姆等（Ekholm et al., 2003）建立了一个出口导向型对外直接投资的三个地区之分析框架，即两个同等的，大的高成本经济体与一个小的低成本经济体，其结论为：两个大的高成本经济体倾向于向小的低成本经济体直接投资，并进而低成本出口到对方市场。该结论并不否定对外直接投资替代贸易，反而认为出口导向型对外直接投资会促进贸易。

新古典国际贸易理论并没有说明贸易与对外直接投资的关系，同样，新贸易理论也未能做到，所有研究结论要么是替代要么是互补。但是，这些研究普遍承认这样一个事实，即理论结论广泛依赖所考虑的分析框架和假设。所以，对外直接投资和贸易之间的关系不是理论问题而是实证问题。

三 实证检验

实证检验的核心论题是对外直接投资与投资本国出口贸易之间的联系，即 FDI 的出口贸易效应。迄今为止，西方学者已进行了大量研究，不同理论体系得出不同结论。一般而言，国际贸易的禀赋理论支持对外直接投资与出口贸易的替代关系，而竞争优势理论、新贸易理论的不同流派、产业组织理论支持 FDI 与出口贸易的互补关系。此外，对外直接投资的公司理论有的支持替代关系，有的则支持互补关系。

上述研究之所以结论各异，主要是实证研究使用的模式不同造成的。就已有的实证研究所使用的模型来看，主要分为三类：一是检验对外直接投资和贸易相对比例变化的模型；二是出口或出口估计模型；三是专门检验对外直接投资—贸易关系的模型。主要模型归纳如表 3-1 所示。

表 3-1　　　　　对外直接投资与出口贸易关系实证模型

作者	自变量	方法
阿德勒和史蒂文斯	海外子公司销售	OLS
Belderbos 和 Sleuwagnege (1998)	贸易政策、市场规模、产品周期阶段	OLS

续表

作者	自变量	方法
Gopinath 等（1999）	作为 OFDI 代理变量的海外子公司销售	OLS
克鲁伯等（Gruber, 1967）	海外子公司销售	OLS
佩因和威克林（Pain and Wakelin, 1998）	OFDI 流出存量、OFDI 流入存量、世界需求、相对价格、生产质量	OLS
艾伯格（Aberg, 2001）	OFDI 流量、OFDI 存量（t−1）、国家虚拟变量	合成数据回归（固定效应、虚拟变量）
Alguacil 和 Orts（1999）	OFDI 存量	时间序列分析、VAR
戈尔伯格和克莱因（Golberg and Klein, 1998）	汇率、本国和东道国 GDP、OFDI、OFDI（t−1）	时间序列分析
格拉汉姆（Graham, 1999）	OFDI 存量	横截面分析
Gubert 和 Mutti（1991）	海外子公司销售、GDP、人均 GDP、距离、投资政策虚拟变量、税率	横截面分析
Lin（1995）	OFDI 流出量、OFDI 存量（t−1）、GDP、销售价格指数	时间序列分析
利普西和维斯（Lipsey and Weiss, 1981）	GDP、OFDI、距离、欧盟成员	横截面分析
利普西和维斯（Lipsey and Weiss, 1984）	公司在美国的销售、东道国净销售、非制造业海外子公司销售	横截面分析
利普西等（2000）	FDI、子公司就业量、GDP、距离	横截面分析
Meredith 和 Maki（1992）	出口比例、制造业增加值、（美国、加拿大）广告预算差异	横截面分析
Yamawaki（1991）	资本密集度、运输成本、R&D 密集度、子公司总就业	横截面分析
Blonigen（2001）	价格向量、日本公司海外生产、美国公司海外生产	SUR 回归
布赖纳德（1997）	OFDI、运费、关税、税率、工厂规模经济、公司规模经济、语言、GDP	2SLS 回归
戈尔伯格和克莱因（1999）	美国真实 GDP、东道国真实 GDP、真实汇率、特定部门 OFDI、其他部门 OFDI	时间序列分析

续表

作者	自变量	方法
斯文森（Svensson, 1996）	GDP、人均GDP、海外子公司净销售（FDI代理变量）、距离	时间序列分析
斯威登柏格（Swedenborg, 2000）	GDP、R&D、自然资源密集度、熟练劳动力、制造业海外子公司年限	合成数据分析（2SLS）
Wilamoski 和 Tinkler(1999)	GDP、汇率、OFDI流量、OFDI存量(t-1)	时间序列分析（VAR、脉冲响应函数）

资料来源：项本武：《中国对外直接投资：决定因素与经济效应的实证研究》，社会科学文献出版社2005年版。

对外直接投资和出口贸易之间关系的实证检验文献大致可以从三个角度归类，即直接投资和出口贸易之间的关系微观分析、宏观分析及因果分析。

微观层次分析是指企业的对外直接投资对其出口贸易的影响。早期的研究几乎是从这一角度入手的，所有这些研究或使用单个或使用加总的跨国公司数据。利普西和维斯（Lipsey and Weiss, 1981, 1984）是该领域的先驱。他们首先使用加总数据，接着使用单个公司数据，研究了美国跨国公司对外直接投资对其出口贸易的影响。首先，他们研究了美国1970年出口到44个国家的跨部门数据以及其他13个主要的出口国数据。其结论支持贸易与对外投资之间的互补性观点。投资海外的美国制造业无论是在发达国家还是发展中国家对出口是正相关的，只是在发达国家程度低一些。进一步说，投资海外的制造业与竞争国出口负相关，美国投资海外具有贸易转移效应。为深入研究，利普西和维斯（1984）进而使用产业、投资目的地和出口目的地的分解数据且区分了最终产品和中间产品，最后得出的结论仍支持互补性假说。他们认为，均衡时，美国公司的海外生产没有替代本国的出口。美国在一国生产规模越大，美国对该国的出口就越多。然而，在贸易和海外投资之间的互补性方面，中间产品比最终产品更显著。沿着布赖纳德（1997c）开创的基于相对成本的比较静态研究思路，赫尔普曼等（Helpman et al., 2003）建立了一个多国、多部门一般均衡模型用以解释有差异的公司服务海外市场的决定：出口还是对外直接投资。其结论是在均衡状态下，生产较多的公司会开拓国际市场，且生产更多的公司才会通过对外直接投资服务海外市场。他们尤其强调公司差异性（生产规模大小）在出口和对外直接投资方面的决定性。

宏观层次分析主要是从国家的角度进行的。为研究对外直接投资与贸易之间的实证关系，美国学者霍斯特（Horst，1974）选取美跨国公司对外贸易与对外直接投资的有关资料进行动态研究，结果发现，只要跨国公司国外分支机构的销售额（占国内出口的比例）还小，随着销售额的提高，美国的出口额（占国内出口的比例）会增加；在达到某一临界点之后，随着国外分支机构销售额的继续增加，出口额就会下降。也就是说，在较长时期内，本国出口与跨国公司国外分支机构销售额之间的互补效应会超过替代效应，这些互补性可能是正在使用着相关商品导致的，也可能是有关的促销努力（如销售网点、广告、市场研究等）的结果。利普西和维斯（1976）在随后进行的一系列的相关研究中也得出了类似的结论。他们检验了美国和另外13个主要出口国的出口与对外直接投资之间的相互关系。回归分析的结果表明，美国制造业跨国公司国外分支机构的经营活动与美国出口额的变化方向是一致的。同样，另外13个国家制造业跨国公司国外分支机构的数目与出口额也呈同方向变化。佩因和威克林（Pain and Wakelin，1998）用时间序列数据研究当地生产和出口之间的关系，并选取了1971—1992年包括11个OECD国的半年数据，共有473个观察值，其结论各异：一方面，对外直接投资减少了三个国家，即法国、德国、瑞典的出口额。另一方面，它又增加了日本、英国、美国的贸易额。关于这一问题的最新成果来自斯文森（Svensson，1996）对瑞典跨国公司对外直接投资所做的研究。其研究结果表明瑞典跨国公司在东道国分支机构的出口行为在一定程度上会替代来自本国的相应出口，但斯文森同时也承认，这种情况仅仅是一种特例，这与瑞典跨国公司特殊的对外直接投资结构、特定东道国有关。对其他国家而言，这种替代效应可能是很小的。伊顿和塔姆拉（Eaton and Tamura，1996）利用1985—1990年日本和美国与不同的100个伙伴之间的双向对外直接投资和贸易流量进行分析。他们在分析中融合了诸如人口、财政收入、资本密集度、入学率及经济联盟等变量。其主要结论是：对外直接投资总体上看会增加贸易，即对外直接投资与出口贸易具有正相关关系。Fontagne和Pajot（1997）沿着伊顿和塔姆拉的研究思路，选取法国、意大利、日本、美国、瑞典及欧盟（12国）在1984—1994的数据作为研究对象。他们分别研究了对外直接投资流量与存量对本国出口贸易的影响，其结论却迥然不同：对外直接投资流量与本国出口呈正相关关系，而当考虑对外直接投资存量时，所有国家的互补性假设不再有效。利普西等（1999）研究的主要是有关日本跨国公司的对外直接投资活动，他们对日本跨国公司在1986年、1989年和1992年的对外直接投资规模与相关年份日本出口贸易规模进行了相关性分析。研究结果发现，日本的出口贸易额随着其对外直接投资规模的不断扩大而增长，二者之间有较强相关性。在另一项研究中，利普西等比较了美国、日本和瑞典三国的对外直接投资与出口、就业关系，进一步支持了上述结论。这些实证研究的结果表明，在跨国公司的出口与对外直接投资两种方式选择之间存在着较强的互补性。从总体来讲，对外直接投资与本国对外贸易之间的互补性要大于替代性。

另外，不少学者针对对外直接投资与出口贸易关系展开了因果分析，该分析主要运用格兰杰时间序列模型。自从格兰杰提出经济序列数据之间的因果关系以来，许多经济学家用该理论在不同的领域做了大量的实证研究，对外直接投资与贸易的关系也不例外。普法弗梅尔（Pfaffermayr，1994）用时间序列法，分析了澳大利亚1969—1991年的对外投资和出口间的格兰杰因果联系。其结论支持这两个变量间的双向格兰杰因果联系下的互补性假设。巴约—鲁比约（Bajo-Rubio，1999）实证分析了西班牙的对外直接投资流出与出口的关系。研究结论是对外直接投资流出与出口之间是互补性关系。然而，这两个变量间的互补性仅在对外直接投资对出口方向上起作用。作者说明对外直接投资对出口的格兰杰因果关系具有一个正的系数。维森姆（Wissem，2002）对美国、日本、法国、德国及西班牙1970—2001的年度数据进行了计量分析，实证考察了宏观水平的对外直接投资与贸易关系。他将考察变量分为两组：出口与对外直接投资流出和进口与对外直接投资流入，并对他们的互补性与替代性关系进行了分析。其结论是对外直接投资与贸易之间的关系广泛依赖各国经济特征。格兰杰因果关系检验证明了对外直接投资（流入和流出）与贸易（出口和进口）的一些因果关系。但针对所有国家的分析均表明这种因果关系仅是单向的，说明因果关系不仅依赖所分析国家的经济特征，而且其特点与方向在不同国家间波动较大。如在进口对对外直接投资流入的影响上，法国的数据表明有显著因果关系，但在对外直接投资流入对进口的影响上，日本的数据又具有显著的因果关系，美国的对外直接投资流出对其出口也有显著的因果关系。

我国对外直接投资起步晚，在对外直接投资与我国对外贸易关系的实证研究方面国外学者还没有相应研究。国内方面，蔡锐和刘泉（2004）基于小岛清的"边际产业理论"，从中国对发达国家投资和中国对非发达国家投资两个视角，运用岭回归方法，对于1990—1999年中国对外直接投资的贸易效应进行了实证研究，结果表明，中国对发达国家的直接投资对于进口有一定的促进作用，但是作用不大，与出口关系则不显著；中国对非发达国家的直接投资累计对于进口没有显著影响，而对出口有一定影响。张如庆（2005）综合运用协整理论、误差修正模型和格兰杰因果检验等多种方法，对于1982—2002年我国对外直接投资和进出口之间的关系进行了研究，结果表明，进出口是对外直接投资变化的原因，而对外直接投资不是进出口变化的原因，对贸易的替代或促进作用不明显。陈石清（2006）采用国际比较的方法，实证研究了西方发达国家与中国在此问题上的差异，本章选取了美国、日本、德国、英国、法国以及中国在1979—2003年的对外直接投资与出口贸易的年度数据进行了实证研究，结果表明，中国对外直接投资对出口贸易的影响不显著，二者之间并不存在显著的因果关系，并且两者之间也不存在长期稳定关系。项本武（2007）基于引力模型，采用合成数据回归方法，对1999—2001年中国对外直接投资的贸易效应进行实证分析，得出的主要结论是：中国对东道国的直接投资促进了中国对东道国的出口，但对从东道国的进口却具有替代效应。陈传兴、杨雅婷（2009）从行业视角对我国对外直接投资的贸易规模效应进行实证分析，运用物理学中的灰色系统理论研究我国不同行业对外直接投资与对外贸易之间的相关性，并认为，我国对外直接投资与对外贸易总体呈正相关性，其中采矿业、批发零售业和制造业正相关性较大。阚大学（2009）利用1982—2007年的数据，对我国对外直接投资与进出口关系进行实证研究的结果表明，我国对外直接投资与进出口是互补的，即对外直接投资为出口创造型和进口创造型，故要采取各种切实的政策措施来鼓励对外直接投资，但也不能过分夸大对外直接投资的作用。在积极"走出去"开拓国际市场和利用国外资源的同时，要统筹考虑对外直接投资的规模、结构、区位及相应的政策。李晓峰（2011）基于全国29个省市面板数据实证分析发现：（1）出口贸易对对外直接投资有显著的正效应，而且影响作用较大；（2）出口对对外直接投资的影响存在地区差异，其中东部地区出口对中国OFDI的影响作用最大，中部、西部大小较为接近；（3）中国对外直接投资存量和流量都是出口促进的，对外直接投存量以及存量滞后一期的影响作用更大；（4）对外直接投资存量对出口的影响效应存在地区差异，其中东部最大、中部次之、西部最小；（5）出口贸易对对外直接投资的影响效应大于后者对前者的影响作用。

四 相关模型分析

对外直接投资影响本国出口贸易模型大致有理论模型与实证模型之分，理论模型从微观角度分析企业对外直接投资对本公司出口贸易的影响，而实证模型多从宏观角度研究一国对外直接投资对该国总体出口贸易影响。

理论模型一般以企业海外生产如何影响国内出口为切入点，并构建如下模型：

$$y + f = s\alpha I \tag{3-4}$$

式中：y 表示最终产品的出口，f 表示国外分支机构的销售，I 表示外国收入，α 表示外国收入中用于购买最终产品的份额，s 表示该公司产品销售在该行业中的份额。该公司同时生产中间产品 z 并将其出口到海外分支机构用于最终产品的生产。该模式将评估国外分支机构生产的增加是如何影响总的出口 x 的，即 $x = y + z$。用 $\hat{x}$ 表示 x 的百分比变化，同理，$\hat{y}$ 和 $\hat{z}$ 分别表示 y 和 z 的百分比变化。那么，可以得到如下方程：

$$\hat{x} = \hat{y}[y/(y+z)] + \hat{z}[z/(y+z)] \tag{3-5}$$

首先考虑式（3-4）右边是常数的情况，此时，海外生产替代最终产品的出口表示为：

$$\hat{y} = -[(1-\lambda)/\lambda]\hat{f} \tag{3-6}$$

这里 $\lambda = y/(y+f)$。

假如本公司是垂直一体化生产的，那么中间产品的出口将增加海外生产。假设中间产品 z 的出口值所占海外分支机构最终产品销售额 θ 是固定的，那么 $z = \theta f$，$0 < \theta < 1$，同比例的变化暗示着 $\hat{z} = \hat{f}$。将式（3-6）代入式（3-5），可得：

$$\hat{x} = \{-(1-\theta)(1-\lambda)/[\lambda+\theta(1-\lambda)]\}\hat{f} \qquad (3-7)$$

由于 λ 和 θ 都介于 0 和 1 之间,式(3-7)为负值表明,国外生产导致总出口的净下降。在这种情况下,最终产品的出口下降超过中间产品的出口增加。式(3-7)也表明,只要海外分支机构的生产没有增加对国外消费者的总销售额($y+f$),出口和对外直接投资就是替代的。

为了获得互补性,对外直接投资必须导致总销售额的增加。用 $\hat{s}$ 表示总出口增加的百分比,则:

$$\hat{x} = \{\hat{s} - (1-\lambda)(1-\theta)\hat{f}/[\lambda+\theta(1-\lambda)]\} \qquad (3-8)$$

当对外直接投资的销售扩大效应超过替代效应,即 $\hat{s} > (1-\lambda)(1-\theta)\hat{f}$ 时,对外直接投资与出口贸易是互补的。对外直接投资导致本国出口增加通过一系列机制实现。分支机构的存在会提供给外国消费者有价值的服务,这种服务是当地经销商无法提供的;制造业的投资会提高跨国公司在海外的信誉和知名度,使得其真正成为本地化的公司;对外直接投资还可以利用当代廉价的生产要素,从而降低生产成本,同时,海外生产还可以避免关税和运输成本。

大部分计量模型从宏观角度将对外直接投资与本国出口贸易进行了相互计量,并将一系列影响因素纳入其中,典型的计量模型如下:

$$FDI_{ti} = f(X_{ti}, IR_t, ER_{ti}, GDP_{ti} \cdots) + \varepsilon_{ti} \qquad (3-9)$$

$$X_{ti} = g(FDI_{ti}, IR_{ti}, ER_{ti}, GDP_{ti} \cdots) + \varepsilon_{ti} \qquad (3-10)$$

式中:t 表示年份,I 表示国家,FDI 表示对外直接投资,X 表示本国出口,IR、ER、GDP 分别表示利率、汇率和国内生产总值。

比较有代表性的计量模型是将这些影响因素取对数,关键看每个变量的系数对因变量影响,例如:

$$\ln(X_{ti}) = \alpha_i + \beta_i \ln(S_{ti}) + \delta_i \ln(RP_{it}) + \eta_i \ln(RQ_{it}) + \gamma_i \ln(OUT_{it}) + \varphi \ln(IN_{it}) + \varepsilon_{it} \qquad (3-11)$$

式中:X_{it} 表示 I 国在 t 时期的总出口,S 表示世界总需求,RP 表示本国出口的相对价格,RQ 表示产品质量,OUT 表示对外直接投资存量,IN 表示本国吸引的外资数量。上述模型经过安德森(Anderson,1991)、兰德斯曼和斯内尔(Landesmann and Snell,1993)的扩展而进行了实证研究,尼格尔·佩因和凯瑟琳·威克林(Nigel Pain and Katharine Wakelin,1997)进一步将该模型进行了扩展,并进行了动态分析,具体分析如下:

将式 (3-11) 进行动态调整，允许成本变动，则：

$$\Delta\ln(X_{1,t}) = \alpha_i + \lambda_1\Delta\ln(S_{i,t}) + \lambda_2\Delta\ln(RP_{i,t}) + \lambda_3\Delta\ln(X_{i,t-1}) +$$
$$\lambda_4\ln(S_{i,t-1}) + \lambda_5\ln(RP_{i,t-1}) + \lambda_6\ln(RQ_{i,t-1}) +$$
$$\lambda_7\ln(OUT_{i,t-1}) + \lambda_8\ln(IN_{i,t-1}) + v_{i,t} \qquad (3-12)$$

在式 (3-12) 中，出口，世界需求和相对价格都是动态的。但是，假如面板数据中存在显著异质性，则特定国家的固定影响就会产生偏差和部一致的估计系数 (Pesaran et al., 1996)。为避免这种异质性存在造成计量上的偏差，可考虑如下模型：

$$\Delta\ln(X_{1,t}) = \alpha_i + \lambda_{1i}\Delta\ln(S_{i,t}) + \lambda_{2i}\Delta\ln(RP_{i,t}) + \lambda_{3i}\Delta\ln(X_{i,t-1}) +$$
$$\lambda_{4i}\ln(S_{i,t-1}) + \lambda_{5i}\ln(RP_{i,t-1}) + \lambda_{6i}\ln(RQ_{i,t-1}) +$$
$$\lambda_{7i}\ln(OUT_{i,t-1}) + \lambda_{8i}\ln(IN_{i,t-1}) + v_{i,t} \qquad (3-13)$$

将式 (3-13) 非线性化，可以更方便地提取系数，即得到模型：

$$\Delta\ln(X_{1,t}) = \alpha_i + \lambda_{1i}\Delta\ln(S_{i,t}) + \lambda_{2i}\Delta\ln(RP_{i,t}) + \lambda_{3i}[\Delta\ln(X_{i,t-1}) -$$
$$\beta_i\ln(S_{i,t-1}) - \ln\delta_i(RP_{i,t-1}) - \eta_i\ln(RQ_{i,t-1}) -$$
$$\gamma_i\ln(OUT_{i,t-1})\varphi\ln(\ln_{i,t-1})] + v_{i,t} \qquad (3-14)$$

式 (3-14) 分析对外直接投资与本国出口贸易之间长期关系具有重要意义，因为它不仅是动态的，而且计量了面板数据的长期关系，即对外直接投资与本国出口贸易的长期关系。

五　OFDI 与本国出口贸易规模

在讨论对外直接投资对本国出口规模影响时，通常将对外直接投资分为市场寻求型对外直接投资、资源寻求型对外直接投资和效率寻求型对外直接投资三种。

（一）市场寻求型对外直接投资对本国出口规模贸易的效应

市场寻求型对外直接投资对本国出口规模的影响取决于对外直接投资对于出口的直接与间接影响。传统的对对外直接投资贸易效应的分析是从市场寻求型对外直接投资开始。市场寻求型对外直接投资扩大本国出口贸易的原理在于以下两个方面：其一，对外直接投资初期，国外子公司的生产通常是引发对于本国产品（主要是资本品与中间产品以及劳务）的需求。随着服务的可贸易性提高，还会进一步扩大本公司对子公司出口。其二，由于跨国公司具有强大的供应、销售网络和组织生产能力以及市场营销的巨大能力，本国其他企业在作为本公司合作伙伴等各种努力中，可以进入本公司强大的世界网络而扩大本国产品出口。

当这种跨国公司是贸易性公司时,这种效应会更大。而当存在贸易的各种壁垒时,贸易性海外子公司就可完全创造本国的出口而不会产生任何替代作用。这时,海外投资通过扩大本国的出口市场从而扩大了本国出口。

(二) 自然资源寻求型对外直接投资对本国出口贸易规模的效应

由于自然资源行业对外直接投资与贸易之间存在线性与序列性关系,贸易占据主导地位,要么是本国对外直接投资带来本国进口,或者本国进口导致对外直接投资,无论是哪种情况均对本国出口影响很小,甚至没有。但是,本国对外进口自然资源的投资会带动本国制成品出口,既可能是直接的——向东道国出口农用或矿用机器设备,也可能是间接的——其他企业向东道国出口消费制成品,或本国进口资源又在国内加工制成产品再向国外出口。总的来说,自然资源对外直接投资影响本国出口的效应有限,但这类对外直接投资只会促进出口,而一般不会产生替代作用。

(三) 效率寻求型对外直接投资对本国出口贸易规模的效应

效率寻求型对外直接投资与战略性资源密切相关。由于这类对外直接投资是企业全球资源整合的组成部分,其对于本国出口规模并无多大直接影响。虽然,目前跨国公司的核心能力主要集中在本国总部,且大部分战略性资源由本国公司流出,但对外直接投资企业充分利用其在世界各地的分支机构,广泛获取不同区位的战略性资源,由于资源在企业内部共享,其流入本国非常容易,一旦流入母公司就会加强本公司的竞争力,间接影响本国出口,本国其他公司也可能获得资源的溢出效应,提高出口竞争力,进而扩大出口规模。

这三种类型的 OFDI 对本国出口贸易规模的效应可以用一种简单的图来反映,见图 3-8。

六 OFDI 与本国出口贸易结构

对外直接投资对本国出口贸易结构影响包括直接影响与间接影响两个方面。直接影响是指因对外直接投资而对本国出口贸易构成的促进作用,间接影响则是来自本国因对外直接投资而进行国内产业结构的调整,进而对出口贸易结构的影响。

(一) OFDI 对本国出口贸易结构的直接影响

对外直接投资对本国出口贸易结构直接影响很大程度上与对外直接

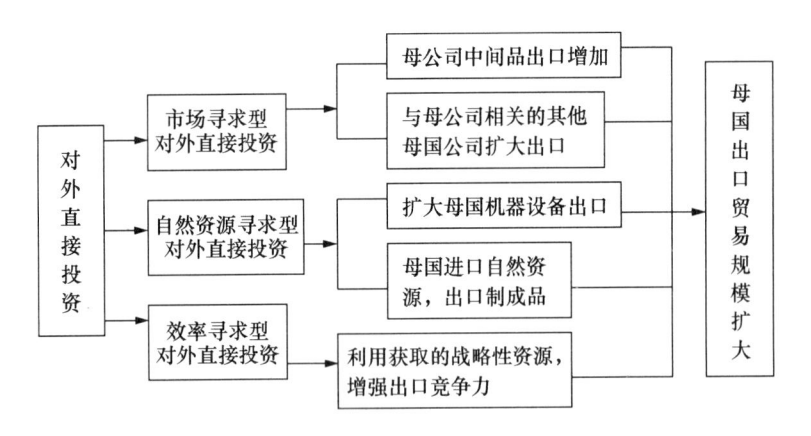

图 3-8　对外直接投资增加本国出口规模传导机制

投资行业相关。就制造业对外直接投资而言，由于制造业的对外直接投资呈线性关系，传统上是对出口贸易的替代（单一产品），即减少本国对该种产品的出口。但制造业对外直接投资又产生了更大的对于本国中间产品和资本品以及各种服务的需求，从而扩大了出口。因而制造业对外直接投资对于本国出口贸易的影响在于：以增加出口中间产品和资本品替代了制成品的出口，同时扩大了服务产品的出口，其导致的结果是在本国出口产品中，中间产品和资本品的比例上升，而最终制成品趋于下降。就自然资源寻求型对外直接投资而言，由于自然资源行业对外直接投资对本国出口影响甚小，并不会降低制成品出口比例；若本国在海外分支机构生产的自然资源返销本国（这种情况主要是国内缺乏资源），本国用这些自然资源生产制成品然后再出口，则制成品出口增加。另外，无论哪一种自然资源的对外直接投资，都会增加对本国中间产品和机械设备的需求，以及总部服务的出口。就服务业对外直接投资而言，由于服务产品的不可贸易性，服务业对外直接投资对本国出口结构的影响非常有限。

（二）OFDI 对本国出口贸易结构的间接影响

本国出口贸易结构很大程度由本国产业结构决定，而对外直接投资对于本国产业结构的调整则有重要作用。一般来说，与经济增长和发展相关的产业结构的调整有三种类型：

（1）产业部类调整，即从初级产业特别是农业向制造业再向服务业演进，工业化就是从初级产业向第二产业的转变，而信息产业则部分反映了服务业的重要性不断增强。

（2）产业内部调整，从低生产率、劳动密集型工业向高生产率、高智能行业调整。

（3）行业内部调整，从低技术含量、低附加值商品与劳务生产向高技术含量、高附加值生产调整。对外直接投资与产业结构的边际产业扩张理论认为，一国应从在本国处于劣势，但与某些国家相比处于比较优势的"边际产业"开始对外直接投资，而保持国内优势产业，以出口方式参与国际化经营。根据这种理论，一国不断向外进行对外直接投资转移劣势产业可以提高国内产业结构，从而改善出口产品结构，增强国际竞争力。这也为本国政府采取倾斜政策，推动对外直接投资，改善国内产业结构提供了理论依据。

这种转移包含以下机理：

其一，对对外直接投资企业而言，基于自身利益的考虑，它们会通过对外直接投资获取低成本的资源或通过采用新技术新工艺使现有产品升级换代来加强出口竞争力，从而促进了本国产业结构改善。

其二，对产业转移本身而言，向国外转移受国内资源约束的产业，一方面可以接近市场，另一方面也能更好地利用当地资源，为本国其他企业获取资源开拓空间，使其可能有较低成本的资源供应而提高效率，扩大经济规模，提高技术开发能力。

其三，对本国整体而言，向国外转移一些在国内处于发展前景不佳或污染严重的企业，客观上为具有发展前景的国内企业提供了更大的生存空间，增强这些企业的竞争力。国内过度竞争行业的对外直接投资也为留在国内的企业让出了较宽的市场以扩大生产、获取利润、促进产品生产工艺的升级。本国把最终产品的生产移到国外，而从子公司进口中间产品与资本品可以使本国中间产品与资本品的市场占有率提高，有利于本国公司提升核心竞争力。在一体化战略下跨国公司整合全球各种战略性资源并向本国转移，可加强本国相关产业的竞争力。

上述对外直接投资行为，均可能改善本国的产业结构，从而优化产品出口结构。FDI 促进本国出口贸易结构变化的传导机制可以通过图 3-9 加以反映。

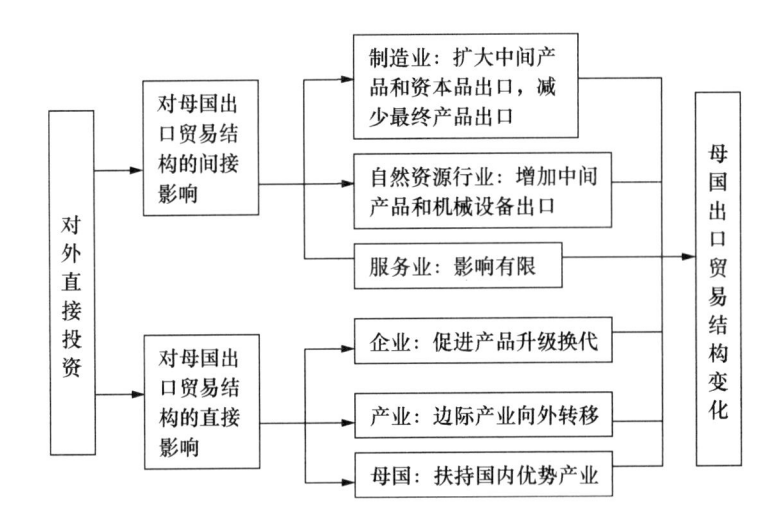

图 3-9　对外直接投资促进本国出口贸易结构变化传导机制

第四节　对外直接投资与本国就业

一　理论研究

最早研究对外直接投资对本国就业影响的学者是贾塞（1960）。他认为，在本国资本资源有限情况下，对外直接投资将替代国内的一部分投资或消费。如果对外直接投资没有伴随出口增加或进口减少，则会产生对本国就业的替代。与贾塞观点相反，霍金斯（Hawkins，1972）从投资与贸易互补角度研究了对外直接投资对本国就业影响，认为在防御性投资情况下，对外投资通过增加国外子公司对本国资本设备、中间产品或辅助产品的需求，进而对国内就业产生补充效应。哈米尔（Hamill，1992）从公司战略的角度出发，认为公司战略能够影响本国就业的数量、质量及就业区位，从而采取不同战略的跨国公司对本国就业的影响是不同的。并且随着跨国公司一体化程度的加强，国际生产的劳动力市场状况变得更为复杂，跨国公司对就业数量、质量和就业区位在本国和东道国之间的配置就越具有主动性和灵活性，从而对外投资的本国就业效应就越具有不确定性和不稳定性。布洛姆斯特龙（Blomstrom，1994）认为，对外直接投资对本国就业的影响既有正的效果，又有负的效果，取决于正负效果的对比与国际直接投资的产业分布等。随着研究的深入，对外直接投资的本国就业效应，应开始涉及就业结构的问题。就业结构优化论（Fors and Kokko，1999）认为，对外直接投资创造了许多本国非生产性就业机会。另外，国外子公司经营业务也会导致本国法律、公共关系服务和工程咨询等方面需求的增加，以上两个领域涉及高度熟练的人员，因而有助于国内就业结构的优化。对外直接投资对本国就业的影响大多是以发达国家作为研究对象，是围绕着对外直接投资对就业的替代效应和促进效应以及对就业规模、结构和区位分布的影响来进行的。由于对外直接投资对本国就业的影响因素很多，如对外投资与国内投资的关系、本国是否存在充分就业等，同时，本国所面临的就业问题可能是多种原因造成的，其中很多因素可能比海外直接投资产生的影响更重要。因此，有关对外直接投资与本国就业关系的理论还一直处于争论之中。

对外直接投资对本国就业影响的实证研究主要集中在三个方面：（1）海外投资机构与本公司和本国其他公司生产活动之间是替代关系还是互补关系（Frank and Freeman，1978；Jordan and Vahlne，1981；Glickman and Woodward，1989；Hufbauer and Schott，1993；Blomstrom and Kokko，1994；Lipsey，1994；Lawrence，1996）。（2）对外直接投资对本国就业人口结构和工资的影响（Kravis and Lipsey，1988；Brainard and Riker，1997）。（3）对外直接投资对本国生产的劳动密集度的影响（Blomstrom et al.，1997；Fors and Kokko，1999；Lipsey，1999）。

在实证研究中所得出的结论因分析的方法、角度以及使用的数据等方面的不同而不尽相同。大多数实证研究结果表明，对外直接投资对投资本国的就业有积极的效应，或至少其替代与创造的就业机会是相互抵消的，但即便如此，从就业质量上看，对外直接投资对本国就业仍是正的效应。近几年，国内相关研究逐渐增多，其中也有针对本国就业的相关分析，但数量比较有限。刘红忠（2001）认为，对外直接投资对本国就业的影响取决于对外投资之前本国企业的国际竞争力状况和对国内资本形成的影响。如果国内某些已经或即将丧失国际竞争力的产业在对外投资之后不仅没有影响国内的资本形成，反而促进了国内经济结构的调整，那对外直接投资在减少劣势产业就业的同时会大大增加国内新兴产业的就业机会，并强调就业效应分析不应仅仅停留在对就业机会分析上。而应重点分析对外直接投资之后本国就业结构的调整。寻舸

(2002)认为,对外直接投资对本国就业的替代效应主要发生于传统工业部门,而刺激效应则增加了新兴产业部门和第三产业部门的就业机会,提高了科技人员和企业管理人员在就业人数中的比重,提高了就业质量。罗良文(2004)认为,对外直接投资对第二、第三产业就业的影响较为显著,尤其是对第三产业就业的拉动作用明显。戴翔(2006)以新加坡为例,研究认为,对外直接投资对国内就业有积极的效应,使劳动配置从生产型向技术密集型和管理密集型方向转变,提高了就业质量。

二 相关模型分析

对外直接投资影响本国就业的模型大致从三个方面展开研究:一是分支机构生产替代本国就业;二是对外直接投资影响本国国内投资,进而影响国内就业的模型;三是OFDI对本国不同类型就业影响的模型。

分支机构生产替代本国就业的模型在对外直接投资影响本国就业的研究中占有很大比重,理论模型基于利普西和克雷维斯(Kravis,1988)、利普西(1994)、布洛姆斯特龙等(1997)的相关研究中。大量研究都基于如下模型:

$$Em_p = \alpha + \beta x_p + \delta x_{\alpha,i} + \phi x_{\alpha,d} + \varepsilon \qquad (3-15)$$

式中,Em_p表示本国公司的就业,x_p表示本公司的产出,$x_{\alpha,i}$表示位于发达国家分支机构的产出,$x_{\alpha,d}$表示位于新兴市场国家分支机构的产出,ε表示随机变量。

另外,对外直接投资通过影响本国国内投资,进而影响就业的模型也在这方面的研究中占相当比重。理论模型基于菲尔德斯坦(Feldstein,1994)、斯文森和利普西(1992)以及Bayoumi和利普西(1997)的相关文献中,基本模型如下:

$$\Delta \log FDI_i = \alpha + \beta \Delta \log I_{ja} + \delta \Delta \log I_i + \phi \log e_{ja,i} + \phi \Delta \log Stock_{i,-1} + \varepsilon \cdots$$

$$(3-16)$$

式中,FDI_i表示j国在i国的直接投资,I_{ja}表示在j国的固定投资,系数β表示垂直一体化生产吸引FDI的强度,I_i表示i国的固定投资,系数δ表示更有效地服务于当地市场的FDI动机,$e_{ja,i}$表示I、j两国的实际汇率,系数ϕ假设是负值,$Stock_{i,-1}$表示滞后在i国的FDI存量,ε为随机变量。

OFDI对本国不同类型就业影响的模型基于Tain - Jy Chen和Ying -

hua Ku（2003）的研究，理论模型如下：

$$C(Y_1, Y_2, W_1, W_2, W_3) = \beta_1 Y_1 W_1 + \beta_2 Y_1 W_2 + \beta_3 Y_1 W_3 + \beta_4 Y_2 W_1 + \beta_5 Y_2 W_2 + \beta_6 Y_2 W_3 + 2\beta_7 W_1 \sqrt{Y_1 Y_2} + 2\beta_8 W_2 \sqrt{Y_1 Y_2} + 2\beta_9 W_3 \sqrt{Y_1 Y_2} + 2\beta_{10} Y_1 \sqrt{W_1 W_2} + 2\beta_{11} Y_1 \sqrt{W_2 W_3} + 2\beta_{12} Y_1 \sqrt{W_2 W_3} + 2\beta_{13} Y_2 \sqrt{W_1 W_2} + 2\beta_{14} Y_2 \sqrt{W_2 W_3} + 2\beta_{15} Y_2 \sqrt{W_1 W_3} + 4\beta_{16} \sqrt{Y_1 Y_2 W_1 W_2} + 4\beta_{17} \sqrt{Y_1 Y_2 W_1 W_2} + 4\beta_{18} \sqrt{Y_1 Y_2 W_1 W_2} \qquad (3-17)$$

式中：C 表示劳动总成本，W_1、W_2 和 W_3 分别表示管理工人、技术工人和蓝领工人单位成本，产出 Y_1 和 Y_2 分别表示来自国内和国外的生产。根据里昂惕夫生产函数，虽然生产技术规模报酬不变，但允许不同类型劳动力之间的替代（或互补）弹性是变动的。

根据谢泼德（Shepherd）定理，可得：

$$L_1 = \frac{\partial C}{\partial W_1} = \beta_1 Y_1 + \beta_4 Y_2 + 2\beta_7 \sqrt{Y_1 Y_2} + \beta_{10} Y_1 \sqrt{\frac{W_2}{W_1}} + \beta_{11} Y_1 \sqrt{\frac{W_3}{W_1}} +$$
$$\beta_{13} Y_2 \sqrt{\frac{W_2}{W_1}} + \beta_{15} Y_2 \sqrt{\frac{W_3}{W_1}} + 2\beta_{16} \sqrt{\frac{Y_1 Y_2 W_2}{W_1}} + 2\beta_{18} \sqrt{\frac{Y_1 Y_2 W_3}{W_1}} \qquad (3-18)$$

$$L_2 = \frac{\partial C}{\partial W_2} = \beta_2 Y_1 + \beta_5 Y_2 + 2\beta_8 \sqrt{Y_1 Y_2} + \beta_{10} Y_1 \sqrt{\frac{W_1}{W_2}} + \beta_{12} Y_1 \sqrt{\frac{W_3}{W_2}} +$$
$$\beta_{13} Y_2 \sqrt{\frac{W_1}{W_2}} + \beta_{14} Y_2 \sqrt{\frac{W_3}{W_2}} + 2\beta_{16} \sqrt{\frac{Y_1 Y_2 W_1}{W_2}} + 2\beta_{17} \sqrt{\frac{Y_1 Y_2 W_3}{W_2}} \qquad (3-19)$$

$$L_3 = \frac{\partial C}{\partial W_3} = \beta_3 Y_1 + \beta_6 Y_2 + 2\beta_9 \sqrt{Y_1 Y_2} + \beta_{11} Y_1 \sqrt{\frac{W_1}{W_3}} + \beta_{12} Y_1 \sqrt{\frac{W_2}{W_3}} +$$
$$\beta_{14} Y_2 \sqrt{\frac{W_2}{W_3}} + \beta_{15} Y_2 \sqrt{\frac{W_1}{W_3}} + 2\beta_{17} \sqrt{\frac{Y_1 Y_2 W_2}{W_3}} + 2\beta_{18} \sqrt{\frac{Y_1 Y_2 W_1}{W_3}} \qquad (3-20)$$

式中，L_1、L_2 和 L_3 分别表示管理工人、技术工人和蓝领工人。

根据谢泼德定理，可以得出国内产出（Y_1）和国外产出（Y_2）对本国劳动需求的影响：

$$\frac{\partial L_1}{\partial Y_1} = \beta_1 + \beta_7 \sqrt{Y_2/Y_1} + \beta_{10} \sqrt{W_2/W_1} + \beta_{11} \sqrt{W_3/W_1} + \beta_{16} \sqrt{Y_2 W_2/Y_1 W_1} +$$
$$\beta_{18} \sqrt{Y_2 W_3/Y_1 W_1} \qquad (3-21)$$

$$\frac{\partial L_2}{\partial Y_1} = \beta_2 + \beta_8 \sqrt{Y_2/Y_1} + \beta_{10} \sqrt{W_1/W_2} + \beta_{11} \sqrt{W_3/W_2} + \beta_{16} \sqrt{Y_2 W_1/Y_1 W_2} +$$
$$\beta_{17} \sqrt{Y_2 W_3/Y_1 W_2} \qquad (3-22)$$

$$\frac{\partial L_3}{\partial Y_1} = \beta_3 + \beta_9 \sqrt{Y_2/Y_1} + \beta_{11}\sqrt{W_1/W_3} + \beta_{12}\sqrt{W_2/W_3} + \beta_{17}\sqrt{Y_2 W_2/Y_1 W_3} +$$
$$\beta_{18}\sqrt{Y_2 W_1/Y_1 W_3} \tag{3-23}$$

$$\frac{\partial L_1}{\partial Y_2} = \beta_4 + \beta_7 \sqrt{Y_1/Y_2} + \beta_{13}\sqrt{W_2/W_1} + \beta_{15}\sqrt{W_3/W_1} + \beta_{16}\sqrt{Y_1 W_2/Y_2 W_1} +$$
$$\beta_{18}\sqrt{Y_1 W_3/Y_2 W_1} \tag{3-24}$$

$$\frac{\partial L_2}{\partial Y_2} = \beta_5 + \beta_8 \sqrt{Y_1/Y_2} + \beta_{13}\sqrt{W_1/W_2} + \beta_{14}\sqrt{W_3/W_2} + \beta_{16}\sqrt{Y_1 W_1/Y_2 W_2} +$$
$$\beta_{17}\sqrt{Y_1 W_3/Y_2 W_2} \tag{3-25}$$

$$\frac{\partial L_3}{\partial Y_2} = \beta_6 + \beta_9 \sqrt{Y_1/Y_2} + \beta_{14}\sqrt{W_2/W_3} + \beta_{15}\sqrt{W_1/W_3} + \beta_{17}\sqrt{Y_1 W_2/Y_2 W_3} +$$
$$\beta_{18}\sqrt{Y_1 W_1/Y_2 W_3} \tag{3-26}$$

式（3-21）到式（3-26）是研究对外直接投资对本国不同类型就业影响的理论模型，大量实证研究也是以这些模型为基础进行的。

按照古典经济学派观点，在劳动力供应和技术状况不变情况下，随着资本存量的增加，资本边际生产率会下降。在完全竞争市场情况下，资本收益率和劳动工资率等于各自的边际产品价值，因此，当资本从本国转移到东道国时，本国的资本收益率上升，劳动的工资率就随之下降；东道国情况正好相反。这就导致了本国的劳动力因工资水平相对下降而"自愿失业"。这种观点长期成为各种反对对外直接投资的势力所引用的观点。

坎贝尔（Campbell，1993）通过综合分析认为，跨国公司对外直接投资对投资本国就业影响是多方面的，主要表现为一定程度的"就业替代"和新的"就业空间生成"，即对外直接投资对就业数量、质量及区位方面具有直接的积极效应和消极效应，以及间接的积极效应和消极效应（见表3-2）。

表3-2的分析为考察海外直接投资对投资国的就业影响提供了理论框架。实证研究表明，海外直接投资可能造成了投资国就业机会的丧失，它可以直观地表现为贸易影响和资本影响两个方面：一是对外投资可能替代一部分原来的对外贸易，从而导致就业岗位的转移，即由投资国向东道国的就业转移；二是由于资本流出，使原本可以投资国内带动就业的机会输出国外，由此导致两国间的"就业替代"，导致投资国就业机会

的减少。这两方面影响可以用一张简单的图加以反映（见图 3-10）。

表 3-2　　　　　海外直接投资对外投资本国就业的潜在效应

影响表现	影响领域	就业数量	就业质量	就业区位
直接效应	积极效应	创造或维持本国就业，如那些服务于国外附属企业的领域	产业重构时技能提高，生产价值也提高	有些工作可能移至国外，但也可能被更高技能的工作弥补，从而改善劳动市场状况
直接效应	消极效应	如果国外附属企业替代本国生产则会产生重新定位或"工作出口"	为了维持本国就业保持或降低工资	"工作出口"可能恶化地区劳动力市场状况
间接效应	积极效应	为承揽国外附属企业任务的本国供应商或国内服务性产业创造和维持就业	刺激多种产业发展	蓝领工作的减少能被当地劳动力市场对出口或国际生产领域高附加值工作的更大需求所弥补
间接效应	消极效应	与被重新定位的生产或活动有关的产业就业损失	供应商受到工资和就业标准方面的压力	暂时解雇工人引起当地劳动市场需求连锁性下降，从而导致本国工厂的裁员

资料来源：联合国跨国公司与投资司：《1994 年世界投资报告》，对外经济贸易大学出版社 1995 年版。

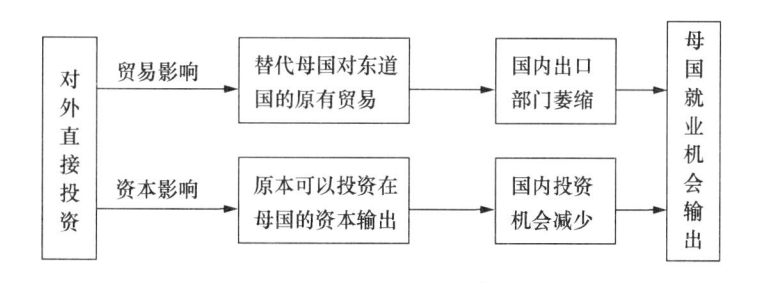

图 3-10　对外直接投资替代本国就业的传导机制

然而，这种就业替代是有限度的，它会因为受因素制约而减缓。
（一）对外直接投资的出口倾向仍然较低
尽管许多东道国和跨国公司都致力于出口导向型的发展战略，部分跨国公司的出口倾向（指子公司出口占销售总额比重）已经达到较高的水平。但是，从普通情况来看，毕竟本国相当部分的对外直接投资最初看中的就是东道国的市场，所以，在它们的总产出中用于出口的仍然不是主要部分。在1966—1996年的30年间，美国制造业多数股权国外子公司的出口倾向已经有了较大的提高，但其1996年的总体出口倾向只有42%，在拉丁美洲和加勒比地区，这一比例只有31.9%，到2000年，美国制造业跨国公司的总体出口倾向也不过43%，即使是美国和日本在东南亚出口导向型国家的子公司，其总体的出口倾向也只有35%。[①] 而从整个世界范围来看，国外子公司的出口倾向则处于更低的水平，一般为20%左右，这一情况起码可以说明子公司与国内争夺市场的动机和能力还是十分有限的，因而在较大程度上限制了它对本国就业的替代效应。

（二）从部门结构及其发展趋势看，许多国际直接投资都投资于服务部门，减缓对本国的就业替代

2001年，全世界国际直接投资流入服务业部门的比例达到63.3%（见表3-2）。因为相当大部分服务是不能实行跨国贸易的，美国在东南亚5国的服务业子公司出口倾向只有1%—2%。[②] 从另一角度来看，这些领域的相当部分本来就不是本国的生产和经营范围，所以对本国的生产和就业不存在多大的替代效应。

表3-3　　　　2001年按行业统计的国际直接投资流入量比重

行业	发达国家（%）	发展中国家（%）	世界（%）	世界总价值量（亿美元）
初级产品	10.2	7.6	9.6	694
制造业	16.6	33.0	20.5	2805
服务业	64.9	58.4	63.3	4594
其他	8.2	1.0	6.5	472

资料来源：UNCTAD, *World Investment Report*, 2003, p.192, 附表A1.4。

---

① 这些国家主要包括印度尼西亚、韩国、马来西亚、菲律宾和泰国。参见《1998年世界投资报告》。

② 联合国贸发会议：《1999年世界投资报告》，中国财政经济出版社2000年版。

(三) 资本追求利润最大化规律本身决定了对本国就业替代的有限性

一方面，从对外投资目的和动机来看，投资者或者为了拓宽公司业务，或者为了获得国外资源优势，通过公司的延伸投资，克服外部市场的诸多不利因素，以获得更为廉价的中间产品供给或税收优惠。这些都有利于本公司增加盈利并获得更好的发展前景，同时也会因为业务的发展而有利于就业的稳定和增加。如果不能很好实现这些目的，包括出现盈利不佳、利润汇回受阻以及经营环境恶化等情况，本公司就会减少投资乃至撤回资本。从20世纪90年代中期，美国和德国跨国公司在非洲的子公司数量就曾出现明显的减少。美国子公司从1982年的516家减少到1994年的444家（尽管1995年又增加到516家），德国子公司从1984年的669家减少到1996年的573家[1]，这些都很好地说明了这一点。

另一方面，公司投资是一种十分理智的经济行为，它要对国际国内市场进行严密的可行性分析和盈利比较以后才能做出最后的投资决策。许多投资者本来就要通过国际市场来寻求更好的出路，或者可以说，对外直接投资已经是他们的"必然选择"，即使一时间不能投向国外，也不一定会很快投向国内的实际生产部门。从这一意义上说，也就谈不上对外直接投资对国内投资和就业替代影响。

事实上，对外直接投资会对投资本国的经济发展和就业产生较大促进和带动作用。它主要通过投资的开拓和收入增加来带动市场扩张，从而引致就业增加。这些影响可以概括为市场的"外向嫁接"和"内向增容"两个方面：

（1）市场的"外向嫁接"。因为跨国公司对外直接投资的基本目的就是为获取更多的利润和实现其全球性经营战略，所以对外直接投资一旦进入正常运营，就会从多个方面带来市场的"扩容"。公司的直接产品只是其中的一个层面，对外直接投资还可以随之带动相关设备及其他副产品出口，作为本公司的国外延伸机构，在价格和有关便利条件相差无几情况下，自然会存在相当高的公司内部贸易比例。在美国，就国外子公司而言，总公司内部的进口和出口都占据其总进口和总出口的

---

[1] 联合国贸发会议：《1998年世界投资报告》，中国财政经济出版社1999年版。

85%左右；就本公司而言，这两个比例也都达到45%左右的水平。[①] 所以，对外直接投资绝不是简单的市场转移，而应该被理解为市场的"对外嫁接"，它通过直接投资这一"产权扩张"手段，在转移一小部分市场的同时，又引回了相当大的一个市场份额。它加大了本国经济活动的外在性空间，从而使对外直接投资中的"就业替代"获得相当大的弥补。此外，对外直接投资会自然形成一定的"广告效应"，引导东道国的消费发生有利于投资国经济发展的变化，肯德基、麦当劳在中国的扩散就是一个明显的例子。由此必定会推动跨国公司进一步在全球范围拓宽市场，从而间接地带动就业的增加。在这里，主要依靠的是投资的带动作用，通过投资的国外开拓来带动市场的外向扩容。

（2）市场的"内在增容"。通过对外直接投资等国际交往活动，使国内经济受到更多刺激，从而激活了更多潜在市场。另外，对外直接投资又给国内带来十分可观的收入"回流"，大大增加了国内市场的购买力，从而使国内市场得以增容和扩张，由此带动国内就业的增加。一般来说，跨国公司都能获得较高利润回报。美国在国外的投资收益率一般都在12%以上，在发展中国家和地区的投资收益率就更高。以如此高的收益率为基础，又形成了大量利润回流，从而增加了投资本国的收入，这些利润汇回又在很大程度上弥补了投资本国的资金外流及其可能产生的就业替代。在这里，主要依靠的是收入的增加来引导国内市场增容扩张，通过对外直接投资带来国内收入的增加，使潜在的市场转化为真正有购买力的市场。

对外直接投资增加本国就业机会的这两种效应可以通过一张简单的图加以反映（见图3-11）。

第五节 对外直接投资与本国国际收支

一 对外直接投资对本国国际收支影响的实证分析文献综述

哈夫鲍尔（Hufbauer）和阿德勒对美国跨国公司20世纪60年代上半期海外直接投资分析表明，约9年的利润收入即可收回全部直接投资。

---

① 联合国贸发会议：《1999年世界投资报告》，中国财政经济出版社2000年版。

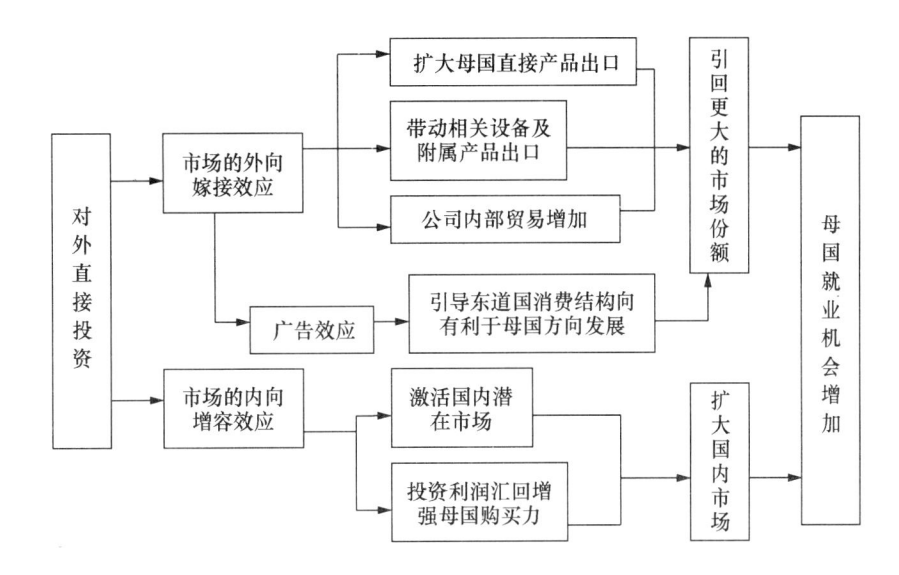

图3-11 对外直接投资增加本国就业的传导机制

从有关资料看，美国跨国公司海外直接投资的高额利润率为美国跨国公司带来了巨额利润收入。据统计，1966—1989年，美国跨国公司通过直接投资为本国带来了5600亿美元的惊人利润，再加上同期的美国跨国公司在技术贸易方面的收入，以及国外子公司出售半成品和原材料所得的利润收入，其全部利润收入高达8000亿美元，超过美国到1989年年底全部海外直接投资累计余额的一倍以上。又据联合国跨国公司与投资司1995年报告，1982—1992年，美国、日本、瑞典从国外获得的直接投资收入的年均增长率分别为5%、13%和17%，由此可见，从长期看，跨国公司的对外直接投资的巨额收入有利于改善投资国国际收支状况。

二 对外直接投资对母国国际收支影响的理论分析

对外直接投资对母国国际收支影响是一个错综复杂的问题，既有资本运动本身带来的影响，也有非经济要素的影响。国际收支平衡表中的主要内容是经常项目和资本项目，而一国企业对外直接投资对该国经常项目中的货物收支、劳务收支、对外投资的利息和股息以及资本项目中的长期资本和短期资本流动都有直接影响，因此，企业对外直接投资对母国的国际收支效应十分复杂。

(一) OFDI 对母国出口的带动效应

出口是获得外汇的一种手段，而外汇则是进口货物与服务所必需的，同时出口也可以获得生产的专业化、规模和范围经济，学习出口市场的经验，而在全球化世界中，出口能力可以体现一个国家产业的竞争力。母国政府鼓励企业对外直接投资的诱因之一就是看到了其可以带动本国设备、元件及其他物品出口的这一面，并且积极通过立法扩大这种积极影响。企业对外直接投资对母国出口的另一带动效应，是通过扩大企业形象和商标形象的国际影响，融洽本国产品与外国公众的情结，从而带动更多国内产品出口，并且通过产业转移促进本国出口生产商品的高附加价值化和多品种化，从而扩大出口总额。

(二) OFDI 具有明显的资本积累效应

理论上说，对外直接投资意味着本国资金的输出，因此会在一定程度减少国内资本积累。但事实上，对外直接投资具有明显的资本积累效应，其效应主要体现在以下几个方面：

(1) 国外分支机构各种投资收益的源源汇回，为投资母国带来大量外汇收入，有利于投资母国的资本积累。1991—1997 年，国际直接投资在东道国以其大大高于其他行业的收益率而赚取了大量利润，其中利润的 40% 左右被汇回投资母国，而且发达国家的这个数值更高一些。[①] 汇回的大量利润为母国的国际收支做出了巨大的贡献。

(2) 跨国企业从母国外部资金市场筹措资金，从而减少母国资本外流。随着世界各国外汇管理的自由化，许多外国投资者参与当地证券市场运作限制（包括跨国公司跨国上市）的取消，金融市场的高级化与深入化，信息、通信技术的进步，拓宽了跨国公司外部筹资的选择领域。目前，跨国公司外部筹资领域已扩大到东道国或母国的股票市场、国内外银行与非银行金融机构以及国际资金市场，使得外部筹措的资金成为跨国公司海外直接投资资金来源极其重要的组成部分，有利于国际收支改善。

(3) 企业跨国经营对母国国际收支经常项目顺差的贡献还体现在通过带动人员国际流动来获得外汇收入。但是，在实际操作过程中，这部分影响是十分有限的，并且存在来自母国自身的限制，东道国政府出

---

① UNCTAD, *World Investment Report*, 1999.

于充分吸收外来生产技术和管理经验的考虑，对外国人在本国外资企业中就业一般都有一定的雇佣限制，尤其是那些急于通过创办外资企业来促进本国技术进步和就业水平上升的发展中国家在这方面的限制特别严格。就母国政府自身的考虑而言，由于人员的外派牵涉到技术的外流问题，一般来说，也不希望本国人员尤其是生产技术人员过多过久地滞留国外。

对外直接投资改善母国国际收支的上述两方面效应可以用一张简单的图加以反映（见图3-12）。

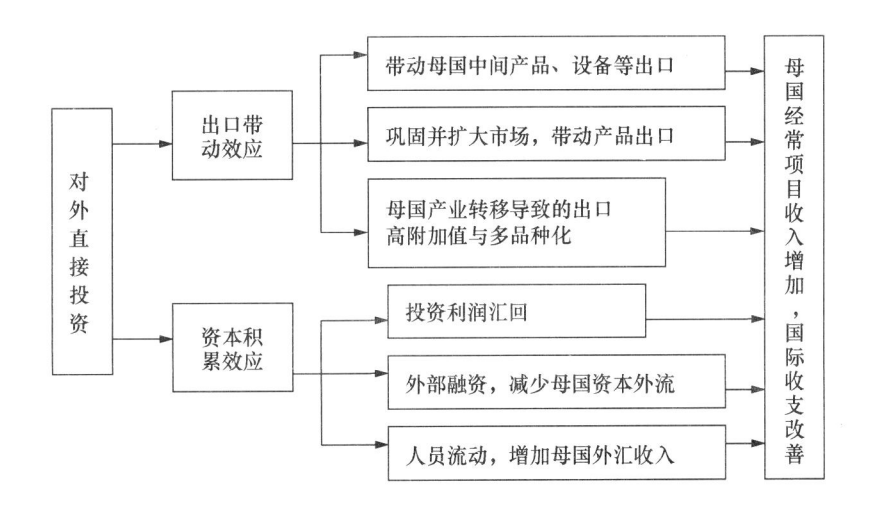

图3-12 对外直接投资改善母国国际收支的传导机制

三 OFDI对母国国际收支的不利影响

海外子公司对母国国内市场的反向侵入已经成为一个普遍现象，部分对外直接投资比较发达的国家，其海外子公司所生产产品大量返销国内，大大增加了母国进口，对母国国际收支造成严重不利影响。英国巴克莱银行派驻东京一位分析家指出，到1995年2月，进口电视机占日本市场份额已增加到83%（三年前为25%），其中大部分是日本设在海外的企业专门为国内市场生产的。这一情况在美国的出现更早更严重①，由于跨国公司零部件生产的国际分流，IBM 个人计算机市场中 70% 以上的零部件从日本和新加坡进口，波音公司 28% 的零部件来自进口，而汽车工业界的"三巨头"1987 年共进口了 192 万台发动机（1983 年仅为 50 万台）。美国海外子公司零部件及制成品的返销对美国的贸易赤字起到了关键的诱发作用。新加坡对美出口贸易的 52%（1986 年数据），日本对美贸易顺差的 40%（1985 年数据）是由美国在当地设厂返销国内造成的，国际商业机器公司在日本的企业甚至已经成为日本对美国出口的最大计算机出口商。

另外，随着跨国公司母国观念的逐渐淡化，国际一体化生产体系业已基本形成，跨国公司在海外的利润再投资行为以及转移定价行为已经十分普遍，其对母国经济的负面影响也越来越显著。对母国国际收支而言，企业对外直接投资至少在其初期阶段里将本国资本投向海外。世界第一对外直接投资大国美国，到 2002 年，海外直接投资已达 15014 亿美元②，在其全部制造业资本投入中大约有 1/5 为海外厂家所吸收。这对于母国国际收支的平衡已经是一个不容忽视的威胁。

对外直接投资恶化母国国际收支效应的传导机制可以用一张简单的图加以反映（见图 3-13）。

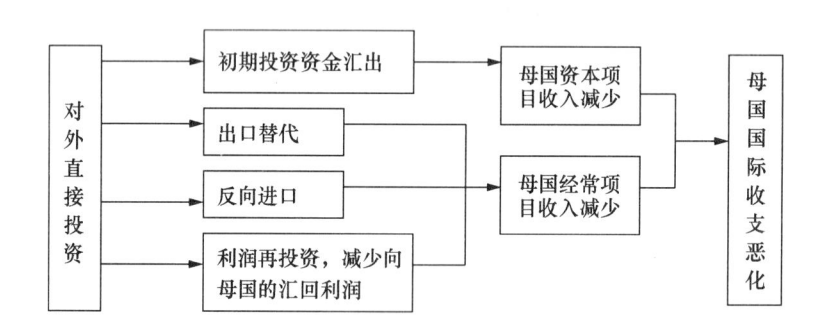

图 3-13 对外直接投资恶化母国国际收支的传导机制

---

① [美] 诺曼·J. 格里克曼等：《新竞争者——外因投资者正在如何改变美国经济》，中国经济出版社 1994 年版。

② UNCTAD, *Word Investment Report*, 2003.

第四章　对外直接投资与本国经济利益：发达国家实证

本章就美国与日本两个对外直接投资大国与强国的对外直接投资经历以及对各自国内产生的影响进行实证研究。美国对外直接投资虽然起步不算最早，但在第二次世界大战后发展速度最快，其对美国的经济产生了深刻的影响；日本在第二次世界大战后的重新崛起，尤其是其产业结构的不断调整、优化与升级，在很大程度上与其对外直接投资息息相关。具体而言，美国对外直接投资在两次世界大战后跃居世界首位，尤其是在第二次世界大战后，其对外直接投资在规模上一直保持世界第一，其对外直接投资的地区配置由以发展中国家为主转向以发达国家为主，对外直接投资的产业分布日益高级化，对外直接投资的资金来源结构由汇款投资为主转向以子公司的利润再投资为主，但同时，20世纪80年代以来，美国的对外直接投资净流量波动很大，曾由直接投资净输出国变为直接投资净输入国，且战后美国虽然始终保持着世界第一对外直接投资大国的地位，但自20世纪60年代以来，在国际直接投资中所占比重已大大下降。但从整体和发展的角度来看，美国对外直接投资的迅速发展对美国经济产生了重大影响。例如通过对外直接投资带动了相关商品出口，夺得了广阔的国外市场，为美国带来了巨额利润收入，确保了国内原料和能源的进口。另外，对外直接投资对美国产业结构、技术进步、国内就业以及国际收支平衡也产生了深刻的影响，这种影响在20世纪90年代，随着美国对外直接投资规模的进一步扩大而不断增强。就日本经验而言，日本对外直接投资最早发展于第一次世界大战，直到第二次世界大战以后才开始大规模扩张，使日本成为对外直接投资大国中的后起之秀，20世纪80年代末90年代初，日本曾跃居世界第一投资大国地位。由于对外直接投资的迅速发展，其对日本国内经济产生深刻影响，这些影响集中体现在对外直接投资促进了日本产业结构的调整。当然，对外直接投资也是造成日本产业"空心化"的部分原因；对外直接投资促进了日本对外贸易的进一步发展，并改善日本对外贸易的结构；对外直接投资对日本吸收欧美先进技术起到了重大作用；对外直接投资对日本国际收支产生了有利的影响，改善了日本的国际收支状况。

第一节 对外直接投资与发达国家经济利益

资本在国际范围内的流动，从最早的以国际贸易为代表的商品资本，到以间接投资为代表的借贷资本，直到以对外直接投资为代表的生产资本的流动，已有数百年历史，但真正意义上的对外直接投资的出现却仅有一个半世纪的历史。而对外直接投资从一出现开始，就带有明显的掠夺性质，为这些老牌资本主义国家带来了滚滚利润。

19世纪，英国、德国等国相继完成了第一次产业革命，建立起了机器大工业生产体系和工厂制度，以及包括银行体系在内的庞大的殖民体系，为具有"过剩"资本的殖民统治者进行海外投资奠定了基础，也提供了遍布世界各地有利可图的低风险投资场所。而这些国家工业革命的先后完成，则带动了加工制造业的发展，积聚了大量的工业财富，需要寻找新的投资场所。

随着英国国内工业革命的先行完成，大量工业制成品销往世界各地，这就要求有源源不断的原材料供应，同时国内政治的稳定和经济的增长也使其国内资本积聚，所以日益扩展的殖民体系就为这些资本提供了低风险的良好投资场所。很快，英国的对外直接投资形成了一定的规模，并占英国财富的1/4（1913年）。法国、德国两国在相继完成工业革命之后，也先后开始了对外直接投资，这些投资不仅为国内"过剩"资本开辟了海外盈利空间，而且巨额的利润返回进一步促进了母国工业革命。

1914—1945年，两次世界大战以及由经济危机带来的30年代的大萧条，使得整个世界经济增长缓慢，各国对外直接投资能力也受到重创。尽管如此，欧洲的满目疮痍却凸显了美国的相对稳定和异军突起式的发展，并成为这个时期对外直接投资发展的一大亮点。美国也因为战争而加大了资本输出力度，并成功地超越英国而成为世界最大的投资母国。第二次世界大战后，美国通过实施旨在恢复欧洲经济的"马歇尔计划",继续加大对外直接投资力度,一直保持世界第一对外直接投资大国的地位。战后,随着日本经济的复苏,尤其是20世纪80年代日元升值等因素,日本一度成为世界第一对外直接投资母国。

从对外直接投资出现一个半世纪历史看,作为一种重要的国际经济现象,对外直接投资不断发展,规模日益扩大。但长期以来对外直接投资是发达国家主导的结果,一些老牌资本主义国家,其对外直接投资已有一百多年历史。对外直接投资的结果是这些先行的资本主义国家从对外直接投资中获取了巨大经济利益,这些经济利益包括促进了母国的产业结构升级、技术进步、出口贸易增加、改善就业以及国际收支平衡。

美国对外直接投资虽然起步不算最早,但在第二次世界大战后发展速度最快,其对美国的国内经济产生了深刻影响;日本在第二次世界大战后的重新崛起,尤其是其产业结构的不断调整、优化与升级,在很大程度与其对外直接投资息息相关。因此,本章以这两个当今对外直接投资大国为例,从经验检验的角度研究对外直接投资对母国经济利益产生了深刻的影响。

第二节 美国对外直接投资及其国家经济利益

一 美国对外直接投资的发展

美国是当代最发达的、经济实力最雄厚的资本主义国家,也是世界上最大的对外直接投资母国。作为一个后起的资本主义国家,美国的对外直接投资在其南北战争结束后,进入了迅猛发展时期,随着垄断资本的形成,美国资本输出迅速增加。据统计,1897年,美国对外直接投资累计额6亿美元,1908年迅速增至16亿美元。[①] 到1914年第一次世界大战前夕,美国对外直接投资累计额已达26.32亿美元,占主要资本主义国家对外直接投资的一半以上。这一时期的美国对外直接投资,从地区分布看,绝大多数投向与美国毗邻的地区,如加拿大和拉丁美洲,占美国对外直接投资的70%以上;从产业分布看,绝大部分投资投向生产初级产品和为生产初级产品服务的公共设施部门(见表4-1)。

---

① 陈继勇:《美国对外直接投资研究》,武汉大学出版社1993年版。

表 4-1　　美国对外直接投资的地区和行业分布（1914 年）　　单位：亿美元

地区	合计	铁路	公共工程	石油	矿业	农业	制造业	销售业
总计	26.32	2.55	1.33	3.43	7.20	3.56	4.78	1.70
拉丁美洲	12.81	1.76	0.98	1.33	5.49	2.43	0.37	0.34
墨西哥	5.87	1.10	0.33	0.85	3.02	0.37	0.10	0.04
古巴及西印度群岛	2.81	0.24	0.58	0.06	0.15	1.44	0.20	0.09
中美洲	0.90	0.38	0.03	—	0.11	0.37	—	0.01
南美洲	3.23	0.04	0.04	0.42	2.21	0.25	0.07	0.20
加拿大	6.18	0.69	0.08	0.25	1.59	1.01	2.21	0.27
欧洲	5.73	—	0.11	1.38	0.05	—	2.00	0.85
亚洲	1.20	0.10	0.16	0.40	0.03	0.12	0.10	0.15
大洋洲	0.17	—	—	0.02	—	—	0.10	0.05
非洲	0.13	—	—	0.05	0.04	—	—	0.04

资料来源：陈继勇：《美国对外直接投资研究》，武汉大学出版社 1993 年版。

第一次世界大战结束后，美国充分利用战后欧洲经济恢复和 20 年代资本主义发展相对稳定这一有利时机，凭借自己雄厚的经济优势，空前扩大对外投资。1914 年、1919 年和 1929 年，美国的资本输出额由 35 亿美元增至 70 亿美元和 172 亿美元，其中对外直接投资额也由 26 亿美元增至 1919 年的 39 亿美元和 1929 年的 75 亿美元。在主要资本主义国家中，美国资本输出仅次于英国而居第二位，而在对外直接投资中，美国已稳居第一位（见表 4-2）。

表 4-2　　美国对外直接投资的地区和部门分布（1929 年）　　单位：亿美元

地区	总额	采矿	石油	制造业	交通通信公共工程	贸易业	其他
总计	75.28	11.85	11.17	18.13	16.10	3.68	14.35
拉丁美洲	35.19	7.32	6.17	2.31	8.87	1.19	9.38
加拿大	21.10	4.00	0.55	8.20	5.42	0.38	1.55
欧洲	13.53	—	2.31	6.29	1.45	1.39	2.09
其他	6.46	0.53	2.14	1.34	0.36	0.72	1.37

资料来源：陈继勇：《美国对外直接投资研究》，武汉大学出版社 1993 年版。

1914—1929年，是美国对外直接投资迅速发展时期。在此期间，美国对外直接投资累计余额增长1.86倍，年均递增7.3%。其中美国对加拿大的直接投资增长得最快，年均递增8.2%；对拉丁美洲次之，年均增长7.0%；对欧洲投资增长速度最慢，年均递增5.9%。从流量上看，这一时期美国对外直接投资增加了48亿美元，其中，对加拿大投资增加了13.92亿美元，占其增加总额的28.4%；对拉美投资增加了22.38亿美元，占其增加总额的45.7%；对欧洲投资增加了7.8亿美元，占其增加总额的10%。这意味着，在此期间，美国对外直接投资增加额约1/2流向拉丁美洲，1/10流向亚非国家，1/4流向加拿大，1/7流向欧洲，但美国对外直接投资仍以拉美国家和加拿大为其重点。

20年代末30年代初震撼资本主义世界的经济危机，使美国遭受巨大破坏，对外直接投资由1930年的75.28亿美元不断下降，到1940年也只有70亿美元（见表4-3），累计余额1940年比1929年下降80%。

表4-3 美国对外直接投资的地区分布和行业分布（1940年）

单位：亿美元

地区	总额	制造业	石油业	采矿业	农业	贸易业	公共工程	其他
总计	70.00	19.26	12.78	7.82	4.32	5.23	15.14	5.48
拉丁美洲	27.71	2.10	5.72	5.12	3.59	0.82	9.62	0.74
加拿大	21.03	9.44	1.20	1.87	0.10	1.12	4.07	3.23
欧洲	14.20	6.39	3.06	0.53	—	2.45	0.74	1.04
亚洲、非洲、大洋洲	7.06	1.33	2.80	0.30	0.63	0.84	0.71	0.46

资料来源：美国商务部：《1940年美国对外直接投资》。

总的来看，第二次世界大战前夕，就其地区分布来看，美国对外直接投资已从以亚非拉落后国家为主逐步转向亚非拉与加拿大、欧洲国家并重的格局；就其产业分布来看，美国对外直接投资仍然以初级产品部门和为生产初级产品服务的公共设施行业为主，但该类投资所占比重逐步下降，制造业所占比重不断上升。上述变化表明，美国的对外直接投资结构逐步走向高级化。

第二次世界大战期间，美国利用各种有利条件，加紧对外资本输出，使得美国在资本主义世界中的经济地位进一步提高。1940—1945年，美国对外直接投资由 70 亿美元增至 84 亿美元，加强了美国作为世界金融中心的地位。

战后以来，美国对外直接投资获得空前发展，并在其发展过程中呈现与战前不同的特点和趋势，归纳起来，这些特点和趋势有：

其一，第二次世界大战后美国对外直接投资的规模急剧扩大，并始终保持着世界第一大直接投资母国的地位。从存量上看，美国对外直接投资 1949 年突破 100 亿美元，1956 年突破了 200 亿美元，1980 年突破 2000 亿美元，1990 年达到 4305.2 亿美元，1998 年突破 10000 亿美元大关，达到 10007.03 亿美元，2002 年更是突飞猛进，在 2001 年 13816.74 亿美元的基础上，增长了 33.2%，达到 18399.95 亿美元，2007 年突破 30000 亿美元大关，达到 35530.95 亿美元。截至 2011 年年底，累计余额为 48967.21 亿美元，始终保持着世界第一对外直接投资大国地位。2011 年与 1914 年相比，美国对外直接投资累计额增长了 1883 倍（见图 4-1）。

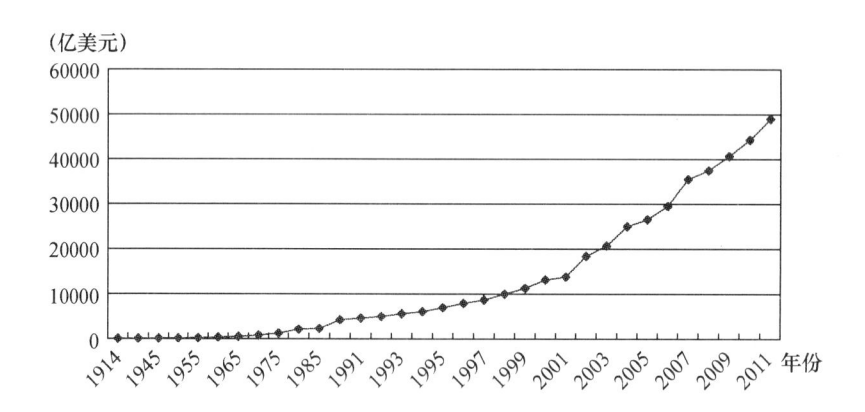

图 4-1 美国对外直接投资累计额

资料来源：美国商务部：《现代商业概览》；UNCTAD：《世界投资报告》有关各期。

从流量来看，1945—1989 年，美国对外直接投资净增加额达 12362.54 亿美元，平均每年增加 224.77 亿美元，而在 1914—1945 年，美国平均每年增加仅有 1.87 亿美元。1945—1950 年，年均增加额为 6.8 亿美元，1950—1960 年年均增加 20 亿美元，1960—1970 年增至 46

亿美元，1970—1980 年年均增加 137 亿美元，1980—1990 年年均增加 215 亿美元，1990—2000 年增至 814 亿美元，进入 21 世纪以来，这一倍增趋势更加明显，对外直接投资流量年均高达 2000 亿美元以上，2011 年对外直接投资流量更是高达 3289.94 亿美元。

另外，美国对外直接投资的增长速度大大快于战前，并呈递增趋势。1914—1945 年，美国对外直接投资累计余额平均年增长率仅为 6.5%，而在以后年度年均增速都高于此数。自 20 世纪 50 年代以来，美国的对外直接投资每五年年均增速除 20 世纪 80 年代上半期（1980—1985 年年均为 1.4%）较低外，其他时期均高于 10%；其中 1985—1990 年年均增长速度高达 17.4%（见表 4-4）。

表 4-4 美国对外直接投资累计余额年均增长率（1914—2011 年） 单位：%

年份	年均增长率	年份	年均增长率
1914—1945	6.5	1970—1975	11.8
1945—1950	8.1	1975—1980	14.7
1950—1955	12.9	1980—1985	1.4
1955—1960	12.9	1985—1990	17.4
1960—1965	11.0	1990—2000	21.5
1965—1970	11.6	2000—2011	31.6

资料来源：根据美国商务部《现代商业概览》和 UNCTAD《世界投资报告》有关各期计算。

其二，战后美国对外直接投资地区重点由以发展中国家为主转向以发达国家为主。1950 年，美国对外直接投资累计余额中，投向发达国家和发展中国家的直接投资额基本持平。但自此以后，美国对发展中国家和地区的直接投资额占美国整个对外直接投资额比重不断下降，1960 年降至 1/3，1970 年进一步下降至 1/4，1975 年继续降至 1/5。与此相反，美国对发达资本主义国家的直接投资累计额所占比重节节攀升，即从 1955 年的 55.1% 上升至 1965 年的 65.3%，1975 年的 73.1%，1985 年的 74.3% 和 1990 年的 74.1%（见表 4-5）。

其三，战后美国对外直接投资的产业分布日益高级化。随着战后美国对外直接投资的迅速发展，直接投资的部门结构发生显著变化，由以农矿业初级产品为主转向以制造业和服务业为主。

表 4-5　　　　　　战后美国对外直接投资的地区分布　　　　　单位:%

年份	总额	发达国家	发展中国家	国际机构
1950	100.0	48.4	48.7	3.5
1955	100.0	55.1	41.4	3.5
1960	100.0	60.6	34.9	4.5
1965	100.0	65.3	30.7	4.0
1970	100.0	68.7	25.4	5.9
1975	100.0	73.1	21.2	5.7
1980	100.0	73.5	24.7	1.6
1985	100.0	74.3	23.4	2.3
1990	100.0	74.1	25.1	0.8
1995	100.0	80.2	19.3	0.5
2000	100.0	82.5	16.7	0.8
2005	100.0	84.4	15.1	0.5
2010	100.0	86.2	13.1	0.7

资料来源:美国商务部:《现代商业概览》;UNCTAD:《世界投资报告》有关各期。

由表 4-6 可见,战后以来,美国对外直接投资部门结构发生了很大变化,制造业在直接投资中的比重稳定上升,1950 年约占 1/3,到 1970 年则上升至 2/5,以后一直保持着这一比重。同期,美国对国外制造业直接投资的累计余额由 38.31 亿美元增至 1557.04 亿美元,增长了 39.6 倍。与此同时,尽管美国不断增加对国外石油和采矿业的直接投资额,但其增长速度大大慢于对制造业和服务业的直接投资,因而在美国对外直接投资比重自 1970 年以来不断下降。1950 年美国在国外矿业和石油业的直接投资累计余额占整个美国对外直接投资的 38.3%,但到 2000 年这一比重急剧降至 8.5%。美国对国外服务业的直接投资增长速度最快,所占比重变化也最大,1950 年服务业在美国对外直接投资中只占到 18.6%,到 2000 年则剧增至 56.4%。由于在石油行业和制造业中的服务没有分离出来,保守估计,其中至少有 1/2 属服务业,因而实际上,服务业所占比重比表中所列数字要高。1950—2000 年,美国对外服务业直接投资累计额由22亿美元剧增至7024亿美元,增长了319倍。服务业对外直接投资的迅速发展,反映了80年代以来美国对外直接投资行业分布变化的新趋势。

表4-6　　　　　　美国对外直接投资的行业分布　　　　　单位:%

年份	总额	矿业和石油业	制造业	服务业	其他
1914	100.0	40.0	18.2	6.5	28.3
1929	100.0	30.6	24.1	4.9	40.4
1940	100.0	29.4	27.5	7.5	35.6
1950	100.0	38.3	32.5	18.6	10.6
1960	100.0	43.3	34.7	14.3	7.7
1970	100.0	35.7	41.3	12.0	11.0
1980	100.0	25.0	41.7	28.2	5.1
1985	100.0	25.1	41.1	28.3	5.5
1990	100.0	14.2	39.9	40.9	5.0
1995	100.0	9.8	36.2	48.0	6.0
2000	100.0	8.5	27.6	56.4	7.5
2005	100.0	7.0	21.1	33.1	38.8
2010	100.0	6.2	20.4	51.6	22.8

资料来源:美国商务部:《现代商业概览》;UNCTAD:《世界投资报告》有关各期。

其四,战后美国对外直接投资资金来源结构发生重大变化,资金来源由汇款投资为主转向以子公司利润再投资为主。美国对外直接投资资金来源,按照美国商务部统计,主要由母公司的股权投资、跨国公司体系内部资金流动净额和国外子公司的利润再投资三部分组成。这三者之和再加上价值调整即为投资增加额,通常前两者称为汇款投资。

长期以来,美国对外直接投资资金来源一直以汇款投资为主,子公司利润再投资处于次要地位。但自70年代以来,汇款投资的数额增长缓慢,在资金来源中的比重大为下降;相反,海外子公司的利润再投资所占比重逐步上升,并成为美国对外直接投资的主要资金来源(见表4-7)。

据统计,1982—1989年,美国海外子公司的利润再投资额高达

1392.43亿美元,占同期美国对外直接投资增加额(1621.2亿美元)的85.9%。进入90年代后,在直接投资增加额中所占比重仍然很高,2000年其金额为865亿美元,占总额的76%。这表明,美国跨国公司海外子公司的利润再投资已成为美国海外直接投资的主体。

美国对外直接投资以海外子公司利润再投资为主,反映了美国作为一个老牌成熟的对外直接投资大国的典型特征。长期以来,美国在对外直接投资中获取了丰厚的利润,仅2000年美国在对外直接投资中获得的利润就高达1492.4亿美元,长期以来的利润累计为美国跨国公司提供了巨额资本,也为海外子公司的利润再投资奠定了坚实的基础。

表4-7　　1980年以来美国对外直接投资的资金来源构成　　单位:亿美元

年份	投资增加额	股权投资	跨国公司内部资金流动净额	利润再投资	价值调整
1980	267.1	26.1	-10.2	169.9	81.6
1982	-68.4	41.9	-153.2	63.8	-20.8
1985	195.7	-22.8	3.7	206.6	9.22
1987	492.3	24.7	63.2	356.7	47.8
1988	189.2	-54.7	78.3	151.7	13.9
1989	399.4	-48.6	141.7	224.5	85.3
1990	514.0	61.8	50.1	222.5	179.7
1995	905.8	363.0	47.0	524.0	-28.0
1996	789.0	216.0	83.0	556.0	-66.0
1998	1150.0	594.0	147.0	475.0	-66.0
1999	1301.0	588.0	233.0	605.0	-125.0
2000	1139.0	499.0	28.0	865.0	-254.0

资料来源:美国商务部:《现代商业概览》;UNCTAD:《世界投资报告》有关各期。

其五,战后以来美国始终保持着世界上第一对外直接投资大国的地位,但自60年代以来,在国际直接投资中所占比重已大大下降。据英国国际投资理论专家邓宁估计,第一次世界大战前夕美国对外直接投资约占世界投资总额的60%,两次世界大战之间,美国对外直接投资在国际直接投资总额中比重维持在50%—55%,但战后以来,特别是60年代以来,美国在世界直接投资中所占比重不断下降。

由表 4-8 可知，1960—2004 年，美国对外直接投资占国际直接投资总额的比重由 47.1% 急降至 20.7%，在 45 年间降幅高达 26.4 个百分点，而同期日本、德国等国所占比重上升显著。这表明美国在国际直接投资领域的地位正逐步下降。

表 4-8　主要资本主义国家在世界直接投资累计额中所占比重　单位：%

年份	美国	英国	日本	德国	荷兰	加拿大	法国	意大利
1960	47.1	18.3	0.7	1.2	10.3	3.7	6.1	1.6
1975	44.0	13.1	5.7	6.5	7.1	3.7	3.8	1.2
1980	40.0	14.8	6.6	7.8	7.6	3.9	3.8	1.3
1985	35.1	14.7	11.7	8.4	6.1	5.1	3.0	1.7
1990	25.8	13.7	12.2	9.0	6.5	4.7	6.5	3.3
1995	25.8	11.7	11.2	8.6	5.8	4.0	7.4	3.2
2000	21.4	14.6	4.5	8.8	5.0	3.9	7.2	2.9
2001	21.8	14.3	4.7	8.7	5.2	3.9	7.7	2.9
2002	25.5	12.8	4.2	8.6	4.8	3.8	8.1	2.7
2003	25.2	13.8	4.1	7.6	4.7	3.8	7.8	2.9
2004	20.7	14.2	3.8	8.6	5.6	3.8	7.9	2.9
2005	22.3	15.6	3.6	8.5	4.9	4.3	4.7	2.3
2006	21.8	14.7	3.5	7.9	3.2	3.6	4.9	3.1
2007	17.3	14.1	3.2	7.1	1.2	2.6	7.2	4.1
2008	17.1	8.3	6.6	6.9	1.0	4.1	8.3	2.3
2009	22.5	1.6	7.0	5.6	1.6	3.5	13.3	4.0
2010	18.9	5.3	7.2	6.1	1.3	4.2	11.4	4.2

注：本表中 1990 年以前的德国是指联邦德国，从 1990 年之后是指统一后的德国。
资料来源：UNCTAD：《世界投资报告》有关各期。

导致此现象出现的原因是多方面的，一方面是美国在国际投资领域的相对优势已削弱，战后初期，由于其他主要资本主义国家国内遭到剧烈破坏，经济严重削弱，美国确立了在世界经济中的霸主地位，拥有绝对的经济技术优势，而西欧、日本等国战后经济重建又急需大量外来资金弥补国内资金的短缺，从而为美国资本输出大开绿灯，因此，美国获得了广阔国际投资场所。战后以来，特别是 60 年代以来，日本、德国等国经济发展速度大大快于美国,它们的对外直接投资增长速度也不断加快,所占比重不断攀升。到 1990 年日本和德国对外直接投资累计额已分别达到 2046.5 亿美元和 1515.8 亿美元,所占比重分别为 12.2% 和 9.0%,成为世界第三、第四大对外直接投资国,并且与美国的差距逐步缩小。另一方面由于 60 年代以来生产国际化迅猛发展,国际分工和专业化生产日益加强,使得参与国际直接投资的主体也日益多元化,许多次发达国家和发展中国家也加入到国际直接投资的队伍中来,并且增长迅速,这在一定程度上也降低了美国在世界国际直接投资总额中的比重。

二 美国对外直接投资对其经济的影响

美国卡特总统任内财政部长助理弗雷德·伯格斯坦曾在总结国际企业界观点之后指出:"对外投资促进了美国利益。通过对外投资可以提高世界生产率,增加美国出口额,改善就业质量,增加就业机会,而美国也将有更多的机会以合理的价格购买原材料……美国的政策应该不仅支持现有的对外投资,而且应促进未来的对外投资。"[①] 从整体和长期角度来看,美国对外直接投资的迅速发展对美国经济产生了重大影响。例如通过对外直接投资带动了相关商品出口,夺得了广阔的国外市场,为美国带来了巨额利润收入,确保了国内原料和能源的进口。另外,对外直接投资对美国产业结构、技术进步、国内就业以及国际收支平衡也产生了深刻的影响,这种影响在 20 世纪 90 年代,随着美国对外直接投资规模的进一步扩大而不断增强。

(一) OFDI 与美国产业结构

战后以来,在科技革命强有力推动下,美国社会生产力获得高度发展,人均国民收入有了较大提高,居民消费结构出现显著变化,导致美国产业结构也逐步发生了变化。在这种产业结构调整中,美国的对外直接投资起了重要的促进作用,同时美国产业结构的变化也深深地影响着对外直接投资的行业变化。

1. 对外投资产业结构变化以国内产业结构变化为转移

美国的产业结构最初以第一产业为主,随着工业化的发展,第一产

[①] 弗雷德·伯格斯坦、托马斯·霍斯特和西奥多·莫兰:《美国跨国公司和美国利益》,华盛顿,布鲁金斯学院,1978 年。

业在国民经济中的比重不断下降，第二产业经过一段时期的上升后也逐渐下降，第三产业内部虽存在部门发展的不平衡性，但总体上是迅速上升的，并超过第二产业，居国民经济的主导地位。

美国对外投资的产业构成，最初也是以农矿业为主，第二次世界大战以来农矿业比重不断下降，而制造业和服务业比重不断上升。矿业和石油业在1914年时占对外直接投资的比重曾达40%，其后有所反复。60年代达到顶峰，自此以后，呈直线下降，1989年跌至15.5%。制造业在美国对外直接投资中的比重，一直稳步上升。70年代达到顶峰，以后一直稳定在高水平上。在制造业内部，与高新技术相关度较大的产业部门，如化学工业和机械工业等上升较快，在1978年美国对外直接投资中化学工业为65.56亿美元，机械工业为64.11亿美元。1977年，前者对外投资额增加到133.74亿美元，增长104%；后者增加到183.79亿美元，增长187%。服务业的直接投资增长速度最快，基本上保持较快的增长势头，所占比重从1950年的18.6%上升到2000年的56.4%。

2. 对外直接投资的结构变化在时间上落后国内产业的变化

如上所述，美国国内产业结构变化中，第二产业下降和第三产业的稳定上升是发生在50年代末，对外直接投资结构中，第三产业稳步上升和第二产业停滞不前发生在70年代，落后国内产业结构变化20年。但第三产业对外直接投资经过80年代以来的迅速发展，所占比重已有大幅上升，到目前为止已基本取代第二产业的地位，与国内产业结构趋于一致。

3. 对外直接投资对国内产业结构的升级和调整有反作用

战后，经济的发展，劳动工资的不断上升，使美国传统工业不断受到挑战。迎接挑战和提高竞争力的重大战略措施就是对产业结构进行大幅调整，实行产业结构升级，也就是将国民经济的中心由传统工业向高新技术产业转移，由物质生产部门向第三产业部门转移。在这种产业结构调整中，美国的对外直接投资起了重要的作用。国际竞争对美国工业挑战首先是从传统工业开始的，然后沿技术阶梯逐渐上升。为了在竞争中生存，充分利用各国的比较优势，一般将劳动密集型的低技术的附加值的产品转移到国外，而将高技术、高附加值产品留在本土，使得美国的产业结构不断高级化，从而不断增强竞争力，从表4-9中美国进出口商品货物的种类就可以发现这种变化。

表4-9　　　　　　　　美国进出口商品的构成　　　　　　单位:%

年份	1980		1990		1995		1996		1997		1998	
总计	100	100	100	100	100	100	100	100	100	100	100	100
农产品	5.1	2.5	4.4	1.9	3.9	2.1	3.1	2.0	2.7	1.9	2.0	2.0
食品	18.2	8.2	11.2	5.8	10.6	4.8	10.8	4.9	9.1	5.0	2.0	5.0
燃料	3.7	32.8	3.2	13.3	1.9	8.2	2.0	9.4	1.9	9.2	8.0	7.0
矿产品	5.1	4.7	3.1	2.8	2.7	2.6	2.2	2.3	2.1	2.3	2.0	2.0
制成品	65.5	50.0	74.1	73.1	77.3	79.2	78.0	78.0	80.8	78.2	82.0	81.0

资料来源:《世界经济年鉴》,中国统计出版社2000年版。

实证分析:

(1) 产业结构升级的测度指标设计。[1] 由于产业结构高度化特征是第三产业的地位越来越突出,第一产业所占比重越来越小,所以指标设计中,给第三产业赋值最大,第一产业赋值最小,具体指标为:

$$Y = y_1 \times 1 + y_2 \times 2 + y_3 \times 3 \quad (1 \leq Y \leq 3)$$

式中,y_i 表示第 i 产业的收入比重,即 y_i/y;Y 表示测定产业结构升级的程度,其系数值上下限为1—3。如果 $R=1$ 或越接近1,产业结构层次越低;如果 $R=3$ 或接近3,则产业结构层次就越高。表4-10计算出1985—2010年的 Y 值。

表4-10　　　　　　1985—2010年美国国内生产总值构成

年份	国内生产总值	第一产业(y_1)	第二产业(y_2)	第三产业(y_3)	Y
1985	1	0.024	0.307	0.669	2.645
1986	1	0.022	0.295	0.683	2.661
1987	1	0.024	0.292	0.684	2.660
1988	1	0.020	0.294	0.686	2.666
1989	1	0.021	0.287	0.692	2.671
1990	1	0.021	0.281	0.698	2.677

---

[1] 参考徐德云(2008)在《产业结构升级形态决定、测度的一个理论解释及实证》一文中对产业结构升级的一个测度指标设计。

续表

年份	国内生产总值	第一产业（y_1）	第二产业（y_2）	第三产业（y_3）	Y
1991	1	0.019	0.268	0.713	2.694
1992	1	0.020	0.261	0.719	2.699
1993	1	0.019	0.26	0.721	2.702
1994	1	0.019	0.264	0.717	2.698
1995	1	0.016	0.264	0.720	2.704
1996	1	0.018	0.259	0.723	2.705
1997	1	0.017	0.255	0.728	2.711
1998	1	0.013	0.241	0.746	2.733
1999	1	0.012	0.241	0.747	2.735
2000	1	0.012	0.234	0.754	2.742
2001	1	0.012	0.223	0.765	2.753
2002	1	0.010	0.218	0.772	2.762
2003	1	0.012	0.216	0.772	2.760
2004	1	0.013	0.22	0.766	2.751
2005	1	0.012	0.221	0.766	2.752
2006	1	0.010	0.222	0.767	2.755
2007	1	0.011	0.219	0.770	2.759
2008	1	0.012	0.213	0.775	2.763
2009	1	0.010	0.200	0.790	2.780
2010	1	0.010	0.192	0.798	2.788

注：本表按当年价格计算，国内生产总值换算为1。

资料来源：国经网。

（2）模型构建。模型以对外直接投资为解释变量，产业结构升级程度指标为被解释变量。为防止各变量数据产生较大波动，对变量取对数构建模型：

$\ln Y_i = \beta_1 + \beta_2 \ln X_i + u_i$

式中，Y_i 表示反映产业结构升级程度的指标，X_i 表示对外直接投资额，u_i 表示随机误差项。

（3）平稳性及协整检验。因为时间序列数据涉及伪回归问题，因此在对变量间关系进行分析前,必须对数据进行平稳性检验。本书运用加上常数项和趋势项的 ADF 单位根检验方法对各变量的原始序列及其差分序列进行检验。结果如表 4-11 所示,各变量水平序列都是非平稳的,它们的一阶差分却都是平稳的,即都是一阶单整序列。因此,可以通过协整分析,来检验各经济变量之间的长期关系。

表 4-11　　　　　　　　　　ADF 单位根检验

变量	ADF 统计量	临界值(5%)	结论
lnX	-3.0135	-3.6032	不平稳
lnY	-2.2978	-3.6121	不平稳
DlnX	-5.7438	-3.6121	平稳
DlnY	-4.4333	-3.6122	平稳

协整分析采用 Engle 和 Granger 提出的基于协整回归残差的 ADF 检验的两步法。首先对模型进行回归分析得到估计残差序列,对此序列进行 ADF 检验,结果如表 4-12 所示。

表 4-12　　　　　　　　　　ADF 检验

			t 统计量	概率
	ADF 统计量		-4.221524	0.0164
协分界值检验	1% 的显著水平		-4.467895	
	5% 的显著水平		-3.644963	
	10% 的显著水平		-3.261452	

检验 t 统计量为 -4.221524,小于显著性水平 5% 的临界值 -3.645,可以认为估计残差序列为平稳序列,进而可知 OFDI 与产业结构升级指数具有协整关系,可以如表 4-13 进行回归分析。

表 4-13　　　　　　　　　　回归分析

	相关系数	标准差	t 统计量	概率
C(1)	0.817288	0.012059	67.77416	0.0000
C(2)	0.018848	0.001236	15.24709	0.0000

$R^2 = 0.906423$　$F = 232.4737$，从回归估计结果看，模型拟合得很好。从截距项与斜率项的 t 检验值看，均大于 1% 显著性水平。回归结果表明，对外直接投资对美国产业结构升级有显著性影响，OFDI 每增加 1%，产业结构系数增加 0.0189%。

另外，美国的对外直接投资与国内产业"空心化"问题值得关注。产业"空心化"，是指随着对外直接投资的发展，生产基地向国外转移，国内制造业不断萎缩、弱化的经济现象。一些美国学者断言，美国从事制造业的跨国公司的对外直接投资导致美国国内产业的"空心化"，并得到了越来越多的经济学家和企业家的关注。1986 年 3 月，美国《商业周刊》专门出版了论述产业"空心化"的特刊，其副标题即为"制造业的衰落威胁着美国经济"。

一些西方学者认为，对外直接投资导致产业"空心化"给投资母国宏观经济和对外投资者带来一系列负面影响，主要表现在以下方面：第一方面是导致国际贸易收支逆差。一些西方学者认为，对外直接投资的结果是将生产基地转移到国外，对投资国的国际贸易收支产生双重不利影响，首先产生出口替代效应，即由于生产基地转移到国外而使国内出口额减少；其次产生逆进口效应，即本国海外企业生产的制成品向国内的逆进口增加。两方面影响的组合，导致投资国的国际贸易收支逆差。一些西方学者将巨额贸易逆差视为美国国内产业"空心化"的主要标志。第二是降低对外直接投资者的国际竞争能力。对外直接投资是"一揽子"生产要素的转移，即资金、技术、管理经验和劳动力由投资母国转移到东道国。一些学者认为，随着对外直接投资的发展，生产技术也将流向国外，等于扶持了竞争对手，东道国当地企业一旦掌握这种技术，就会与外国投资者相抗衡，削弱对外投资者的国际竞争能力。第三是减少国内就业机会。一些西方经济学家认为，随着生产基地由国内转移到国外，国内制造业会不断萎缩，减少就业机会。

关于美国、日本等西方发达国家对外直接投资的发展而导致国内产业"空心化"的观点，仔细分析，其实难以成立。

首先，第一、第二产业比重下降，第三产业比重上升是一国产业结构演进的一般性规律。按照经济发展的客观规律，随着科学技术的进步、社会生产力的发展和人均 GDP 水平的提高，需求结构朝多样化方向发展，第一、第二产业比重下降，第三产业比重上升是一国产业结构演进的一般性规律。诚然，美国对外直接投资的存量与增量是巨大的，亦即在国外建立了庞大的生产基地，但与国内更为庞大的生产基地相比，还是十分有限的，还谈不上对本国经济发展（特别是制造业的发展）构成威胁。还应当看到，美国是当代世界上最大的投资母国，也是世界上最大的东道国，除个别年份外，主要表现为净国际直接投资流出国。1996年，美国对外直接投资存量占GDP的10.4%，引进外国直接投资存量占GDP的8.3%，净对外直接投资存量仅为GDP的2.1%。[1] 美国对外直接投资始于19世纪末，经过100多年的发展，到1996年，净对外直接投资存量才占GDP的2.1%，平均每年对外直接投资净流入量与当年GDP之比是一个微不足道的量，难以对美国产业结构的演进产生较大的不利影响。

其次，一国的对外直接投资规模与贸易逆差并无直接联系。从表4-14有关指标可以看出，美国的净国际直接投资存量占GDP的比重总体上呈下降态势，但贸易逆差不断增加，1980年为322.91亿美元，到2000年高达3582.9亿美元。

表4-14　　美国OFDI存量占GDP的比重和贸易差额比较

年份	1980	1985	1990	1995	2000	2005	2010
贸易差额（亿美元）	-322.91	-1485.0	-1223.95	-1861.09	-3582.9	-5532.5	-7552.9
净国际直接投资存量占GDP比重(%)	5.0	1.6	0.9	1.99	0.07	2.11	1.71

注：净国际直接投资存量＝国际直接投资流出存量－国际直接投资流入存量。
资料来源：数据来自美国商务部《当代商务概览》有关各期。

还应当看到，西方学者在分析美国贸易逆差时，一般仅包括商品贸易，而未包括服务贸易，故有夸大贸易逆差之嫌。长期以来，美国商品贸易表现为逆差，而服务贸易则表现为顺差，二者相抵之后的贸易差额并不大。如1996年美国商品贸易逆差为1876亿美元，而服务贸易顺差却高达734亿美元，二者相抵之后，贸易差额仅为-1142亿美元，仅

---

[1] UNCTAD, *World Investment Report 1998: Trend and Determinants*, New York and Geneva, 1999, p. 399.

占当年 GDP 的 1.50%①，不会对宏观经济产生较大的负面影响。

4. OFDI 与美国的国内就业

从理论上说，一国对外直接投资对母国的就业机会产生三种效应，即生产替代效应、出口刺激效应与投资母国总部和辅助企业就业效应。长期以来，人们关于对外直接投资对投资母国就业的影响并没有太多关注，对这一问题的讨论可能始于美国"劳联""产联"的一项声明。美国"劳联""产联"一项声明指出，美国在 1966—1969 年损失了 50 万个就业机会，其中很大一部分要归咎于"外逃企业"，即美国在国外劳动密集型产业投资的企业。该结论失之偏颇，因为它只考虑了生产替代效应的影响，而未考虑出口刺激效应、投资国总部和辅助企业就业效应的影响。大部分学者研究表明，同期美国对外直接投资因出口刺激效应、投资国总部和辅助企业就业效应而创造的就业机会更大。总的来说，美国跨国经营对其国内就业有重要的正效应，其中，斯托鲍夫等的研究为增加了 60 万个就业机会，美国关税委员会的研究为增加了 48.8 万个就业就会，具体见表 4-15。

表 4-15　美国企业对外直接投资对美国国内就业影响

相关研究	资料来源	没有对外投资的美国企业估计会保持市场的百分比	生产替代效应	出口刺激效应	投资母国总部和辅助企业效应	净就业效应
鲁腾博格，劳联产联研究（1971）	官方综合数据	推断是高的	-500000(1)	—	—	-500000 中的重要部分
斯托鲍夫等（1971）	9 个案例研究和综合数据	长期来看低的或者相当于零	—(2)	+250000	+350000	+600000
美国贸易紧急委员会（1972）	74 家公司案例调查	推断是低的	—	+3000000	+250000	有重大正效应

---

① 谢康：《国际贸易服务》，中山大学出版社 1998 年版。

续表

相关研究	资料来源	没有对外投资的美国企业估计会保持市场的百分比	就业影响（职位百分比）			
			生产替代效应	出口刺激效应	投资母国总部和辅助企业效应	净就业效应
美国商会（1972年）	158家公司案例调查	推断是低的或者相当于零	—	+311345(3)	—	有正效应
R. G. 霍金斯(4)（1972年）	案例调查综合数据	假设1：美国子公司的5%生产保留在美国；假设2：美国子公司的10%生产保留在美国；假设3：美国资格的25%生产保留在美国	-190000 -381000 -791000	+263000	+209000	+279000 +89000 -322000
美国关税委员会（1973年）	未公布的有关国外经营活动的美国企业统计数据	假设：1960—1961年美国占国外生产实际平均份额	-603100	+286000	+321000	+488000(5)

注：(1) 1966—1969年的就业受逆向贸易流动影响，其中跨国公司起重要作用。(2) 数字很小。(3) 根据净贸易额。(4) 除有关美国生产替代假设外，霍金斯还指出了其他假设：①在没有子公司情况下，有47%向子公司出口不会发生；②在美国出口中，每百万美元制造业产值需63.7个工人。(5) 其中包括外国拥有的跨国公司在美国创造的629000个就业机会，实际上这一数字是否应包括在内值得怀疑。

资料来源：[英] 尼尔·胡德、斯蒂芬·杨：《跨国企业经济学》，经济科学出版社1992年版。

客观地说，对外直接投资对投资母国的就业机会影响甚微，主要有以下原因：(1) 不同类型的对外直接投资对投资国就业机会影响不同，有的生产替代效应强一些，而有的出口刺激效应、投资母国总部和辅助企业就业效应强一些，三者相抵后，既可能是正效应（增加就业机会），也可能是负效应（减少就业机会），但幅度均会很小。(2) 外国直接投资提高了东道国的经济发展水平，其进口必然增加，也包括从投资国的进口，为投资母国创造了一定就业机会。

从1990—1998年美国对其跨国公司海外子公司的出口及从其跨国公司海外子公司进口综合情况看，对外直接投资对美国就业的影响是"刺激效应"明显大于"替代效应"。第一，从美国与其跨国公司海外子公司之间贸易的增长情况看，1990年，美国对其跨国公司海外子公司的出口和从其跨国公司海外子公司的进口分别为1064.3亿美元和1021.5亿美元，到1998年分别增至2171.5亿美元和1876.1亿美元，分别增长1.04倍和83.7%，可见美国对其跨国公司海外子公司出口的增长明显快于从其海外子公司进口的增长。第二，从美国与其跨国公司海外子公司之间贸易的差额情况看，1990年贸易顺差为42.8亿美元，到1998年，顺差额增至295.4亿美元，增长了近5倍。1990—1998年，美国与其跨国公司海外子公司之间贸易的顺差总额高达2000.7亿美元，由此可见，20世纪90年代美国跨国公司的对外直接投资不仅没有替代美国对其投资东道国的出口；相反，其对外直接投资大大促进美国对东道国的出口，因此，90年代美国对外直接投资的迅速膨胀大大促进了美国就业机会的增加。另外，从90年代美国跨国公司母公司在国内的雇用情况看，1990年，美国跨国公司母公司在国内的雇员总数为1843万人，到1998年增至2006.8万人，年均增长约8.9%，这也从一个侧面说明90年代美国对外直接投资促进了美国国内就业机会的增加。

与就业数量不确定性相比，对外直接投资对美国国内就业质量影响则明确得多。有研究揭示，对外直接投资导致美国国内熟练程度高的工人就业机会增长数要大于损失数。[1] 也就是说，由于对外直接投资引发了美国机器设备、技能等出口的扩大，促进了美国产业结构调整和升级，推动了美国科研工作的展开。这就使得美国对熟练工人、技术人员和管理人员以及非生产性就业人员，尤其是高级服务业就业人员的需求有所增加。因此，美国对外直接投资对美国就业的影响主要表现在就业结构的改变上，而不是表现在就业人数的增减上。因此，虽然生产性就业人员可能减少，而且技术水平低的失业人员并不能被安置到技术水平高的职位上，由此便产生了人们通常看到的失业问题。但这种情况可能鼓励

---

[1] [美]德拉托尔、R. B. 斯托博、P. 特列休：《美国跨国企业和美国就业技能构成的变化》第7章，载D. 库亚瓦编《美国劳工和跨国公司》，纽约，普雷格出版公司1973年版。

在职的同等熟练和专业水平的雇员向跨国企业需要的新职位流动，也迫使低技术水平的工人通过培训等方式提高自身技能。美国有研究人员曾经用对外直接投资创造的就业机会和损失的就业机会之和来推测对外直接投资所造成的就业结构调整，认为总调整数可能会达到150万个就业机会。这还仅仅是最低数，实际流动数可能远比这高得多，因为在不同就业构成中，其就业得失相去甚远，技能水平高的就业机会增长数大于损失数。

外向OFDI对美国就业影响的实证分析：

（1）模型介绍。通过以上分析，外向OFDI对就业的影响在数量具有不确定性，而对国内就业质量的影响则相对明确。因此，这里将采用两个模型，对1985—2010年美国就业和对外直接投资额的样本数据进行观测和处理。模型1为OFDI对就业总量的影响，由于就业还受到收入水平影响，这里构建多元回归模型：

$$\ln(L) = a + b\ln(OFDI) + c\ln(GDP)$$

式中，L 表示总就业量。

模型2为OFDI对就业质量的影响，由于就业质量反映为就业结构的改变，这里借鉴对产业结构影响的分析，设计就业结构升级指标为：

$$Y = y_1 \times 1 + y_2 \times 2 + y_3 \times 3 \quad (1 \leq Y \leq 3)$$

式中，y_i 表示第 i 产业的就业比重，即 y_i/y。

（2）构建回归模型：

$$\log Y_i = \beta_1 + \beta_2 \log X_i + u_i$$

式中，Y_i 表示反映就业结构升级程度的指标，X_i 表示对外直接投资额，u_i 表示随机误差项。

（二）因为时间序列数据涉及伪回归问题，因此首先对数据进行平稳性检验

本书运用加上常数项和趋势项的ADF单位根检验方法对各变量的原始序列及其差分序列进行检验。结果如表4-16所示，各变量水平序列都是非平稳的，它们的一阶差分却是平稳的，即都是一阶单整序列。因此，可以通过回归分析来检验各经济变量之间的长期关系。

模型1：$R^2 = 0.9871$ $F = 802.0739$，从回归估计的结果看，模型拟合度很好。从截距项与斜率项的t检验值看，均大于5%显著性水平。回归结果（见表4-17）表明，美国OFDI每增加一个百分点就业总量增加

0.047145%，说明绝对量并不多，与理论分析相符。

表 4-16　　　　　　　　　　回归分析

变量	ADF 统计量	临界值（5%）	结论
lnOFDI	-3.0135	-3.6032	不平稳
lnL	-2.9541	-3.6329	不平稳
lnY	-2.5409	-3.6032	不平稳
DlnOFDI	-5.7438	-3.6122	平稳
DlnL	-1.8582	-1.9572	平稳（10%）
DlnY	-3.5846	-1.9557	平稳

表 4-17　　　　　　　　　　回归分析

	相关关系	标准差	t 统计量	概率
C(1)	2.596337	0.186500	13.92139	0.0000
C(2)	0.159463	0.028036	5.687708	0.0000
C(3)	0.047145	0.014032	3.359903	0.0030

模型 2：$R^2 = 0.8959$　$F = 206.5026$，从回归估计的结果看，模型拟合度很好。从截距项与斜率项的 t 检验值看，均大于 1% 显著性水平。回归结果（见表 4-18）表明，美国 OFDI 每增加 1%，就业结构有显著升级，大约为 0.018383。

表 4-18　　　　　　　　　　回归分析

	相关关系	标准差	t 统计量	概率
C(1)	0.820563	0.012480	65.75207	0.0000
C(2)	0.018383	0.001279	14.37020	0.0000

上述资料表明，美国海外分公司的就业与母国甚至整个美国国内就业呈正相关关系，即国外分支公司，尤其是美国主要控股的国外分公司

的就业与国内母公司和整个国内总就业都呈显著上升的趋势,这直接否定了对外直接投资会减少国内就业的观点。对其中的原因,利普西等(2000)的解释是:对外直接投资增加了国内母公司对加强海外分公司管理与监督所需的管理人员,以致增加的比重超过了因对外直接投资而损失的国内就业。更重要的是,增加和减少的就业使得国内就业结构发生显著调整,进而促进母国就业结构向高度化方向演进。

(三) OFDI 与美国出口贸易

对外直接投资既有贸易的替代效应,又有贸易创造和扩大效应,因此美国对外直接投资对其出口贸易的影响比较复杂,须仔细分析各种效应的相对重要性。本节将从定性和定量两方面对其进行分析。

1. 对外直接投资对美国出口影响的定性分析

其一,对外直接投资促进了美国服务的出口。美国跨公司的对外直接投资造成了美国母公司和国外分支机构之间人员的频繁往来,也促进了美国母公司研发等各种服务的出口。近年来,美国的服务贸易一直处于顺差状态,服务的出口发展十分迅速,美国对外直接投资对服务出口的推动作用是其中的一个重要原因。

其二,20 世纪 90 年代以前,由于各主权国家的关税与非关税壁垒比较高,生产的国际化程度也不是很高,因此美国跨国公司的对外直接投资主要以水平直接投资为主,即主要是市场寻求型的。这种投资对美国制成品出口的替代效应比较大。90 年代以后,美国的对外直接投资越来越具有垂直型的特征,因此对外贸易的替代效应有所减弱,而贸易创造效应有所提高。

其三,从事经销批发的国外分支机构极大促进了美国的出口。1998年,美国跨国公司从事批发的国外分支机构的生产增加值只占到了所有生产增加值的 11.6%,而它们的销售额却占所有分支机构总销售额的20.7%。实际上,它们并不从事生产活动,所谓的生产增加值只不过是它们进行的促销活动或者提供售后服务所创造的增加值。对美国跨国公司来说,它们总的销售增加值和生产增加值之间有一个比较大的差额,这个差额实际就是这些分支机构为美国出口做出的贡献。

其四,外包活动极大地促进了美国中间产品的出口。外包活动主要与制造业部门联系在一起的。由于制造业部门在美国对外投资中占有重要地位,因此外包对美国中间产品出口的拉动作用就十分显著。早在

1994年，美国国外分支机构中间产品出口额占总销售额的比例就达到12%，随着美国对外直接投资不断向垂直型方向发展，这个比例也不断上升，2000年这个比例为20%。

2. 对外直接投资对美国出口影响的定量分析

在对美国对外直接投资对其出口贸易影响作了定性分析后，有必要对这种影响作进一步定量分析。定量分析选取的是1970—2010年的相关数据作为样本①，应用Eviews软件包进行计算。选取OFDI与EX建立取自然对数的一元回归方程。由于涉及时间序列数据，首先进行平稳性检验结果如表4-19和表4-20所示：各变量水平序列都是非平稳的，它们的一阶差分却都是平稳的，即都是一阶单整序列。因此，可以通过回归分析，来检验各经济变量之间的长期关系。

表4-19　　　　　　　　　　ADF检验

变量	ADF统计量	临界值（5%）	结论
lnOFDI	-3.0135	-3.6032	不平稳
lnEX	-1.6789	-3.6032	不平稳
DlnOFDI	-5.7438	-3.6121	平稳
DlnEX	-5.1347	-3.6121	平稳

表4-20　　　　　　　　　　回归分析

	相关系数	标准差	t统计量	概率
C(1)	3.143539	0.250260	12.56109	0.0000
C(2)	0.572190	0.026437	21.64327	0.0000

上述方程式中，其拟合优度大于0.94，其F检验值都很大，说明这个方程的总体线性关系在99%水平上显著成立。其中自变的t检验值很大，大大超过了临界值，说明变量FDI作为出口贸易的解释变量是显著的。由此可知，随着美国对外投资累计额的增长，其出口额也随之增长，且对外直接投资每增长1%，其出口总额就增长0.5722%。由此可见，总

---

① UNCTAD：*WIR*有关各期。

的来看，美国的对外直接投资极大地促进了美国的出口，这说明美国对外直接投资所导致贸易的创造和扩大效应大于贸易的替代效应。

（四）OFDI 与美国国际收支平衡

对外直接投资涉及一国资金收支问题，资金支出反映在国际收支平衡表的借方账户，而资金收入则反映在贷方账户。对外直接投资涉及资金支出主要是资本的输出和海外子公司的进口，资金收入则包括投资利润的汇回、许可证使用费、对海外子公司的出口以及向子公司派出人员的工资。因此，对外直接投资对一国国际收支的影响是有利还是不利，是大还是小就取决于由对外直接投资引起的资金收支之间的差额及其大小。

长期以来，美国国际收支处于逆差状态，主要是由于商品贸易差额为逆差造成的，但投资输入差额在大部分年份为顺差，尤其是20世纪80年代以前，投资收支差额表现为很大的顺差（见表4-21），这在一定程度上缓解了商品贸易巨大的逆差对美国国际收支产生的不良影响。

表4-21　　　　　美国国际收支（1977—2002年）　　　单位：亿美元

年　份	1977	1978	1979	1980	1981	1982	1983	1988	1989	1990	1991
国际收支	-145	-154	-10	4	46	-112	-408	-1272	-1016	-919	-83
其中：商品贸易差额	-311	-340	-276	-255	-281	-364	-611	-1270	-1152	-1090	-738
投资收支差额	180	206	312	296	335	273	236	126	148	203	130
年　份	1992	1993	1994	1995	1996	1997	1998	1999	2000	2001	2002
国际收支	-564	-908	-1335	-1291	-1482	-1664	-2175	-3244	-4115	-3937	-4809
其中：商品贸易差额	-961	-1326	-1662	-1736	-1912	-1989	-1668	-2618	-3754	-3578	-4180
投资收支差额	180	197	97	68	28	-143	-62	-136	196	107	-40

注：1984—1987年数据缺。

资料来源：根据《世界经济统计年鉴》有关各期整理而得。

进入20世纪90年代以来，美国对外投资顺差虽然减少，但在大部分年份仍表现为顺差。其中，1990年美国对外直接投资总额与美国从其跨国公司海外子公司的进口额分别为309.82亿美元和1021.5亿美元，两项之和为331.32亿美元，而海外子公司汇回利润、许可证费、对海外子公司的出口以及向海外子公司外派人员的工资收入四项之和为 1905.41 亿美元[①],由此造成的投资收支差额为顺差 203 亿美元。在 1990—2002 年这 13 年中,由于在大部分年份对外直接投资是顺差,由此引起的美国国际收支顺差不断扩大,顺差累计高达 825 亿美元。由此可见,美国对外直接投资对其国际收支产生了巨大的积极影响。

第三节 日本对外直接投资与其国家经济利益

日本的对外直接投资最早发展于第一次世界大战,但是直到第二次世界大战以后才开始大规模扩张,使日本成为对外直接投资大国中的后起之秀,在 20 世纪 80 年代末 90 年代初,日本曾跃居世界第一投资大国地位。

一 日本对外直接投资发展历程

第二次世界大战后,日本企业对外直接投资数量逐渐增加,规模越来越大。纵观日本对外直接投资的发展历程,大致可将其分为三阶段:20 世纪 50 年代初至 70 年代初的恢复和发展阶段、20 世纪 70 年代初至 80 年代末的迅速扩张阶段和 90 年代初至今的调整阶段。

第二次世界大战使日本几乎失去了全部对外投资。战后初期,日本面临全面重建经济的艰巨任务,国内资本严重短缺,国际收支不断恶化,日本对外直接投资的发展是完全停滞的。进入 20 世纪 50 年代以后,日本经济迅速回升,但本国资源的匮乏、市场狭小等问题与发展经济之间的矛盾日益突出。从 1951 年起,日本重新开始对外直接投资,其国内持续高涨的投资需求与旺盛的生产增长势头,造成了普遍的资本供给不足,从而导致这一时期日本对外直接投资难以有大的增长,有限的投资主要用于资源开发和市场开发。

这一时期日本对外直接投资规模很小,1951—1969 年的平均年投资额仅为 1.4 亿美元。1951—1970 年累计对外直接投资额外负担 35.77 亿美元,其中制造业投资额为 9.28 亿美元,非制造业投资额为 22.49 亿美元,分别占 25.9% 和 62.9%。在制造业投资中,主要是木材加工

---

① Survey of Current Business, 1992, 2, p.84.

工业投资和纺织工业投资，投资额分别为 2.12 亿美元和 1.89 亿美元，分别占制造业投资总额的 22.8% 和 20.4%；在对外非制造业直接投资中，主要是矿产投资、商业和金融业投资，投资额分别为 8.04 亿美元、3.81 亿美元和 3.18 亿美元，分别占非制造业投资总额的 35.7%、16.9% 和 14.1%。[①] 从对外直接投资的地区分布来看，1951—1970 年，对北美（美国和加拿大）、欧洲（主要是西欧）和大洋洲（澳大利亚、新西兰）的投资分别为 9.12 亿美元、6.39 亿美元、2.81 亿美元（见表 4-22），合计 18.32 美元，占投资总额的 51.2%；对亚洲、中南美、中近东、非洲的投资各为 7.51 亿美元、5.67 亿美元、3.34 亿美元、0.93 亿美元，合计 17.45 亿美元，占投资总额的 48.8%。总的来看，这一时期日本对外直接投资规模不大，增长也不够快，资源导向和市场导向型所占比重较大，制造业投资所占比重不大，且主要投向周边国家并集中在少数传统产业或为开发资源服务。

表 4-22　　　日本对外直接投资的地区分布（1951—1990 年）

单位：百万美元

地区	1951—1970 年	1971—1980 年	1981—1990 年	1985 年	1986 年	1987 年	1988 年	1989 年	1990 年	合计
北美	912	8886	126207	5495	10441	15357	22238	33902	27192	136005
美国	—	—	—	5395	10165	14704	21701	32540	26128	—
加拿大	—	—	—	100		653	626	1362	1064	—
中南美	567	5602	32315	2616	4737	4816	6428	5238	3628	38484
亚洲	751	9081	37687	1435	2327	4868	5569	8238	7054	47519
欧洲	639	3831	57795	1930	3469	6579	9116	14808	14294	62265
非洲	93	1352	4382	172	309	272	653	671	551	5827
大洋洲	281	2246	15572	525	992	1413	2669	4618	4166	18099
合计	3577	32920	274311	12217	22315	33367	46932	67541	56912	310808

资料来源：（日本）《经济统计年鉴》（1988、1992、1993、1995）。

（一）大发展阶段（20 世纪 70 年代初至 90 年代初）

20 世纪 70 年代以来，日本对外直接投资的发展突飞猛进，先后出

---

① 刘昌黎：《战后日本对外直接投资的历史回顾与展望》，《日本学刊》1997 年第 2 期。

现了三个高峰年,即1973年、1981年和1985年(见图4-2)。整个过程表现为一个从渐进到飞跃、从局部到全面飞跃的发展演进过程。

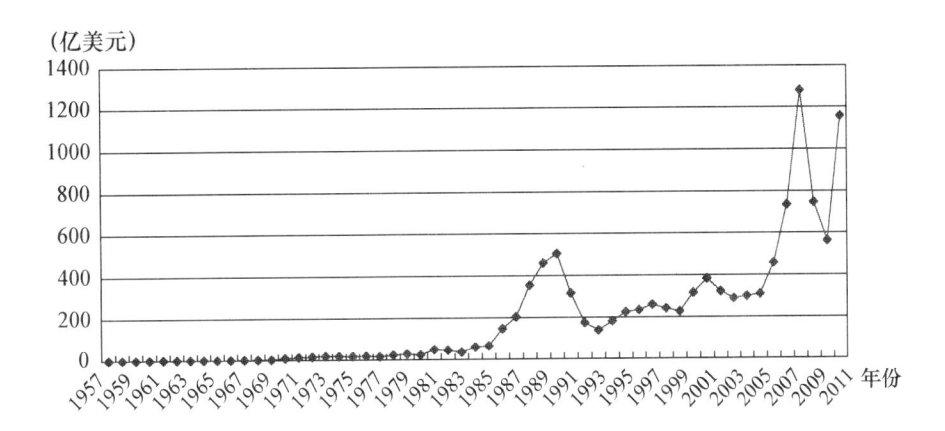

图4-2 日本对外直接投资累计流量

资料来源:UNCTAD:《世界投资报告》有关各期。

(二)恢复和发展阶段(20世纪50年代初至70年代初)

20世纪70年代初,经济的高速增长使日本成为世界第二经济大国,同时,日本政府为促进对外直接投资的发展,采取了一系列的政策措施,基本扫清了企业跨国经营的政策障碍和限制,日本对外直接投资出现了第一次迅速发展的高潮。[①] 1972年度,投资额一举达到23.38亿美元,1973年度增至34.94亿美元,分别相当于以往20年投资额的1.3倍。80年代初,日本对外直接投资出现了第二次迅速发展高潮。1981年度,投资额跃增到89.32亿美元,比1980年度增加了90.3%。1985年下半年,由于日元迅速、大幅度升值,日本对外直接投资又出现了第三次迅速发展的高潮,当年日本对外直接投资额达到122.7亿美元。这次投资高潮不仅持续的时间最长,共历时五年之久,而且投资额也达到了空前的规模。自1986年度投资额突破200亿美元大关,达到223.20亿美元,其后每年度的投资额都净增100亿美元以上,到1989年度已达到了创纪录的675.40亿美元。随着日本对外直接投资规模的

---

① 具体的政策措施包括两方面:一是不断放宽对外直接投资的限制,推进对外直接投资的自由化;二是为对外直接投资创造更有利的条件。

空前扩大,其在世界直接投资中的地位也迅速提高。从 80 年代中期起,日本已开始进入世界对外直接投资大国行列。

1971—1980 年,日本制造业投资增长速度虽明显超过非制造业投资,其投资额为 116.45 亿美元,占投资总额的比重也上升到 35.4%,但仍明显低于非制造业投资的 197.71 亿美元和 60.1%。而在 1981—1989 年,日本对外直接投资以非制造业为中心的趋势更为明显,其投资额为 1604.97 亿美元,占投资总额的比重上升为 73.8%,大大高于制造业投资的 531.95 亿美元和 24.5%。1971—1980 年,在制造业投资中,化学工业和钢铁有色金属工业投资成为其主要的组成部分,投资额分别为 25.76 亿美元和 24.81 亿美元,分别占制造业投资总额 22.1% 和 21.3%;非制造业投资中矿业、商业和金融保险业投资额分别为 62.67 亿美元、50.28 亿美元和 21.08 亿美元,分别占非制造业投资总额的 31.7%、25.4% 和 10.7%。1981—1989 年,制造业投资中,电气机械工业和运输机械工业投资又取代钢铁有色金属工业投资、化学工业投资成为其主要的组成部分,前两者投资额分别为 130.97 亿美元和 80.31 亿美元,分别占制造业投资总额的 24.6% 和 15.1%;后两者投资额分别为 66.43 亿美元和 60.23 亿美元,分别占制造业投资总额的 12.5% 和 11.3%;非制造业投资中,金融保险业、不动产业的服务业投资成为最主要的组成部分,投资额分别为 548.46 亿美元、347.43 亿美元和 219.81 亿美元,分别占非制造业投资额的 34.2%、213.6% 和 13.7%。同期,商业投资额虽增至 197.49 亿美元,但在非制造业中所占比重却下降到 12.3%,至于矿业投资,则只增加到 81.32 亿美元,位列运输业投资 131.12 亿美元之后,只占非制造业的 5.1%。①

从投资地区分布看,20 世纪 70 年代,日本对发展中国家投资增加很快,超过了对发达国家的投资。1971—1980 年,对亚洲、中南美、中近东、非洲的投资分别为 90.81 亿美元、56.02 亿美元、19.25 亿美元、13.52 亿美元,合计 179.60 亿美元,占投资总额的 54.6%。而 80 年代,日本对外直接投资却出现了向发达国家高度集中的趋势。1981—1990 年,对北美、欧洲、大洋洲的投资额分别为 1262.5 亿美元、577.95 亿美元、155.72 亿美元,合计 1995.74 亿美元,占投资总额的

---

① 刘昌黎:《战后日本对外直接投资的历史回顾与展望》,《日本学刊》1997 年第 2 期。

72.5%；对亚洲、中南美、中近东、非洲的投资额分别为376.87亿美元、323.15亿美元、11.72亿美元、43.82亿美元，合计755.56亿美元，占同期日本对外直接投资总额的27.5%。

随着对外直接投资剧增，投资方式也趋于多样化。除了独资以外资源共享、合作、并购等多种投资形式广泛发展，其中最为普遍的是并购方式，这种方式在日本对发达国家的直接投资中最引人注目，而且其规模也日趋扩大。1985—1990年上半年，日本企业跨国并购外国公司共1479家，其中一半以上是美国公司。1985年，日本企业跨国并购外国公司共100家，比上年增长125%，共投资27亿美元。据统计，1988年和1989年日本用于并购美国企业的投资分别为127亿美元和137亿美元，占这两年日本对美国直接投资总额的比重分别为58.5%和42.1%。[①]1989年，日本索尼公司购买了美国哥伦比亚制片公司，三菱不动产公司买下洛克菲勒中心，都是曾经轰动一时的日本收购外国企业的重大事件。1990年12月，日本松下电器公司以61.3亿美元的巨额资本买下美国音乐公司，创下了有史以来日本企业兼并外国企业的最高纪录。

（三）调整阶段（20世纪90年代初至今）

20世纪90年代初，随着泡沫经济崩溃，日本经济陷入空前严重的长期萧条之中。长期萧条不仅使日本经济运行与发展的各主要层面暴露出许多严重问题，而且还使其对外直接投资发展受到严重影响，出现了大幅度下降、回升乏力局面。1990—1992年，日本对外直接投资额连续三年大幅度下降，1992年下降到谷底的投资额仅为349.30亿美元，只相当于1989年的51.7%。1993年后，日本对外直接投资转为回升，但回升的幅度远远低于90年代初期下降的幅度。由于回升乏力，1997年的投资额为547.78亿美元，虽比1992年增加了56.8%，却仍只相当于1989年的81.1%。1998年日本对外直接投资额又继续下降，当年对外直接投资额为398.43亿美元，比1997年减少了149.35亿美元，相当于1989年的59.0%。而1999年日本对外直接投资又止跌回升，达到1991年以来的年度最高水平655.07亿美元（见表4-23），尽管如此，仍没有超过1989年的投资额，相当于1989年的97.0%。进入2000年以来，日本对外直接投资年均在300亿美元左右波动，其中

---

① 李文光、张岩贵：《日本的跨国企业》，中国经济出版社1993年版。

2001年达到388.33亿美元,但2003年又跌至288亿美元,2004年有所回升,达到309.51亿美元。

表4-23　　　　日本对外直接投资的地区分布(1991—1999年)

单位:百万美元

地区	1991年	1992年	1993年	1994年	1995年	1996年	1997年	1998年	1999年	合计
北美	18620	14955	15979	16618	23898	23856	21709	10701	24330	371682
美国	—	—	—	16161	23312	22803	21079	10086	21898	—
加拿大	—	—	—	457	586	1052	629	613	2430	—
中南美	3286	2779	3533	4933	3992	4607	6431	6319	7304	111783
亚洲	5859	6555	6969	9046	12722	12035	12363	6382	7034	159160
欧洲	9274	6233	8360	5853	8837	7640	11372	13699	25345	189878
非洲				328	392	446	337	435	505	14743
大洋洲	3235	2459	2066	1352	2898	930	2088	2164	878	45862
合计	41097	34930	37709	42808	52897	49760	54778	39843	65507	900842

资料来源:(日本)《经济统计年鉴》(1998);(日本)大藏省:《财政金融统计月报》,2000年1月(网上资料)。

80年代,日本对外直接投资曾出现向发达国家集中的趋势(前面已经提到)。进入90年代,却出现对发达国家投资下降幅度大,回升幅度小状况。1992年,对发达国家的投资额共为246.47亿美元,比1989年度下降了53.8%,下降幅度远远超过了发展中国家。1997年度,对发达国家投资回升到351.69美元,只相当于1989年的65.9%;对发展中国家回升到196.09亿美元,比1989年度的142.13亿美元增加了38.0%。结果,在1997年度的对外直接投资中,对发达国家投资的比重下降到64.2%,对发展中国家投资比重上升到35.8%。1998年日本对发达国家的直接投资的比重有所回升,占当年对外直接投资总额的66.7%,而发展中国家占33.3%,但绝对值却有所下降。1999年日本对发达国家的直接投资有所回升,达到505.53亿美元,占当年对外直接投资总额的77.2%,而对发展中国家的投资却下降到22.8%,仅为149.55亿美元。

从投资内容看,非制造业投资所占比重有所下降,制造业比重有所回升。1993年,非制造业投资额下降至258.41亿美元,制造业投资额下降至115.96亿美元；与1989年度相比，前者下降48.8%，后者下降了28.8%。1994年，非制造业投资额继续下降到250.97亿美元，1995年虽转为回升，但1996年又转为下降，1997年虽又回升到345.67亿美元，却只相当于1989年的68.4%，1999年又降为237.48亿美元，仅相当于1989年的47.0%，占当年度对外直接投资总额的比重也下降到36.3%。相比之下，制造业投资额在1995年回升到194.61亿美元，超过了1989年的水平，1996年又增加到209.93亿美元，比1989年增加了28.9%，1999年上升到415.57亿美元，比1989年增加了155.2%，与此同时，其占当年度投资总额的比重也提高到63.4%。非制造业中的金融保险业、服务业和不动产业投资下降的幅度较大，分别从1989年的153.95亿美元、106.16亿美元和141.43亿美元，下降到1999年的97.09亿美元、42.37亿美元和20.76亿美元，分别比1989年下降36.9%、60.1%和85.3%；商业的投资也有不同程度的下降，比1989年下降26.0%。制造业中，电气机械工业投资和运输机械工业投资的增长却极为迅速，1999年的投资额比1989年分别增长258.5%和128.7%。而钢铁、有色金属工业投资和一般机械工业投资下降的幅度较大，1999年的投资额分别比1989年下降10.0%和44.6%。

近年来，跨国并购逐渐成为对外直接投资主体，日本企业也不例外，其中，1987—2004年，日本企业跨国并购起起落落，1988年在1987年的基础上增长328%，达到135.14亿美元，1990年更是高达140.48亿美元，其后有所回落，1999年再次达到105.17亿美元，2000年更是达到创纪录的208.58亿美元（见表4-24）。

表4-24　　　　　日本企业跨国并购（1987—2004年）　　　单位：百万美元

年份	1987	1988	1989	1990	1991	1992	1993	1994	1995
金额	3156	13514	7525	14048	11877	4392	1106	1058	3943
年份	1996	1997	1998	1999	2000	2001	2002	2003	2004
金额	5660	2747	1284	10517	20858	16131	8661	8442	3787

资料来源：UNCTAD：《世界投资报告》有关各期。

20世纪90年代中期，日本企业对国外企业并购主要集中在发达国家，1990年，在463件并购中，对北美和西欧各国企业的并购为241

件和130件，分别占52.1%和28.1%。1996年，日本企业对国外企业并购虽仍集中于发达国家，但对发展中国家企业的并购却明显增加了，其中，对发展中国家企业承包并购达83件，占32.3%。[①]

20世纪90年代初以来，日本对外直接投资大幅度下降、回升乏力，至今尚未恢复到80年代末期水平，但这并不意味着日本对外直接投资进入了衰退阶段，而是其发展过程中的一段较为长期的调整。虽然这一调整可能会持续一段时期，但是应该看到，日本在技术革新方面仍居世界领先地位，制造业特别是汽车工业、电气机械工业都在不断进行技术开发，继续保持世界最先进的制造业技术水平。尽管泡沫经济崩溃和经济萧条使日本对外直接投资能力受到严重削弱，但日本并未丧失对外直接投资大国的地位。进入21世纪，日本对外直接投资进一步发展。

二　对外直接投资对日本经济的影响

综观战后日本对外直接投资，虽然起步晚，但获得的经济利益是主要的。从整体来看，日本对外直接投资的迅速发展对日本经济产生了重大影响，主要表现在以下几个方面：

（一）OFDI与日本产业结构

对外直接投资对日本产业调整的影响包括两个方面：一是对外直接投资促进了日本产业结构的调整；二是对外直接投资也造成了日本产业的"空心化"。

从20世纪50年代初，日本遵循产业演进的一般规律，不断以高附加值产业取代低附加值产业，并通过产业的国际化，成功地利用对外直接投资实现了工业化，有力地促进了日本国内产业结构的转型和升级，以奇迹般的速度成为世界第二大投资国，并有力地促进了东道国尤其是亚洲"四小龙"的产业结构的调整。进入90年代以后，一方面"泡沫经济"的破灭给日本带来了严重的经济衰退，日本OFDI总体规模明显下降；另一方面日本以信息技术为核心的新一轮的产业发展落后于美国。这两方面原因阻碍了日本国内产业结构的升级，经济增长乏力，从而加剧了日本产业"空心化"。

就对外直接投资对日本产业结构调整贡献而言，在日本产业结构调整中，对外直接投资起了积极推动作用，使日本的产业结构不断地趋向

---

① 刘昌黎：《日本对华直接投资研究》，东北财经大学出版社1999年版，第41页。

第四章 对外直接投资与本国经济利益：发达国家实证

合理化，这一点无论是从理论上还是在实践中都可以得到充分的证明。

前面已经提到小岛清的边际产业扩张论，该理论是在实证分析日本对外直接投资实践的基础上提出的，小岛清认为，发达国家的对外直接投资应从已经或正在处于边际的产业（即失去竞争优势的产业）依次进行，而将优势产业保留在国内。在这一过程中，产业结构逐渐地得到了调整。事实上，对投资母国来说，对外直接投资由于是产业的部分转移，必然带动投资母国国内产业的发展与升级。劳动密集型产业转移后，国内技术密集型产业的地位上升，厚、重、粗、大的产业结构转移后，必然向轻、薄、短、小的产品方向蜕变，这正是对外直接投资带动产业升级自然发展的方向。

战后日本对外直接投资发展较快，而其国内产业升级过程更为明显。日本工业经历了三次升级过程，至今仍处于升级的第四个阶段，第一次的产业结构蜕变都伴随着阶段性的产业外移，这种转移是通过同一企业内"缩小衰退部门，同时扩大有前途的部门"的所谓多元化的过程，进行产业调整；同一企业内部，"把不适合于国内生产的产品、部件向海外转移，通过对外直接投资进行企业内的国际产业调整"。[①] 由此，对外直接投资作为一种载体，被认为是日本工业升级的催化剂。

在海外直接投资初级阶段，日本进行了劳动密集型产业的转移。日本虽然较早进行产业革命，但由于对外发动侵略战争，工业能力受到巨大的破坏，第二次世界大战后，日本人均国民生产总值不过80亿美元，而当时美国是2119亿美元，由于工资水平低，战后初期，日本发展劳动密集型的产业条件较好。因而，具有一定竞争力的纺织、家电等轻化产品成为日本主要出口商品，是赚取恢复经济急需外汇的主要来源。到60年代中期，日本经济在较快恢复到战前水平的基础上持续迅速发展，国内工资水平大幅上升，已不再具备廉价劳动力优势，把产业转移到国外便是唯一出路。在这种形势下，韩国、新加坡和中国台湾等亚洲国家和地区就成为日本对外直接投资转移产业的重要基地。这种寻找低廉产业的对外直接投资，可视为初级阶段，这种转移的过程持续了较长的时间。一直到70年代初，随着日元的第二次升值和石油危机爆发，日本国内的劳动密集型出口产业完全进入了穷途末路。

---

① [日] 原正行：《海外直接投资论》，暨南大学出版社1995年版。

在直接投资发展阶段，日本进行了重化工业转移。60年代中期，日本制成品的出口是进口的3倍。60年代初期发展起来的重化工业已取代轻化工业的主导地位，成为主要出口商品。重化工业是高投入，高消耗的产业，而日本是资源小国，要维持世界重化工业的主要生产国和出口国地位，实际上不可能长久。只是这一时期，日本的对外直接投资处于较快发展时期。通过投资开发资源可以取得长期稳定的资源供给，确保产业发展的需要。1968年日本工业产值超过德国，成为西方世界中仅次于美国的第二大工业强国，重化工业已发展到顶点。生活水平的上升，导致环保意识在加强，在受到80年代初的石油危机的巨大冲击之后，资源密集型的产业在日本已无发展前途，无污染、技术型的产业是经济发展的客观要求。由此可见，重化工业不得不另寻发展之路。以对外直接投资为载体，从60年代末开始日本的对外直接投资规模不断扩大，为大型重化工业加快移向国外创造条件。

在对外直接投资的急剧扩张阶段，日本进行了组装产业的外移。重化工业转移之后的日本，适应环境标准及经济发展要求，资源消耗少、污染程度低的装配产业（如汽车和电子）成为日本出口重点。日本的工业构架是以少数大型财团企业为中心的，周边形成的中小型企业规模不同，层次分明、技术水平存在差别。这一大体系下的生产结构，形成了日本较为发达的工业群。既有规模经营优势，又有研究开发方面的优势。使挤入这一体系的企业实力不断成长，日渐增强，对外形成了强大竞争力，贸易顺差不断扩大，由此引起的贸易摩擦不断增多，为此，从70年代起，日本的彩色电视机和微波炉就转移到西方国家当地生产，从而顺利取代了出口，汽车装配、复印机等生产在80年代也开始转移到海外。

在对外直接投资的成熟阶段，日本进行了产业转移后的全球弹性制造与策略考虑。从长期看，产业转移是永远可以持续的过程。但就某一阶段而言，却不可能是经常性行为，它必然受到经济发展和产业更新周期的制约。欧美如此，日本也同样如此，当新的产业尚未确定时，产业转移的步伐相对过去可能趋缓。但当相对较新的产业部分或全部转移后，对外直接投资推动产业升级的作用不会停止，只是其形式会发生新的变化。90年代以来，不只是日本，其他投资国家的对外直接投资也都是具有这样的特点。它通过策略性并购、经营阵地的转移、协调区域总部的运营、返销等方式从全球生产与服务的角度来推动产业的发展，从而直接辐射到国内产业领域，以此进一步提高产业水平。

日本以对外直接投资为依托实现国内产业转移，克服了自身的不足，保证了日本产品在全世界的竞争力，同时推动了经济结构不断调整并趋于高级化、合理化。从更大意义上说，它是日本经济能够较长时间增长并迅速崛起的重要原因之一。通过发展对外直接投资，日本经济已经告别了以制造业经济形态为主的时期，进入以服务经济形态为主的后工业经济时代。正如《东洋经济》周刊所说，日本经济将是一种"由研究开发型工业和新型信息文化产业所共同支撑的经济"。

1. 产业结构升级的测度指标设计

由于产业结构高度化的特征是第三产业的地位越来越突出，第一产业所占比重越来越小，所以在指标设计中，给第三产业赋值最大，第一产业赋值最小，具体指标为：

$Y = y_1 \times 1 + y_2 \times 2 + y_3 \times 3 (1 \leqslant Y \leqslant 3)$

式中，y_i 表示第 i 产业的收入比重，即 y_i/y，Y 表示测定产业结构升级的程度，其系数值上下限为 1—3。$R = 1$ 或越接近 1，产业结构层次越低；如果 $R = 3$ 或接近于 3，则产业结构层次越高。表 4 - 25 为 1985—2010 年的 Y 值。

表 4 - 25　　　　　　　1985—2010 年日本国内生产总值构成

年份	国内生产总值	第一产业 y_1（%）	第二产业 y_2（%）	第三产业 y_3（%）	Y
1985	1	3.15	39.37	57.48	2.543
1986	1	2.96	38.8	58.25	2.553
1987	1	2.81	38.76	58.43	2.556
1988	1	2.63	38.96	58.42	2.558
1989	1	2.54	38.91	58.54	2.56
1990	1	2.47	39.14	58.39	2.559
1991	1	2.31	38.93	58.76	2.565
1992	1	2.21	37.84	59.94	2.577
1993	1	2.02	36.43	61.55	2.595
1994	1	2.10	35.04	62.86	2.608

续表

年份	国内生产总值	第一产业 y_1 (%)	第二产业 y_2 (%)	第三产业 y_3 (%)	Y
1995	1	1.89	34.34	63.77	2.619
1996	1	1.92	34.27	63.81	2.619
1997	1	1.78	34.04	64.18	2.624
1998	1	1.89	33.3	64.82	2.630
1999	1	1.87	32.8	65.34	2.635
2000	1	1.77	32.4	65.82	2.640
2001	1	1.7	31.01	67.28	2.656
2002	1	1.72	30.42	67.86	2.661
2003	1	1.69	30.36	67.95	2.663
2004	1	1.62	30.48	67.90	2.663
2005	1	1.53	30.45	68.02	2.665
2006	1	1.47	30.01	68.52	2.671
2007	1	1.43	29.44	69.14	2.677
2008	1	1.43	28.34	70.22	2.688
2009	1	1.42	26.68	71.91	2.705
2010	1	1.41	24.35	74.24	2.728

注：本表按当年价格计算，国内生产总值换算为1。

资料来源：国经网。

2. 模型构建

模型以对外直接投资为解释变量，产业结构升级程度指标为被解释变量。为防止各变量数据产生较大波动性，对变量取对数构建模型：

$$\log Y_i = \beta_1 + \beta_2 \log X_i + u_i$$

式中，Y_i 表示反映产业结构升级程度的指标，X_i 表示对外直接投资额，u_i 表示随机误差项。

3. 平稳性及协整检验

由于时间序列数据伪回归问题，因此首先对数据进行平稳性检验。本书运用加上常数项和趋势项的 ADF 单位根检验方法对各变量的原始序列及其差分序列进行检验，结果如表 4-26 所示，各变量水平序列都是非平稳的，它们的二阶差分却都是平稳的，即都是二阶单整序列。因此，可以通过协整分析，来检验各经济变量之间的长期关系。

表 4-26　　　　　　　　　　ADF 检验

变量	ADF 统计量	临界值（5%）	结论
lnX	-3.1942	-3.6449	不平稳
lnY	-3.2958	-3.6122	不平稳
DDlnX	-6.3438	-1.9564	平稳
DDlnY	-4.7519	-1.6085	平稳

协整分析采用恩格尔和格兰杰提出的基于协整回归残差的 ADF 检验的两步法。首先对模型进行回归分析得到估计残差序列，对此序列进行 ADF 检验，结果如表 2-27 所示。

表 4-27　　　　　　　　　　迪基—富勒检验

		t 统计量	概率
迪基—富勒检验统计量		-2.359181	0.0206
测试临界值	1% 水平	-2.664853	
	5% 水平	-1.955681	
	10% 水平	-1.608793	

由于检验统计量为 -2.3592，所以，小于显著性水平 0.05 的临界值 -1.9557，可认为估计残差序列为平稳序列，进而可知 OFDI 与产业结构升级指数具有协整关系，可以进行如下回归分析。

表 4-28　　　　　　　　　　回归分析

	相关系数	标准差	t 统计量	概率
C(1)	0.766809	0.021009	36.49840	0.0000
C(2)	0.025186	0.002667	9.442594	0.0000

$R^2 = 0.7879$　$F = 89.1626$，从回归估计的结果看，模型拟合得比较好。从截距项与斜率项的 t 检验值看，均大于 1% 显著性水平。回归结果表明，对外直接投资对日本产业结构升级有显著性影响，OFDI 每

增加1%,产业结构系数增加0.0252%。

就对外直接投资与日本产业"空心化"影响而言,首先需要对产业"空心化"作出界定。所谓产业空心化,从广义上讲,是指随着经济发展阶段的不断提高,第一、第二产业的比重下降,而第三产业的比重上升的非工业化,也可以说是服务产业经济化。从狭义上讲,产业"空心化"随着对外直接投资的发展,生产部门向海外转移,国内制造业不断萎缩。我们这里所要讨论的是指后者,即对外直接投资引起的制造业比重下降这种现象。

进入80年代之后,日本对外直接投资得到了极大发展。伴随对外直接投资的发展,产业不断向国外转移,使日本国内产业发展出现了这样一些现象:产业向国外的不断转移,部分或全部地取代了出口,特别是为满足东道国国产化比例要求时,装配线上的上游零件组装工厂也需要不断外移,为了使产品更符合当地品位,产品设计工作也需要外移,而且更重要的是企业的研究开发部门也在向东道国外移。于是,一些日本学者认为,日本出现了国内产业"空心化"的问题。日本经济团体联合会会长丰田章一郎于1994年在东京举行的一次国际恳谈会发表演讲时,也对日本大规模对外直接投资规模而导致的产业"空心化"表示担忧。

从理论上分析,在对外直接投资和引进外国直接投资方面,日本是投资大国,但却是引资小国。由于国内产业得不到外资大规模的进入而得以发展强化,即在国内实现产业结构高级化的调整和制造业向海外转移后,作为日本经济基础的制造业必然会"挖空"。因此,日本国内的产业"空心化"的现象显然是存在的。但这只是从理论分析中得到的结论,但现实中却并非如此。1999年,日本对外直接投资累计总额为9008.42亿美元,其中制造业占32.2%,非制造业及不动产、支店共占67.8%。非制造业中矿业占5.0%,商业、金融保险、不动产及运输业各占10.4%、19.0%、12.2%和5.3%。矿业为资源开发型的直接投资,是为确保资源的稳定、廉价供给而产生的,与产业"空心化"问题无关;商业、金融保险、不动产和运输业等,也可以说与产业"空心化"问题关系不大,即商业投资是以开拓当地销售市场为主要目的的。另外,支店的设立与不动产业的投资也均与产业"空心化"问题没有多大关系。同产业"空心化"问题联系最密切的就是制造业的对外直接投资了。表4-29显示了制造业内部的投资构成,很明显,即使在制造业中,也有一部分同产业"空心化"问题是无关的。比如说钢铁有色金属、化学的一部分(石油化工等)以及食品、木材、造纸部分,它们是属于在当地加工原料加工型的对外直接投资,与非制造业中资源开发型的矿业部门的直接投资的性质相近。而真正与产业"空心化"有联系的是一般机械、电气机械和运输机械,它们的总和占制造业的48.3%,仅占对外直接投资总额的15.5%,比重相当小,由此可以推断,对外直接投资对制造业影响并不大,即使产业"空心化"现象确实存在,其程度也很微弱,并没有对日本经济造成严重影响。另外,随着收入水平的提高,需求结构的多样化,与此相对应第三产业不断壮大,这是经济发展的一般性规律。因此不能仅仅从对外直接投资增大与第三产业比重提高(制造业比重下降)就推论出对外直接投资是造成制造业比重下降的主要原因。

表4-29　　　　　　　　日本对外直接投资的产业比重

产业	1951—1999年合计（百万美元）	占总额比重（%）
制造业	289618	32.2
食品	27761	3.1
纤维	13062	1.4
木材制造	8608	1.0
化学	37568	4.2
钢铁、有色金属	29423	3.3
一般机械	23792	2.6
电气机械	77393	8.6
运输机械	38786	4.3
其他	33336	3.7
非制造业	595406	66.1
农、林业	3707	0.4
鱼、水产业	2136	0.2
矿业	45102	5.0

续表

产业	1951—1999年合计（百万美元）	占总额比重（%）
建筑业	7142	0.8
商业	93743	10.4
金融、保险业	170996	19.0
服务业	98658	11.0
运输业	47936	5.3
不动产业	109926	12.2
其他	16057	1.8
支店	14341	1.6
不动产	1412	0.2
合计	900842	

注：因为四舍五入，表示百分比分项目之和不等于项目总和。

资料来源：日本《经济统计年鉴》（1998）；[日]大藏省：《财政金融统计月报》，2000年1月（网上资料）。

同时应该看到，对外直接投资引起产业外移后，企业可集中精力进一步开发具有市场潜力的高新技术产品，从而填补因向海外转移而造成的"空心化"；随着日本引进外国直接投资规模的不断增长，更多的外资进入日本，对于制造业的"填充"作用也越来越明显。据此可以认为，日本学者的担忧是多余的。

（二）OFDI与日本出口贸易

1. 对外直接投资对日本出口贸易的定量分析

日本学者小岛清认为，如果国际直接投资是按照比较优势方向进行的，国际直接投资就不仅仅是对国际贸易的替代，而是为国际贸易的深层次发展提供更为广阔的空间。小岛清所论述的日本式对外直接投资就属于这种类型的投资。

对外直接投资对贸易的影响是多方面的，从理论上讲，主要有四点：（1）出口引致效应。对外直接投资将导致制成品、零部件、原材料及资本成套设备等的额外出口和销售，从而增加贸易盈余。这些额外出口和销售部分来自母公司对子公司的出口和销售；还有一部分来自母国独立的供应商对子公司的额外出口。（2）进口转移效应。是指原本由母国生产的产品,由于对外直接投资转移到子公司生产,使母国生产减少,从而使母国对原材料和中间产品的需求减少,这些新的进口需求转移到东道国生产。(3) 出口替代效应。是指由于生产转移,使母国出口减少。主要是因为技术的扩散和模仿,海外子公司开始独立地生产,达到一定规模以后,逐渐出口原本需进口的产品,构成对母公司产品市场的竞争,海外子公司生产和销售的扩大,有可能替代母公司产品市场的竞争,海外子公司的生产的销售的扩大,有可能替代公司的出口,从而取代母公司的地位而占领出口市场。(4) 进口返回效应。母国把一些制造业部门全部或部分转移到海外子公司,但母国内对产品的需求仍然存在,从而进口其海外子公司所生产产品。这一点类似于弗农提出的产品生命周期理论,经过一定的周期性运动,成熟的、规范化的产品会逐步返销给产品的初始出口国。因此,对外直接投资对对外贸易的影响最终是由四种效应相互作用来决定的。

具体而言,日本企业对外直接投资部分替代日本国内产品的出口,但是,从长远看,提高了日本的出口竞争力。据统计,在日资海外生产企业中,产品销往第三国的企业占21%,就地销售的占64%,返销日本的仅占15%,即日本通过对外直接投资,以国际生产代替了出口,发挥了85%的贸易效应。但是应该看到,日本海外生产企业替代的是日本失去比较优势产业的生产及其出口,这一替代效应使得母公司将更多的资源用于具有比较优势产业和新兴产业的发展,有助于日本出口竞争力的长远提高。

与出口替代效应比较而言,日本企业对外直接投资的出口创造效应和确保出口市场份额方面的效应更有价值。就出口创造效应而言,日本企业海外生产的扩大带动了母国原材料及零部件出口。海外生产所用的多数零部件都从日本进口,1995年,在日本出口增长的36亿美元中,有31亿美元来自于此。在国外市场销售增加的148亿美元中,日本本国的出口仅为36亿美元,其余部分来自从日本进口零部件的海外子公司的销售网络。从日本海外生产企业原材料的源地看,从日本采购的企业占44%,从第三国采购的企业占13%,从当地采购的企业占43%,由此可见,日本的海外生产企业发挥了44%的出口促进作用。另外,对外直接投资还有助于确保出口市场份额。日本对外直接投资遵循小岛清提出的"边际产业扩张论",即对外直接投资先从本国处于或者即将处于比较劣势的产业开始。这些比较劣势产业在海外的生产对于维持日本原有的海外市场份额具有重要意义。在日本一些传统行业中,如食品、纺织和高档服装等行业,海外子公司是日本这些行业海外市场份额的主要来源。日本纺织和高档服装的出口在 1970 年占世界同类产品出口的 12%,有很强的比较优势,但到 1977 年,这一份额下降到 7.5%,到 1986 年,跌到 2%,日本完全失去了这一行业中的比较优势,进而日本的海外子公司接管了日本的部分海外市场份额。1977 年海外子公司供应的海外市场超过了母公司,到 1986 年,海外子公司供应的市场是母公司的两倍。因此,日本的对外直接投资帮助维持了日本一些失去比较优势行业的海外市场份额,如果日本仅依赖母国公司出口则它们就失去了这些份额[1]。

以上分析表明,总体上看,出口引致效应和出口替代效应之和略低于反方向的进口效应,从而对贸易收支产生了少量负面影响。1991—1995 年,由对外直接投资引致的进口增加了,而由对外直接投资引起的出口则出现了相对的停滞,如在 1995 年中,对外直接投资对商品贸易收支的总体影响为 3 亿美元,在 1991 年度却为 50 亿美元。[2] 而对外直接投资对出口结构的影响则极为明显,既促进了资本货物的出口,也减少了消费产品的出口。随着日本对外直接投资的发展,日本对外贸易的数量和结构发生了变化,这表明日本正在通过对外直接投资利用国际分工所带来的更多的机会。

2. 对外直接投资对日本出口影响的定量分析

在对日本对外直接投资对其出口贸易影响做定性分析后,有必要对这种影响作进一步定量分析。定量分析选取的是 1970—2010 年的相关数据作为样本[3],应用 Eeviews 软件包进行计算。选取 OFDI 与 EX 建立一元回归方程,由于涉及时间序列数据,首先进行平稳性检验,各变量水平序列都是非平稳的,它们的一阶差分却都是平稳的,即都是一阶单整序列。因此,可通过回归分析,来检验各经济变量之间的长期关系。

$FDI = -8.12 + 0.12EX$

---

[1] 《经济导刊》2005 年 11 月 4 日。

[2] 联合国跨国公司与投资司:《1999 年世界投资报告》,对外经济贸易大学出版社 2000 年版。

[3] UNCTAD, *WIR* 有关各期。

$$(-0.28) \quad (7.35)$$

$$R = 0.62 \quad D-W = 0.44 \quad F = 49.22$$

$$EX = 1137.24 + 8.44 FDI$$

$$(3.49) \quad (7.35)$$

$$R = 0.62 \quad DW = 0.36 \quad F = 49.22$$

上述两个方程式中，其拟合优度都大于 0.62，F 检验值也不是很大，说明这两个方程的总体线性关系在并不十分显著下成立的。但两个方程中的自变的 t 检验值很大，同为 7.35，大大超过了临界值，说明变量 EX 作为对外直接投资的解释变量是显著的，同时变量 OFDI 作为出口贸易的解释变量是显著的。随着日本出口贸易额的增长，其对外直接投资随之增长，且出口每增加 1 亿美元，导致对外直接投资增加 0.12 亿美元；同时，随着美国对外投资累计额的增长，其出口额也随之增长，且对外直接投资每增长 1 亿美元，其出口总额就增长 8.44 亿美元。总的看来，日本的对外直接投资极大地促进了日本的出口，说明日本对外直接投资所导致贸易的创造和扩大效应大于贸易的替代效应。

（三）OFDI 与日本技术进步

按照英国学者 Cantwell 和 Tolention 的观点：发展中国家企业技术能力的提高是与它们对外直接投资的增长密切相关的。马亚明、张岩贵（2003）将技术优势与对外直接投资一般化，构建一个双向技术扩散模型，认为技术扩散的存在使得通过 OFDI 来寻求技术成为可能，一些技术落后的国家以合资的形式到技术先进的国家进行直接投资，其主要目的之一就是最大化跨国公司之间的技术扩散，以最大可能地寻求和利用发达国家企业的先进技术。大量跨国公司涌向一些发达国家的科技园区，其目的就是从知识外溢中获益。

布兰顿特（2001）的实证研究表明，日本许多跨国企业投资美国时，将对外直接投资作为获取知识溢出的渠道，他发现了对外直接投资同时增加日本投资企业知识外溢的流入与流出。例如，日本索尼公司在亚洲发展中国家和地区设定了 9 个 R&D 单位，其中，在新加坡有 3 个单位，从事有关光电子数字存储器，音频产品和 CD – ROM 驱动器的集成芯片设计以及多媒体和微芯片软件等核心零部件的 R&D。有 4 个单位在马来西亚，韩国和中国台湾分别有 1 家单位，都承担不同的 R&D 任务。这类创新型 R&D 单位通常与东道国的科技研发机构保持密切的合作，并存在着知识与技术的双向扩散。进入 20 世纪 80 年代以来，美国逐渐成为全球研发中心，美国硅谷也成为研发发源地，大量外国跨国公司涌入美国硅谷等地，其主要是"为了获取美国的经营技术和管理经验，同时也是为了在美国建立市场和劳务网络"。[①] 日本企业更是如此。从日本跨国公司在美国研究与开发性投资部门分布看，日本跨国公司的投资主要集中在计算机及其软件、汽车、半导体、生物技术、电讯、化学品等领域[②]，如日本为了跟踪与寻觅最新电子工业技术，在美国的电子技术发源地"硅谷"附近投入大量资本，建立自己的高技术公司或收购当地的高技术公司。黑德、里斯和斯文森（Head, Rises and Swenson, 1999）通过对日本制造业在美国投资的分布状况进行相关与回归计算表明，日本投资选址模式中起主要作用的是产业的集聚效应，即为了接近技术发源地。而研究结果也表明，日本对外直接投资对日本国内的技术进步产生了良好的影响。

（四）OFDI 与日本国内就业

理论研究表明，对外直接投资可能造成投资国就业机会的丧失，它可以直观地表现为贸易影响和资本影响两个方面：一是对外投资可能替代一部分原来的对外贸易，从而导致就业岗位的转移，即由投资国向东道国的就业转移。二是由于资本流出，使本可以投资国内带动就业的机会输出国外，由此导致两国间的"就业替代"，导致投资国就业机会的减少。综观日本对外直接投资与其国内就业之间关系，80 年代以来日本制造业对外直接投资的迅猛增加，也带来了因日本国内生产和雇佣的相应减少所造成的"空心化"现象。以最引人注目的汽车工业的生产为例，1993 年，日本汽车生产已超过 300 万辆，其中仅在北美的生产就达 277 万辆。海外生产扩大的结果，造成日本汽车出口量的连年下降，到 1995 年已下降到 41919 万辆，减少了 41.7%。结果在国内需求也因市场饱和和长期性萧条而增加缓慢的情况下，丰田、日产等主要汽车厂商不得不采取关闭部分工厂、大批解雇职工的措施。这种情况在电

---

① ［美］阿诺德·撒梅茨：《外国跨国公司在美国》，载裘利斯·贝克曼、俄尼斯特·布劳克《跨国公司，70 年代贸易和美元》，纽约大学出版社 1974 年版；［美］阿诺德·撒梅茨：《外国跨国公司为何在美投资》，载《挑战》杂志，1974 年。转载于陈继勇等《国际直接投资的新发展与外商对外直接投资研究》，人民出版社 2004 年版。

② 李优树：《对外直接投资与技术创新》，《科学管理研究》2003 年第 5 期。

气机械工业等对外直接投资发展很快的部门也很普遍。根据日本机械工业振兴协会1993年进行的调查，系列承包企业的73%都因总公司海外生产的扩大而出现了"空心化"，系列企业的生产量也随之减少了27%。由此，以汽车、电器机械为首的制造业部门不可避免地面临生产和就业调整问题。为了缓和生产和就业调整压力，一些企业不得不放慢向海外转移生产的步伐。①

外向FDI对日本就业影响的实证分析。以上分析表明，外向FDI对就业的影响在数量上具有不确定性，而对国内就业质量的影响则相对明确。因此，这里将采用两个模型，对1985—2010年日本就业结构和对外直接投资额的样本数据进行观测和处理。

表4-30　　日本1985—2010年就业结构和对外直接投资数据

年份	就业结构	对外直接投资	年份	就业结构	对外直接投资
1985	2.466	439.74	1998	2.556	2700.35
1986	2.476	580.71	1999	2.561	2487.77
1987	2.484	770.22	2000	2.568	2784.42
1988	2.486	1107.8	2001	2.576	3001.14
1989	2.494	1543.67	2002	2.585	3042.37
1990	2.5	2014.41	2003	2.585	3355
1991	2.507	2317.91	2004	2.593	3705.44
1992	2.511	2480.58	2005	2.594	3865.81
1993	2.524	2597.95	2006	2.601	4495.67
1994	2.529	2755.74	2007	2.603	5426.14
1995	2.541	2384.52	2008	2.610	6803.31
1996	2.545	2586.12	2009	2.627	7409.27
1997	2.548	2719.05	2010	2.634	8310.76

---

① 金仁淑：《战后日本对外直接投资扩张的促动因素及效应分析》，《日本学刊》2001年第4期。

模型 1 为 OFDI 对就业总量的影响，这里构建一元回归模型：
$\ln L = a + b \ln OFDI$

式中，L 表示总就业量。

模型 2 为 OFDI 对就业质量的影响，由于就业质量反映了就业结构的改变，因此，这里借鉴对产业结构影响的分析，设计就业结构升级指标：

$Y = y_1 \times 1 + y_2 \times 2 + y_3 \times 3 \, (1 \leqslant Y \leqslant 3)$

式中，y_i 表示第 i 产业的就业比重，即 y_i/y。

构建回归模型：$\log Y_i = \beta_1 + \beta_2 \log X_i + u_i$

式中，Y_i 表示反映就业结构升级程度的指标，X_i 表示对外直接投资额，u_i 表示随机误差项。

因为时间序列数据涉及伪回归问题，因此首先对数据进行平稳性检验。本书运用加上常数项和趋势项的 ADF 单位根检验方法对各变量原始序列及其差分序列进行检验（见表 4-31）。检验结果显示，各变量水平序列都是非平稳的，它们的一阶差分却都是平稳的，即都是一阶单整序列。因此，可以通过回归分析来检验各经济变量之间的长期关系。

表 4-31　　　　　　　　　　ADF 检验

变量	ADF 统计量	临界值（5%）	结论
lnOFDI	-3.1942	-3.6449	不平稳
lnL	-2.6698	-3.6329	不平稳
lnY	-2.7113	-3.6032	不平稳
DlnOFDI	-6.3438	-1.9564	平稳
DlnL	-1.8582	-1.9572	平稳（10%）
DlnY	-1.6215	-1.9557	平稳（10%）

模型 1：$R^2 = 0.707581$　$F = 53.2345$，从回归估计结果看，模型拟合度较好。从截距项与斜率项的 t 检验值看，均大于 1% 的显著性水平。回归结果表明，日本 OFDI 每增加 1 个百分点就业总量增加 0.044239%（见表 4-32），说明绝对量并不多，与理论分析相符。

模型 2：$R^2 = 0.8372$　$F = 123.418$，从回归估计结果看，模型拟合度很好。从截距项与斜率项的 t 检验值看，均大于 1% 的显著性水平。

回归结果表明，日本 OFDI 每增加 1%，就业结构有显著升级，大约为 0.024922%（见表 4-33）。

表 4-32　　　　　　　　　　　回归分析

变量	相关系数	标准差	t 统计量	概率
C	3.801705	0.047165	80.60376	0.0000
$logX^2$	0.044239	0.006063	7.296200	0.0000

表 4-33　　　　　　　　　　　回归分析

变量	相关系数	标准差	t 统计量	概率
C	0.740434	0.017670	41.90237	0.0000
logX	0.024922	0.002243	11.10935	0.0000

（五）OFDI 与日本国际收支平衡

对外直接投资与国际收支之间是长期性关系。也就是说，因为对外直接投资产生的效果并不能马上反映出来，所以，其对国际收支影响也并不是立即就能显现出来，而是随着其自身的发展，逐渐显现出来的。

日本对外直接投资对其国际收支的影响主要体现在国际收支表中的三个项目：一是经常收支中的贸易收支；二是经常收支中的所得收支（主要是投资收益）；三是资本收支中的投资收支（主要是直接投资）。日本通过对外直接投资在海外建立的企业经历了从无到有、从小到大的发展过程。而由于在这一过程中的不同特点，要正确阐述对外直接投资与国际收支之间的关系是很困难的，因此，我们抽象地假定海外企业的一般发展过程，在此基础上分析两者之间的关系。

表 4-34 给出了日本对外直接投资对其国际收支长期影响的抽象分析，从中可知：对外直接投资活动开始之初，虽然短期内，有货币资本从日本国内流出，这对日本的国际收支是不利的，但是，我们对国际收支的分析是以仅在日本国内融资为假设的，而实际各国对外直接投资的经验表明，对外直接投资所需的货币资本主要来源于东道国当地的金融市场或国际金融市场，只有少量来自国内的，日本也不例外。而且从长期来看，当海外企业的生产稳定以后，就很少再需要日本国内的资本流

表 4-34　　　　日本对外直接投资发展与其国际收支的关系

受影响的国际收支各方面	第一阶段：从投资到开始生产	第二阶段：生产上升	第三阶段：生产扩张	第四阶段：生产基本稳定
贸易收支	盈余大幅度上升	进一步扩大盈余	盈余到达顶峰，开始逐步减少	盈余减少，出现赤字
所得收支（投资收益）	无某些情况为负	无某些情况为负	逐步出现收益	收益逐步扩大
投资收支（直接投资）	赤字大幅度上升	赤字仍处于高水平，但开始下降	下降幅度进一步扩大，赤字减少	无
国际收支	贸易收支盈余处于高水平，投资收支（直接投资）出现大幅赤字	贸易收支盈余超过投资收支（直接投资）赤字	贸易收支盈余减少，投资收支（直接投资）赤字减少，投资收益成为经常收支盈余的主要来源	贸易收支盈余减少出现赤字，而投资收益的增加，成为经常收支盈余的主要原因

资料来源：[日] 原正行：《海外直接投资论》，暨南大学出版社1995年版。

出了。同时，对外直接投资活动进一步带动了机器设备（实物资本）、原材料、零部件等的出口，经常收支中的贸易盈余大幅度增加，在第二阶段生产上升时期，贸易收支盈余超过投资收支的（直接投资）赤字，使对外直接投资对国际收支产生的影响是有利的。更重要的是，随着海外企业生产趋于稳定，尽管日本贸易收支会出现一些赤字，但是将会有大量投资收益不断汇回国内，它在弥补了贸易收支赤字的同时，成为经常收支盈余的主要来源。因此，总体来讲，对外直接投资对日本国际收支产生了有利影响，改善了日本国际收支状况。

第四节　对外直接投资与本国经济：美日比较

本章旨在分析对外直接投资对投资先行母国美国和日本经济的影响。根据第三章的传导机制框架，对外直接投资对母国的经济影响是两方面的，既有积极的影响，也有消极的影响。原则上说，只要将积极的影响减去消极的影响，两者的差就是对外直接投资的净经济影响。事实上，上述影响的估计不仅取决于有关假定，更取决于对有关指标的量化。但是，在实证研究或经验检验中，存在很多难以量化的因素，加之数据收集困难，即使可以量化的因素也因数据不完善而难以得出符合实际情况的结论。

基于以上因素，本章沿用第三章的分析框架，就美日对外直接投资对本国经济的带动作用进行了经验检验，这些检验主要在对外直接投资对美日出口贸易、产业结构、技术进步、就业及国际收支平衡等几方面进行。总的来说，对外直接投资有利于这些国家的出口贸易增加、产业结构升级、技术进步、就业增加及国际收支改善。对美国而言，早期对外直接投资确实带动了美国出口贸易的增加，但不具有技术进步特点；20世纪60年代以来的对外直接投资，一定程度使得美国国内出现了"空心化"的担忧，美国的就业也因此受到影响。但进入90年代以来，随着美国经济的进一步发展，对外直接投资也对美国经济产生了巨大的推动作用。对日本而言，战后经济的复苏与快速发展时期，对外直接投资对日本经济产生的作用还不大，但进入80年代以来，随着日本经济的高速增长，对外直接投资对日本经济的促进作用日益明显，虽然进入90年代以来这种作用有所下降，但对外直接投资对日本产业结构、技术进步、对外贸易、就业以及国际收支平衡的影响仍不容置疑。

通过对对外直接投资大国美国和日本的检验分析得出的主要结论是：无论美国还是日本，其对外直接投资都对本国经济产生了重要影响。不同的是，美国的对外直接投资促进了本国产业结构的顺利升级，而日本却在对外直接投资过程中有陷入"空心化"的趋势；美国和日本都注意在对外直接投资中吸取他国先进技术，而日本通过对美国、西欧等技术先进国的大力投资，在这方面做得更加成功；美国和日本的对外直接投资都在一定程度促进了本国出口贸易的发展，从计量结果来看，美国的对外直接投资与其出口贸易之间的线性关系更加明显，但日本的对外直接投资最大限度地促进了其出口贸易的增长；在对外直接投资与母国国内就业关系上，检验分析表明，美国与日本的对外直接投资都在一定程度上促进了本国就业的增长，而美国在就业质量提高上比日本更加成功；美国和日本的对外直接投资都对本国的国际收支产生了积极的影响，改善了彼此的经常账户和资本账户，从而促进了本国国际收支的平稳发展。

综上所述，美国是当今世界最大的对外直接投资母国，其对外直接投资历史长、规模大，通过输出传统与"夕阳"产业，对外直接投资促进了美国产业结构的不断调整与升级。美国是世界上研发最密集的地区，因而美国通过对外直接投资获取技术的可能性不是很大，但美国公司也在欧洲、日本甚至印度设立研发机构，目的是利用当地廉价技术人员进行研发。事实证明，对外直接投资在更大层面上改善了美国国内就业状况，提高了国内就业质量。美国的对外直接投资虽然产生了国外的竞争者，但它带动了美国国内的出口，增加了美国的贸易额。美国的对外直接投资，尤其是投资利润的汇回，改善了美国的国际收支状况。

日本对外直接投资历史不长，但发展速度很快，一度成为世界上最大的对外直接投资母国，并对日本国内经济的影响也是深刻的。通过将传统与"夕阳"产业输出国外，日本逐步实现了国内产业的升级与换代，但同时，因研发不足与新兴产业成长速度较慢等因素，日本对外直接投资也是其国内产业"空心化"的部分原因。日本企业通过在欧美尤其是美国的投资，加大了对美国高科技产业的渗透，成为逆向获取技术的典范。通过对外直接投资，日本加大了对投资地区的贸易输出，尤其是中间产品的输出，从而扩大了出口。对外直接投资也使得日本国内的就业增加，质量改善，因而是有利于国内就业的。因出口贸易的增加和投资利润的汇回，对外直接投资改善了日本的国际收支状况。

美日两国的对外直接投资都对本国经济产生了深刻的影响。在产业结构升级、技术进步、就业增加尤其是就业质量改善、出口贸易增加以及国际收支改善等方面具有很多相似之处，其对外直接投资的经验值得借鉴。

第五章 对外直接投资与中国经济：总体研究

第一节 中国企业对外直接投资对中国产业结构升级的影响

一 导论

近年来，在中国企业对外直接投资迅速发展的同时，中国国内也在进行着产业结构升级，这两者之间是否存在某种联系，从现有文献看，中国对外直接投资对国内产业结构升级影响研究很少，这一方面是因为对外直接投资起步晚；另一方面是对外直接投资对中国产业结构升级影响尚不显著。本章通过建立模型进行实证分析说明对外直接投资与产业结构升级的关系。

二 文献综述

近年来，中国企业对外直接投资发展迅猛，伴随着这个过程，中国企业对外直接投资与产业结构升级关系已经引起国内越来越多学者的关注，然而，我国对这一领域系统的实证分析不是很多。日本经济学家小岛清（1978）从"贸易导向"的产业政策角度对日本的对外直接投资进行了分析，提出边际产业转移理论。他建议把某些在国内已经处于或即将处于劣势的产业，而这些产业在其他国家处于优势地位，迁移到这些国家中去。范欢欢、王相宁（2006）在与美国、日本、韩国对外投资规模和产业结构比较的基础上，得出我国对外直接投资不能提升我国产业结构的结论。蒋昭侠（2005）通过对国际直接投资与产业结构互动演进过程进行分析，得出直接投资使各国产业结构间的联系空前紧密，互动影响也更为深化，对东道国间的结构变动的影响往往是一种更为直接性的内冲击波，并且通过直接投资形成的国际产业转移对投资国是一种提升产业结构的手段。董蓉蓉、臧新（2006）利用韩国1990—2004年的数据，实证分析了韩国产业结构调整与对外直接投资之间的关系，发现韩国产业结构调整促进了对外直接投资的扩大，其中，第三产业的发展对韩国对外直接投资影响程度最大。喆儒（2006）从我国企业对外直接投资的状况和特征来看，对外直接投资对中国产业结构调整和技术进步的影响仍是十分有限的。但是，随着中国对外直接投资的进一步发展，特别是当中国进入投资发展周期的第三阶段之后，对外直接投资对中国产业结构的影响必将日益显著。刘冬、古广东（2010）结合中国产业结构以及对外投资的发展现状，并且利用其1979—2008年的相关数据，对对外直接投资与三产业的关系进行了回归分析，结果发现第二、第三产业与对外直接投资呈正相关关系，而第一产业与对外直接投资呈负相关关系。潘颖、刘辉煌（2010）根据1990—2007年的数据，运用协整理论、格兰杰因果关系对对外直接投资与国内产业结构升级的关系进行了研究。研究结果表明，对外直接投资短期内不能促进产业结构升级，而从长期来看可以促进产业结构升级。

三 我国产业结构和对外直接投资现状

（一）我国产业结构现状

我国不仅成功地利用占世界7%的耕地解决了占世界20%人口的吃饭问题，而且成功地建立了比较完整的、独立的现代工业体系，第三产业不断稳步发展。伴随着工业化的逐步推进，我国产业结构也在逐步升级，三次产业格局逐步趋向合理。首先，产业结构发展趋向合理，第一产业比重逐步下降，与世界水平相当，第二产业比重基本稳定，第三产业比重持续上升。其次，第三产业发展迅速，主要表现为：①金融、保险、证券业稳步发展。②信息产业异军突起，移动通信业兴旺，IT业发展迅猛。③市场流通业保持良好发展势头。批发、零售、餐饮业不断发展壮大，一大批新型物流企业应运而生。④交通运输、旅游、房地产业等发展步伐加快，房地产业已经作为龙头产业带动中国经济发展。再次，第二产业超高速增长构成了我国经济增长主要内容。最后，生产资源逐渐向优势企业汇集，出现了一批大企业实现规模经济，资源配置更加合理优化。

（二）我国对外直接投资现状

我国多年来在吸引大量外资进行经济建设后，取得了一系列骄人的成绩,已经具备对外直接投资的条件和能力,当前我国对外直接投资正处于高速发展的阶段,虽然起步晚,但是,我国企业对外直接投资已初具规模。在对外投资的过程中表现出以下特点:

首先,单项投资规模相对较小。与发达国家和一些新兴工业化国家的跨国公司相比,中国企业跨国直接投资的规模一般较小。企业经营规模小、缺乏资金和技术支持,因而很难和其他跨国公司竞争,经营过程中失去很多商业机会。这种小型化海外投资项目和经营组织规模,都表明我国对外直接投资处于初级阶段。

其次,我国对外直接投资行业分布不够合理,与全面参与国际分工存在差距。我国对外投资的领域虽然扩大到农林牧渔业、资源类、建筑工程、交通运输仓储物流、金融业、医疗卫生社会保障福利、餐饮娱乐、商务和技术服务业等行业,初步形成所谓多元化的投资格局。但是,通过对比可以发现,中国对外直接投资的行业结构发展是形成以新兴服务业、商贸服务、资源开发、金融服务业和制造业为主导产业。总之,我国对外直接投资的产业结构不尽合理,对外直接投资过分偏重资源开发业的投资,对技术密集型产业和服务业的投资明显不够。近几年的具体数据见表5-1。

表5-1　2005—2010年各年中国对外直接投资流量行业分布情况

单位:万美元

	行业分类	2005年	2006年	2007年	2008年	2009年	2010年
A	农、林、牧、渔业	10536	18504	27171	17183	34279	53398
B	采矿业	167522	853951	406277	582351	1334309	571486
C	制造业	228040	90661	212650	176603	224097	466417
D	电力煤气及水的生产和供应业	766	11874	15138	131349	46807	100643
E	建筑业	8186	3323	32943	73299	36022	162826
F	交通运输、仓储和邮政业	57679	137639	406548	265574	206752	565545
G	信息传输、计算机服务和软件业	1479	4802	30384	29875	27813	50612
H	批发和零售业	226012	111391	660418	651413	613575	672878
I	住宿和餐饮业	758	251	955	2950	7487	21820
J	金融业	—	352999	166780	1404800	873374	862739
K	房地产业	11563	38376	90852	33901	93814	161308

续表

	行业分类	2005年	2006年	2007年	2008年	2009年	2010年
L	租赁和商务服务业	494159	452166	560734	2171723	2047378	3028070
M	科学研究、技术服务和地质勘查业	12942	28161	30390	16681	77573	101886
N	水利、环境和公共设施管理业	13	825	271	14145	434	7198
O	居民服务和其他服务业	6279	11151	7621	16536	26773	32105
P	教育	—	228	892	154	245	200
Q	卫生、社会保障和社会福利业	—	18	75	0	191	3352
R	文化、体育和娱乐业	12	76	510	2180	1976	18648
S	公共管理和社会组织	171	—	—	—	—	—
	合计	1226117	2116396	2650609	5590717	5652899	6881131

再次，投资区域逐渐由发展中国家向发达国家延伸，但仍明显呈相对集中的结构特点。在中国对外直接投资最初阶段，由于受投资主体的限制，投资区域多选择在进口市场集中的地区，以亚洲特别是东南亚为主。从20世纪80年代中期起，随着投资主体的多元化，生产性投资项目增长较快，对外投资逐渐扩大到其他发展中国家。自90年代以来，中国企业向发达国家投资的企业数量和投资额也进一步增加。

最后，我国对外投资微观主体不健全，企业运营机制较落后。目前国际对外直接投资的主体主要是各种大中小型跨国公司，落后的经营模式使得我国外向型企业的跨国程度很低，大部分企业并不是真正意义上的跨国公司。

四 模型构建和实证分析

（一）产业结构升级的测度指标设计

参考徐德云（2008）对产业结构升级的一个测度指标设计。由于产业结构高度化特征是第三产业地位越来越突出，第一产业所占比重越来越小，所以指标设计中，给第三产业赋值最大，第一产业赋值最小，具体指标为：

$$Y = y_1 \times 1 + y_2 \times 2 + y_3 \times 3 \quad (1 \leq Y \leq 3)$$

式中，y_i 表示第 i 产业的收入比重，即 y_i/y。Y 表示测定产业结构升级的程度，其系数值上下限为1—3。如果 $R = 1$ 或越接近1，产业结构层次就越低，所以第一产业比重很大，第二、第三产业所占比重较小;如果 $R=3$ 或接近 3,则产业结构层次越高,经济社会是一种后工业化的信息经济社会(或者是知识经济社会),第三产业在国民经济中占主体地位,其比重都大于第一、第二产业所占比重;如果 $R=2$ 或越接近2,产业结构高度就处在前二者之间,经济是一种工业化经济,以工业为主,第二产业所占比重很大,大于第一、第三产业所占的比重,表5-2为1990—2010 年的 Y 值。

表5-2　　　　　　　1990—2010 年中国国内生产总值构成

年份	国内生产总值	第一产业(y_1)	第二产业(y_2)	第三产业(y_3)	Y
1990	1	0.271	0.413	0.316	2.045
1991	1	0.245	0.418	0.337	2.092
1992	1	0.218	0.434	0.348	2.13
1993	1	0.197	0.466	0.337	2.14
1994	1	0.198	0.466	0.336	2.138
1995	1	0.199	0.472	0.329	2.13
1996	1	0.197	0.475	0.328	2.131
1997	1	0.183	0.475	0.342	2.159
1998	1	0.176	0.462	0.362	2.186
1999	1	0.165	0.458	0.377	2.212
2000	1	0.151	0.459	0.39	2.239
2001	1	0.144	0.451	0.405	2.261
2002	1	0.137	0.448	0.415	2.278
2003	1	0.128	0.46	0.412	2.284
2004	1	0.134	0.462	0.404	2.270
2005	1	0.121	0.474	0.405	2.284
2006	1	0.111	0.479	0.409	2.296
2007	1	0.108	0.473	0.419	2.311
2008	1	0.107	0.474	0.418	2.309
2009	1	0.103	0.463	0.434	2.331
2010	1	0.102	0.468	0.43	2.328

注:本表按当年价格计算,国内生产总值换算为1,1990—2009 年的资料来源于《中国统计年鉴》;2010 年和2010 年数据来源于中新网。

(二) 模型构建

对外直接投资通过获得高新技术、转移过剩产能、获取海外丰富资源以及市场信息和管理经验等方式促进国内产业结构升级。模型选取对外直接投资额作为衡量对外直接投资的指标，本书中对外直接投资额数据来源于网上以及近几年《中国对外直接投资统计公报》，其他数据来源于《中国统计年鉴》。影响产业结构升级因素很多，但由于受条件的限制，在此只引入对外直接投资（X）一个变量做解释变量，为防止各变量数据产生较大波动性，对变量取对数构建模型：

$$\log Y_i = \beta_1 + \beta_2 \log X_i + u_i$$

式中，Y_i 表示反映产业结构升级程度的指标，X_i 表示对外直接投资额，u_i 表示随机误差项。1990—2010 年的中国对外直接投资情况见图 5-1。

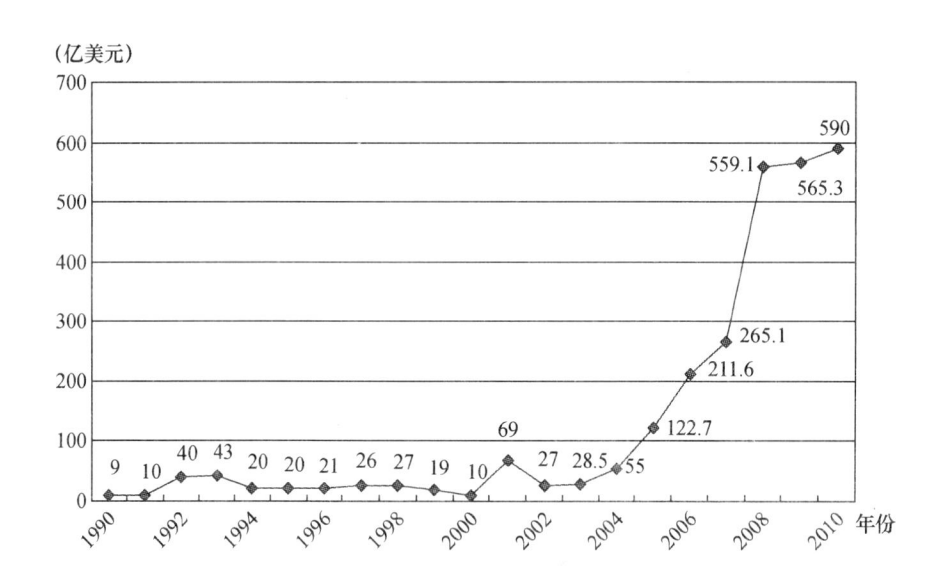

（亿美元）

图 5-1 1990—2010 年中国对外直接投资流量情况

(三) 实证分析

1. 平稳性检验

研究经济变量之间是否存在长期关系，首先要对时间序列的平稳性进行检验。当使用非平稳序列进行回归时，会造成"伪回归"，当变量非平稳时，传统的统计量，如 t 值、F 值和 R^2 将出现偏差。为保证回归结果的无偏性、有效性和最佳性,本书采用 ADF 检验方法对变量原序列及一阶差分的平稳性进行检验,结果见表 5-3。

表 5-3　　　　　　　　　　ADF 检验结果

	变量	ADF 检验统计量	临界值 1%	临界值 5%	临界值 10%	结论
原序列	logY	-0.897329	-3.8304	-3.0294	-2.6552	非平稳
	logX	-0.247915	-3.8572	-3.0400	-2.6608	非平稳
一阶差分	DlogY	-3.278081	-3.8572	-3.0400	-2.6608	平稳
	DlogX	-4.077947	-3.8877	-3.0521	-2.6672	平稳

表 5-3 可以看出 logX 的一阶差分是在 1% 水平显著,logY 的一阶差分是在 5% 的水平上显著的。时间序列 logX 和 logY 在一阶差分的时候都是平稳的,表明对外直接投资与产业结构升级可能存在长期稳定的均衡关系。

2. 协整检验

用 DlogX 对 DlogY 进行 OLS 回归,得出模型估计残差序列 μ。对残差序列进行 ADF 检验结果见表 5-4。

表 5-4　　　　　　　　　　ADF 检验结果

ADF 检验	-3.316210	协界值 1%	-3.8877
		协界值 5%	-3.0521
		协界值 10%	-2.6672

显然,残差序列 u 是平稳序列,表明序列 logY 与 logX 之间具有协整关系。长期关系模型变量的选择是合理的,回归系数数据有经济意义。

3. 格兰杰因果关系检验

由于格兰杰因果关系检验要求各序列为平稳序列,根据平稳性检验,对平稳时间序列 DlogY 和 DlogX 进行格兰杰因果关系检验。格兰杰因果关系检验结果见表 5-5。

表 5-5　　　　　　　　　　格兰杰因果关系检验

零假设	滞后期数	F 统计量	概率	结论
DlogX 不是 DlogY 的格兰杰原因	1	0.12642	0.72712	接受
DlogY 不是 DlogX 的格兰杰原因	1	0.35506	0.56015	接受
DlogX 不是 DlogY 的格兰杰原因	2	0.13351	0.87630	接受
DlogY 不是 DlogX 的格兰杰原因	2	0.41913	0.66688	接受
DlogX 不是 DlogY 的格兰杰原因	3	3.55042	0.06082	拒绝
DlogY 不是 DlogX 的格兰杰原因	3	0.44544	0.72644	接受
DlogX 不是 DlogY 的格兰杰原因	4	1.98647	0.21576	接受
DlogY 不是 DlogX 的格兰杰原因	4	0.20928	0.92406	接受
DlogX 不是 DlogY 的格兰杰原因	5	8.13828	0.05736	拒绝
DlogY 不是 DlogX 的格兰杰原因	5	0.21004	0.93708	接受

表 5-3 对平稳时间序列 DlogY 和 DlogX 进行滞后5期的格兰杰因果关系检验，从中我们可以得出，对外直接投资在短期内不构成产业结构升级的格兰杰原因，在长期内很可能构成产业结构升级的格兰杰原因，而产业结构升级不构成对外直接投资的格兰杰原因。

五　结论与建议

（一）结论

从上面实证分析可以得出中国企业对外直接投资短期内不能促进产业结构升级，可能原因有：（1）虽然近年来中国对外直接投资发展迅速，但由于起步晚、规模比较小，这在和世界主要发达国家相比较中尤为明显。因此短期内对产业结构升级影响不大。（2）中国企业对外直接投资一般是根据自身实际情况进行对外直接投资产业选择，从宏观角度考虑国内产业结构升级较少。（3）由于信息不对称，缺乏政府宏观指导，导致不少企业对外直接投资十分盲目，获利不大甚至亏损。这样的对外直接投资当然不能促进产业结构升级。另外，政府在对外直接投资方面的法律法规、政策措施不够完善，制约了中国企业对外直接投资。但是长期来看，中国企业对外直接投资很可能会促进产业结构升级，说明中国企业对外直接投资达到一定规模后产生规模经济是会对产业结构升级产生影响的。

（二）政策建议

第一，进一步落实国家"走出去"战略，鼓励有能力的企业对外直接投资，形成一批有实力的跨国企业和著名品牌，扩大对外直接投资规模，质与量并重，促进国内产业结构升级。

第二，合理选择对外直接投资产业方向，制定长远的产业发展战略将我国对外直接投资和国家产业政策的客观要求结合起来，通过开展对外直接投资来带动本国产业结构的重组和优化。我国应根据各产业所具有的比较优势，一方面，对发展中国家转移产能过剩的产业；另一方面，要向发达国家开展"研究开发型"投资，获取其在技术密集型产业特别是高新技术产业的先进技术。

第三，宏观调控创造适合对外直接投资的软环境，政府应该在法律制度、产业政策、信息服务、企业市场融资等方面长期为对外直接投资提供更好的条件，以此促进产业升级，带动经济发展。

第二节 中国企业对外直接投资对中国技术进步的影响

一 导论

本章从实证方面对我国对外直接投资对技术进步影响作简单分析，得出两者有平稳性和因果关系的结论。

二 文献回顾

总结其他学者对我国对外直接投资与技术进步的影响，相关研究主要集中在以下几个方面：

（一）技术寻求型对外投资研究领域的理论和实证研究

马亚明、张岩贵（2003）提出，技术扩散的存在使得通过 OFDI 来寻求技术成为可能，一些发展中国家的公司以合资的形式到发达国家进行直接投资其主要目的之一就是最大化公司之间的技术扩散，以最大可能寻求和利用发达国家企业的先进技术。李蕊（2003）在研究跨国并购的技术寻求动因时发现，跨国并购的方式可以使跨国公司获得与核心技术相关技术，使其技术研究的数量和质量都有所增长，技术研发能力大幅度提高。同时也加快了开发创新产品的新技术的速度，也就是说，一方面通过跨国并购实现现有各种资源尤其是技术资源的优化配置，降低跨国公司的技术研发投入成本；另一方面通过跨国并购取得各种现有研发成果，提高跨国公司技术研发质量和水平，加快跨国公司技术创新速度。

（二）对我国技术寻求型对外投资作用机制的研究

赵伟、古广东和何元庆（2006）认为，中国对不同东道国经济投资的逆向技术溢出效应、机制不尽相同。其中，对于发达国家而言，主要通过研发要素吸纳机制、研发成果反馈机制、并购适用技术企业机制促进中国技术进步，而对于新兴工业化经济和发展中国家，研发成本分摊机制占主导地位。杜群阳（2006）提出反向外溢的渠道，一是母国企业可通过与东道国的技术领导者建立更紧密的地理联系，以降低投资者的生产成本，获得积极的外溢效应；二是母国企业可利用与东道国的产业联系，实现知识获取，以获得反向外溢。

但是，对外直接投资和技术进步关系的实证研究比较少，到目前为止，有冼国明、杨锐（1998）研究了技术积累、竞争策略和发展中国家对外投资的关系。尹冰（2003）阐释了中国企业对外直接投资与技术进步的互动关系，认为我国企业对外直接投资与技术进步是互动式推进的过程。蒋萌萌、庞宁（2006）在双缺口模型基础上，提出技术缺口概念，进而提出发展中国家弥补技术缺口不能只靠吸引外资，而应积极发展对外直接投资。

三 我国技术进步和对外直接投资现状

（一）我国技术进步现状

技术进步是一国经济增长的重要推动力和取得竞争优势的主要来源之一。为了尽快缩小同世界发达国家的技术差距，技术进步是我国企业亟待解决的问题。改革开放后，我国主要是通过引进外商直接投资来引进技术。

数据显示，2010—2011 年，中国的国际专利申请量从全球第四上升到全球第一，2010 年，中国专利申请量 12339 件，总数位列美国（44855 件）、日本（32156 件）和德国（17171 件）之后。在企业国际专利申请量排行中，中兴通讯（11.35，-0.14，-1.22%）股份有限公司和华为技术有限公司两家中国企业分别位于第 2 位和第 4 位，与日本的松下和美国的高通公司携手领跑榜单。中兴通讯前年只占第 22 位。

但在申请国际专利的前 50 名学术机构中，美国大学占 30 个，日本大学占 10 个，但没有中国大学入选。2011 年，中国专利申请量跃居世界第一，超过美国和日本，中国正加快创新，以改善其知识产权记录。中国正努力从一个"中国制造"的市场向"中国设计"市场转型，政府正积极推动汽车、制药和科技等行业的创新。

虽然我国国际专利申请工作取得了一定进步，但仍然存在忧患和不足，主要体现在：一是我国国际专利申请量仍然相对较少。据初步统计，2011 年我国平均每 1.3 亿美元出口才有一件国际专利申请与美日等国家依然明显。二是国内知识产权优势企业、高校数量明显不足。在国际专利申请公布量全球百强中日本企业有 31 家，美国企业有 26 家，德国企业有 14 家，而中国企业只有 3 家。在专利国际申请公布量全球前 50 的高校中，我国高校无一入选。所以说，我国的技术整体上还处于中低端，由于发达国家的技术封锁，我们引进的也只是一些面临淘汰的技术，它在一定程度上促进我国的技术进步，但对我国的技术创新形成了阻碍。我国应该在引进技术的基础上，更多地参与先进技术的开发和创新。

（二）我国对外直接投资现状

在世界经济处于低迷的状态下，我国的对外投资却一直很抢眼，继续延续 2003 年以来对外直接投资高速增长态势。据中国商务部统计，2011 年，中国境内投资者对外非金融类直接投资为 600.7 亿美元，与 2010 年相比，仅增 1.8%。2008 年我国对外直接投资达到 521.5 亿美元，同比增长 96.7%，2009 年为 565 亿美元名列全球第五位，2010 年为 680 亿美元，同比增长 20%，中国对外直接投资规模在全球的排位，由 2007 年的第 10 位上升到 2011 年的第 5 位。自 2006 年起，中国已经连续三年位列发展中国家对外直接投资首位。全球经济持续衰退和国际直接投资大幅下降的背景下，中国对外直接投资逆势而上的良好表现，引起国内外的普遍关注，部分学者甚至断言中国对外直接投资时代已经到来，目前是中国企业加快对外投资、"抄底"海外资产缩水企业的大好时机。

虽然我国对外直接投资出现良好势头，但仍然存在不稳定特征。这既有价格变动的原因，也因我国对外直接投资还处于较低水平，会随着个别企业的对外投资水平发生变动，这一点，应该得到广大学者的关注。

四 建立模型及分析

(一) 技术进步率的计算

本书通过索洛模型来求得的 TFP 本质上是劳动者技能的提高，各单位研发带来的技术进步，以及经济管理水平提高等各项技术进步指标的综合表现，因此更能反映本书所要讨论的对外直接投资和技术进步的关系。利用柯布—道格拉斯生产函数计算技术进步率。

柯布—道格拉斯生产函数：

$Y = AL^a K^b$

式中，Y 表示一国产出，L 表示劳动，K 表示资本，a、b 分别表示劳动和资本对产出的影响系数。假设规模报酬不变 $a + b = 1$，且生产函数为希克斯中性的。

对上式两边同时除以 L 并取对数，得：

$\log Y/L = \log A + \log K/L + \log L + c$

利用线性回归可以求出 b 计算得到全要素生产率。

把这个方程写成增长率的形式：

$\Delta Y/Y = a\Delta L/L + b\Delta k/k + \Delta A/\Delta$

全要素生产率 $TFP = gy - (1 - b)gl - bgk$

式中，gy 表示国内生产总值增长率，gl 表示经济活动人口增长率，gk 表示固定资产投资增长率。[①]

选取 1985—2011 年（25 个样本）国内生产总值、经济活动人口数、全社会固定资产投资作为分析的基础。为了使分析更加贴近实际，本书数据均来自 UNCTAD 的《世界投资报告》（1985—2011）、国家统计局的《中国统计年鉴》（1985—2011）。

使用 Eviews6 软件采用普通最小二乘法对方程进行回归，得到结果：

$\log GDP/L = -1.052207717 + 0.3465307772\log(K/L) +$
$\qquad\qquad (-5.726422) \qquad (7.820874)$
$\qquad\qquad 0.04275541605\hat{}T + [AR(1) = 0.6906877955]$
$\qquad\qquad (6.402589) \qquad\quad (4.854109)$
$R^2 = 0.997618 \quad SE = 0.023702$

---

① 模型由黄亚钧《宏观经济学》第二版整理得到。

$DW = 1.912958 \quad F = 2233.259$

所以，可以达到 $b = 0.3465307772$，拟合优度为 0.997618，结果比较可信。根据 a、b 值，可以求出 TFP。

（二）对外直接投资增长率计算模型

对外直接投资增长率：$gfdi_t = FDI_t - FDI_{t-1} / FDI_{t-1}$

数据选取 1987—2011 年(25) 个样本。

（三）单位根检验

检验变量之间协整关系之前，首先要检验数据平稳性的常用方法，包含单位根检验。

单位根检验是指检验序列中是否存在单位根，因为存在单位根就是非平稳时间序列了，单位根就是指单位根过程，可以证明，序列中存在单位根过程就不平稳，会使回归分析中存在伪回归。单位根检验是随机过程的问题。一般情况下，单整过程可以称作单位根过程。

模型如下：单位根检验的回归方程为：

模型 1：$\Delta x_t = a + \delta x_{t-1} + \sum_{}^{m} \beta_i \Delta_{t-1} + \varepsilon_t$

模型 2：$\Delta x_t = a + \delta x_{t-1} + \sum_{}^{m} \beta_i \Delta x_{t-1} + \varepsilon_t$

模型 3：$\Delta x_t = a + \beta_t + \delta x_{t-1} + \sum_{}^{m} \beta_i \Delta x_{i-1} + \varepsilon_t$

模型 3 中的 t 是时间变量，代表了时间序列随时间变化的某种趋势（如果有的话）。虚拟假设都是 H：$\delta = 0$，即存在一单位根。模型 1 与另两个模型的差别在于是否包含有常数项和趋势项。

实际检验从模型 3 开始，然后模型 2 和模型 1。何时检验拒绝零假设，何时停止检验。否则，就要继续检验，直到检验完模型 1 为止。一个简单的检验是同时估计出上述三个模型的适当形式，然后通过 ADF 临界值表检验零假设 H：$\delta = 0$。只要其中有一个模型的检验结果拒绝了零假设，就可以认为时间序列是平稳的。当三个模型的检验结果都不能拒绝零假设时，则认为时间序列是非平稳的。这里所谓模型适当的形式就是在每个模型中选取适当的滞后差分项，以使模型的残差项是一个白噪声，本书 ADF 检验的实际操作中滞后差分项个数的选择是以 DW 值接近 2 为标准的。

由于我国对外直接投资受到政策、经济波动等因素影响，所以本书只考虑对外直接投资流出部分，并没有考虑我国企业从海外撤资部分，这样的数据有利于分析问题，并且能反映数据序列的平稳性。单位根检验结果如表5-6所示。

表5-6　　　　　　　　　　ADF 检验

变量	检验形式	ADF 检验值	显著水平为0.01 的 ADF 检验值	平稳性决策
gfdi	(C.T.I)	-2.874189	-4.5743	不平稳
Δgfdi	(N.N.I)	-3.366463	-2.7158	平稳
TFP	(C.TI)	3.111007	-4.5743	不平稳
ΔTFP	(N.N.I)	4.917442	-2.7158	平稳

由表5-6可知所有变量的水平序列都是非平稳地出现随即游走，但是，它们的差分都是平稳的，说明两者的协整性有长期的平稳性。

（四）因果关系检验

一般采用格兰杰因果关系检验，两个变量，如果 X 是 Y 变化的原因，那么 X 应该发生在 Y 变化之前 X 有助于预测 Y，即在 y 关于 x 的滞后变量回归中，添加 x 的滞后变量作为独立的解释变量应当显著地作为回归的解释变量。

由于两者之间的平稳性关系，可以对二者做因果关系检验，分别做滞后期为1、2、3，得到的结果如表5-7所示。

表5-7　　　　　　　　　　因果关系分析

因果关系假定	滞后期数	F 值	P 值	决策	因果关系结论
TFP 不是 gfdi 的原因	1	1.27202	0.27602	接受	TFP 不是 gfdi 原因
		2.54699	0.13006	接受	Gfdi 不是 TFP 原因
gfdi 不是 TFP 的原因	2	1.51710	0.25376	接受	TFP 不是 gfdi 原因
		1.09434	0.36371	接受	Gfdi 不是 TFP 原因
	3	2.98051	0.91909	不接受	TFP 不是 gfdi 原因
		0.45110	0.72214	接受	Gfdi 不是 TFP 原因

由结论可知，当滞后变量为3时 gfdi 不是 TFP 的原因，因为概率0.72214；而 TFP 却是 gfdi 的原因，因为概率0.91909。所以，两者存在因果关系。技术进步是我国对外直接投资增长的原因。

五　结论及政策建议

通过以上实证分析，可以得到如下结论及建议：

第一，技术进步是我国对外直接投资增长率的原因，技术进步对我国对外直接投资的促进作用显而易见。对外直接投资可以使我们学习和积累先进的技术，特别是向美国、日本、欧盟地区直接投资可以更加直接地获取该国先进的技术，从而加快我国企业的技术进步为进一步扩大投资规模和投资范围提供必要的技术支持。

第二，对外直接投资既要保证量又要保证质。获取技术进步是对外直接投资的目的之一，两者要在相互统一基础上，带动我国经济更快速更稳定地发展。本章仅考察了我国对外直接投资总量和TFP之间的相关关系，而我国对外直接投资的其他决定因素（如GDP、OFDI流入等）对其贡献程度如何？我国对外直接投资的增加是否对我国技术进步所做贡献大于OFDI流入对我国经济增长以及技术进步的贡献？我国对外直接投资的地区差别是否对我国技术进步也有较大影响？这将成为进一步研究的对象。

第三节　中国企业对外直接投资对中国国际收支的影响

一　导论

对外直接投资领域已经有不少国内外学者做出了先行研究，也取得了一些理论成果。这些理论弥补了中国对外直接投资对国际收支的影响方面理论的空白，为后续研究提供了宝贵的经验和指导。在面对国际金融市场的冲击以及人民币升值等困难时，充分运用理论再结合实际来解决，成为当前中国政府和企业的选择。本章从实证方面研究中国企业对外直接投资对中国国际收支的影响。

二　文献综述

自中国加入世界贸易组织以来，在中国企业对外直接投资对中国国际收支的影响方面，国内学者作了研究。邢敏静（2001）指出，我国已经初步具备发展对外直接投资的宏观条件，中国企业大力发展对外直接投资已势在必行。毛中根、段军山等（2005）认为，对外直接投资对本国国际收支有积极调节作用。古广东（2006）提出了两种效应：OFDI 对母国国际收支的出口带动效应和资本累积效应。他还对其不利影响作了深入剖析。刘志伟、高利、陈刚等（2006）就经常项目和资本项目方面作了深入研究，提出中国企业对外直接投资对中国国际收支平衡及经常项目平衡具有积极调节作用，但总体规模偏小，所以对国际收支余额规模不产生直接影响。陈泰峰（2007）提出，中国企业必须"走出去"且应当成功实施对外直接投资战略，充分利用新方式进行对外直接投资，以提高中国在国际经济中的影响力。张杰、张坚（2010）认为，通过减少经常项目顺差并不可行，而通过对外直接投资减少资本项目的顺差来实现我国国际收支平衡，会更加行之有效。卢力平（2010）提出，对外直接投资对缓解国际收支失衡具有可持续作用。

三 发展历程及现状分析

（一）中国企业对外直接投资发展历程及现状分析

自改革开放之初，中国的企业便已经开始进行对外直接投资，中国企业的对外直接投资的发展历程可以大致分为以下四个阶段：

第一阶段（1979—1985 年）：中国企业对外直接投资的起步阶段。在这一阶段的头五年，中国企业在国外共投资设立了 76 个独资或者合资企业，中方总计投资额约 5000 万美元，投资项目涉及 23 个国家。

第二阶段（1986—1990 年）：对外投资主体包括大中型生产企业、外贸公司、金融企业、科研机构等。海外投资分布在 90 多个国家和地区，以亚洲国家和地区居多，但也出现少量对发达国家投资的个例。投资领域分布在资源开发、制造加工、交通运输、餐饮等服务业。

第三阶段（1991—2002 年）：1992 年党的"十四大"确立建设社会主义市场经济体制的目标后，企业纷纷把国际化发展提上了日程，1999 年年初，中央适时地提出"走出去"战略，制定了一系列优惠政策，有力地支持中国企业的对外直接投资。截至 2002 年年底，中国累计设立各类境外企业 6960 家，协议投资总额 137.8 亿美元，这时候中国企业的对外直接投资已经遍布世界 160 多个国家。

第四阶段（2002 年至今）：我国对外直接投资呈高速增长态势。据商务部统计，截至 2011 年年底，中国已有逾 1.6 万家对外直接投资企业分布在全球 178 个国家和地区，对外直接投资累计净额 3172 亿美元。2011 年，中国实现非金融类对外直接投资 688 亿美元，同比增长 21.7%。

虽然中国对外直接投资增长速度很快，投资区域不断扩大，投资领域不断深化，但与发达国家相比，中国企业对外直接投资规模小、海外经营集中在贸易领域、投资水平低、投资区位主要是周边国家。近几年来，中国企业对外直接投资资金流量在各行业的分布如表5-8所示。

表5-8　　　　2004—2010年各年中国企业对外直接投资流量行业分布情况　　　　单位：万美元

	行业分类	2005年	2006年	2007年	2008年	2009年	2010年
A	农、林、牧、渔业	10536	18504	27171	17183	34279	53398
B	采矿业	167522	853951	406277	582351	1334309	571486
C	制造业	228040	90661	212650	176603	224097	466417
D	电力煤气及水的生产和供应业	766	11874	15138	131349	46807	100643
E	建筑业	8186	3323	32943	73299	36022	162826
F	交通运输、仓储和邮政业	57679	137639	406548	265574	206752	565545
G	信息传输、计算机服务和软件业	1479	4802	30384	29875	27813	50612
H	批发和零售业	226012	111391	660418	651413	613575	672878
I	住宿和餐饮业	758	251	955	2950	7487	21820
J	金融业	—	352999	166780	1404800	873374	862739
K	房地产业	11563	38376	90852	33901	93814	161308
L	租赁和商务服务业	494159	452166	560734	2171723	2047378	3028070
M	科学研究、技术服务和地质勘查业	12942	28161	30390	16681	77573	101886
N	水利、环境和公共设施管理业	13	825	271	14145	434	7198
O	居民服务和其他服务业	6279	11151	7621	16536	26773	32105
P	教育	—	228	892	154	245	200
Q	卫生、社会保障和社会福利业	—	18	75	0	191	3352
R	文化、体育和娱乐业	12	76	510	2180	1976	18648
S	公共管理和社会组织	171	—	—	—	—	—
	合计	1226117	2116396	2650609	5590717	5652899	6881131

资料来源：国家统计局。

（二）中国国际收支统计的发展历程及现状分析

中国国际收支统计的数据收集框架1996年开始，我国依据《国际收支统计申报办法》陆续推出了一系列新的国际收支统计申报制度，建立了一套较为完整、系统的数据收集体系，并不断提高国际收支统计数据透明度。我国编制并对外公布国际收支平衡表，通过金融机构进行国际收支间接申报。自2005年起，外汇局每半年发布一次《中国国际收支报告》。表5-9反映了1985—2008年的国际收支主要项目统计。

表5-9　　　1985—2011年各年中国国际收支主要项目统计　　单位：亿美元

年份	一、经常项目差额	A. 货物和服务差额	a. 货物差额	b. 服务差额	B. 收益差额	C. 经常转移差额	二、资本和金融项目差额	A. 资本项目差额
1985	-114	-125	-131	6	8	2	85	0
1986	-70	-74	-91	18	0	4	65	0
1987	3	3	-17	20	-2	2	27	0
1988	-38	-41	-53	13	-2	4	53	0
1989	-43	-49	-56	7	2	4	64	0
1990	120	107	92	15	11	3	-28	0
1991	133	116	87	29	8	8	46	0
1992	64	50	52	-2	2	12	-3	0
1993	-119	-118	-107	-11	-13	12	235	0
1994	77	74	73	1	-10	13	326	0
1995	16	120	181	-61	-118	14	387	0
1996	72	176	195	-20	-124	21	400	0
1997	370	428	462	-34	-110	51	210	0
1998	315	438	466	-28	-166	43	-63	0
1999	211	306	360	-53	-145	49	52	0
2000	205	289	345	-56	-147	63	19	0
2001	174	281	340	-59	-192	85	348	-1
2002	354	374	442	-68	-149	130	323	0
2003	459	361	447	-86	-78	176	527	0
2004	687	493	590	-97	-35	229	1107	-1
2005	1608	1248	1342	-94	106	254	630	41
2006	2533	2089	2177	-88	152	292	67	40
2007	3718	3075	3154	-79	257	387	735	31
2008	4261	3489	3607	-118	286	432	401	31
2009	2433	2201	2495	-294	-85	317	1985	39
2010	2378	2230	2542	-312	-259	407	2869	46
2011	2017	1883	2435	-552	-119	253	2211	54

资料来源：国家外汇管理局官网。

四 模型构建

(一) 数据来源与变量选择

本书选择2003—2011年数据样本,对中国企业对外直接投资对中国国际收支的影响进行研究,都是引自中国外汇管理局官方网站,本书选取的变量包括:

Current:经常项目,取国际收支平衡表里的经常账户余额,为本书的第一个被解释变量。

Finance:资本项目,取国际收支平衡表里长期资本项目的差额,为本书的第二个被解释变量。

表5-10统计了2003—2011年国际收支余额结构:

DIA:中国对外直接投资,取国际收支平衡表中为借方项目。

FDI:外国对中国直接投资,取国际收支平衡表中为贷方项目。

表5-10　　　　　　2003—2011年国际收支余额结构　　　单位:千亿美元

项目	2003年	2004年	2005年	2006年	2007年	2008年	2009年	2010年	2011年
经常项目余额	0.459	0.687	1.341	2.327	3.718	4.261	2.433	2.378	2.017
贷方数额	5.196	7.007	9.036	11.479	14.679	17.359	14.846	19.468	22.868
借方数额	4.737	6.320	7.695	9.152	11.139	13.235	12.235	16.414	20.851
资本项目余额	0.528	1.107	1.010	0.526	0.951	0.463	1.808	2.260	1.918
贷方数额	2.196	3.434	4.570	6.993	9.436	7.972	7.825	11.080	10.153
借方数额	1.668	2.327	3.559	6.466	8.485	7.509	6.016	8.820	8.235

资料来源:《2003—2011年中国国际收支报告》,国家外汇管理局网站。

(二) 线性回归模型分析

通过对各个变量之间数量关系的综合比对和多种函数之间的拟合效果筛选,本书对两个解释变量选用回归分析模型。

如果随机变量 $ZX_1, X_2, \cdots, X_k, Y_1, Y_2, \cdots, Y_k$

$$Z = f(X_1, X_2, \cdots, X_k) + f(Y_1, Y_2, \cdots, Y_k) + \varepsilon$$

式中,Z 表示因变量,$X_1, X_2, \cdots, X_k, Y_1, Y_2, \cdots, Y_k$ 表示自变量。$f(X_1, X_2, \cdots, X_k)$ 和 $f(Y_1, Y_2, \cdots, Y_k)$ 表示回归函数,是随机误差,表示受随机因素影响而未能观察到的偶然因素。Z 由自变量和随

机误差共同决定，表达出 Z 与各个自变量间既有联系，又有不确定性特点。

（三）对外直接投资对国际收支影响的实证分析

中国对外直接投资（DIA）和外国对中国直接投资（FDI）对国际收支都有影响，根据定性分析得：

$Current = C_1 \times DIA + C_2 \times FDI + C_3$

$Finance = C_4 \times DIA + C_5 \times FDI + C_6$

式中，C_1—C_6 为相关系数。

根据 Eviews 分析结果有：

$Current = 0.210528 + 1.061518 FDI - 1.094154 DIA$

$\qquad (0.169343)\ (0.084730)\ (0.111567)$

$T = (1.243205)\ (12.52818)\ (-9.807163)$

$Finance = -0.000416 + 0.999937 FDI - 0.999917 DIA$

$\qquad (0.000566)\ (0.000378)\ (0.000417)$

$\qquad T = (-0.735219)\ (2644.509)\ (-2398.967)$

模型估计及结果说明：在假定其他变量不变情况下，FDI 和 DIA 每增长 1 亿元，经常项目和资本项目分别增长 0.1779 亿元和 -0.0004 亿元，这与理论分析和经验判断相一致。

（四）平稳性检验

对经常项目部分的各序列进行平稳性检验：

此时应对序列数据取对数，取对数的好处在于可将间距很大的数据转换为间距较小的数据。有以下结果：

Z 序列（经常项目余额）如表 5-11 所示。

表 5-11　　　　　　　　　　Z 序列

	迪基—富勒检验统计量	-1.368049	0.5346
测试临界值	1% 水平	-4.803492	
	5% 水平	-3.403313	
	10% 水平	-2.841819	

Y 序列（经常项目贷方余额 - FDI）如表 5-12 所示。

表 5-12　　　　　　　　Y 序列

迪基—富勒检验统计量		-0.993401	0.6770
测试临界值	1% 水平	-5.119808	
	5% 水平	-3.519595	
	10% 水平	-2.898418	

X 序列（经常项目借方余额 - DIA）如表 5-13 所示。

表 5-13　　　　　　　　X 序列

迪基—富勒检验统计量		-0.227348	0.8821
测试临界值	1% 水平	-5.119808	
	5% 水平	-3.519595	
	10% 水平	-2.898418	

检验 Z 序列迪基—富勒检验统计量的绝对值大于临界值 1，说明 Z 序列是平稳的。

检验 Y 序列迪基—富勒检验统计量的绝对值小于 1，Y 序列不平稳。对 $\log Y$ 取一阶差分，再进行平稳性检验。

表 5-14　　　　　　　Y 平稳性检验

迪基—富勒检验统计量		-2.831148	0.1170
测试临界值	1% 水平	-5.604618	
	5% 水平	-3.694851	
	10% 水平	-2.982813	

很明显，在一阶时，DlogY 不是平稳的，再对 DlogY 取二阶差分，再进行平稳性检验。

表 5-15　　　　　　　Y 平稳性检验

迪基—富勒检验统计量		-13.54878	0.0004
测试临界值	1% 水平	-6.423637	
	5% 水平	-3.984991	
	10% 水平	-3.120686	

检验值迪基—富勒检验统计量的绝对值大于1%水平值,表明在二阶时候,有99%的可能是平稳的,DlogY是平稳序列。

检验X序列迪基—富勒检验统计量的绝对值小于1,X序列不平稳,对logX取一阶差分,再进行平稳性检验。

表 5-16　　　　　　　　　　X 平稳性检验

	迪基—富勒检验统计量	-2.837403	0.1163
	1%水平	-5.604618	
测试临界值	5%水平	-3.694851	
	10%水平	-2.982813	

很明显,在一阶时候,DlogX不是平稳的,再对DlogX取二阶差分,并进行平稳性检验。

表 5-17　　　　　　　　　　X 平稳性检验

	迪基—富勒检验统计量	-3.120686	0.1005
	1%水平	-6.423637	
测试临界值	5%水平	-3.984991	
	10%水平	-3.115510	

检验值迪基—富勒检验统计量的绝对值大于10%水平的值,表明在二阶时,是有10%的可能是平稳的,DlogX是平稳序列。资本项目检验省略。

五　结论及对策建议

(一) 结论

中国企业对外直接投资虽然发展很快,但仍然处于初级阶段,投资规模和水平不够,涉及领域及区域不够广泛;与发达国家相比存在很大差距,因此国际收支持续顺差,很难达到国际收支平衡。中国企业对外直接投资受国家政策影响较大,部分政策仍然没有改善,而且信息化程度小,很难与国际市场全面接轨,导致利润减少,投资风险加大。中国企业对外直接投资对我国经常项目平衡具有积极调节作用,但所占比例不高,对金融项目的影响并不稳定,中国企业对外直接投资规模总体偏低,基本对国际收支余额规模不产生直接的影响。

(二) 对策及建议

第一，中国必须坚持"走出去"战略，继续加大对外直接投资力度，扩大对外直接投资规模，提高总体水平。

第二，加大对技术的研究，在稳定劳动密集型产业基础上，逐步向技术资本型过渡，提高商品质量，加强劳务输出，提高企业品牌形象，从根本上改观对外直接投资的内容。

第三，充分利用宏观经济调控手段，从政策上扶持中国企业，并一定限制外国企业的对内直接投资，给中国企业一个稳定的内部环境。抑制顺差对于促进国际收支平衡有明显作用。

第四，加强国际合作，加大经济信息交流。改善对外直接投资来促使中国国际收支平衡，保持中国经济持续稳定发展。

第四节 中国企业对外直接投资对中国国内就业的影响

一 导论

20世纪80年代中后期，中国经济增长与就业的基本关系是"高增长，高就业"，随着市场经济体制的建立，中国的增长模式变为了"高增长，低就业"的状态。从现有文献看，有关对外直接投资和母国就业效应的研究不少，且不乏一些实证研究。然而，这些研究大多存在角度单一问题。本章基于我国对外直接投资及三次产业中就业分布比例的变化比较，建立模型进行实证分析，可以看出改革开放以来我国对外直接投资对就业的影响。

二 文献综述

(一) 国外关于对外直接投资就业效应的研究

国外关于对外直接投资对母国就业影响的研究有，就业替代理论（Jasay，1992）、就业补充理论（Hawkins，1972）、就业组合效果论（Blomstrom，1994）、就业结构优化论（Campbell，1994）、公司战略论（海米尔，1992—1993），这些理论认为，跨国公司海外直接投资对投资在就业数量、质量及区位均具有直接以及间接的积极效应和消极效应。

(1) 就业替代理论。贾塞 (1992) 认为，在母国资本资源有限的情况下，对外投资将替代国内投资或国内消费，如果资金流出没有出口增加或进口减少来匹配，就会产生对就业的负效应。

(2) 就业补充理论。霍里斯 (1972) 认为，当对外投资属于防御性投资情况下，对外投资将促进国内投资或消费。这类投资往往能增加国外子公司对母国资本设备、中间产品或辅助产品的需求，对母国国内就业产生正效应。

(3) 就业组合效果论。布洛姆斯特罗姆 (1994) 通过对美国与瑞典海外直接投资的差别的比较认为，对外直接投资的发展既有正的效果，又有负的效果。效果的大小取决于力量的对比与国际直接投资的产业分布等。

(4) 就业结构优化论。坎贝尔 (1994) 认为，由于管理职能集中在母公司，创造了许多母国非生产性就业机会。另外，国外子公司经营业务也会导致母国法律、公共关系服务和工程咨询等方面需求的增加。以上两个领域涉及高度熟练的人员，因而对外投资有助于国内就业结构的优化。

(5) 公司战略论。哈米尔 (1992—1993) 认为，公司战略以不同方式影响母国就业数量、质量及就业区位。采取独立子公司战略、简单一体化战略、深层次一体化战略的跨国公司对母国就业的影响是不同的。随着跨国公司一体化的增大，国际劳动力市场状况变得更为复杂，跨国公司对就业数量、质量和就业区位在母国和东道国之间的配置就越具有主动性和灵活性，从而对外投资的母国就业效应就越具有不确定性和不稳定性。

(二) 国内理论研究成果

国内外研究多用"替代效应"和"刺激效应"之净额来衡量跨国公司海外直接投资对母国就业的影响。替代效应是指海外直接投资与本可以在母国本土进行的与海外生产活动相联系的就业机会的丧失。刺激效应是指海外直接投资导致的国内就业机会的增加。直接投资对就业的影响取决于两种作用的大小。

国内研究大多数认为，我国对外直接投资的刺激效应大于替代效应 (董会琳、黄少达，2001)，对国内的就业影响利大于弊 (杨建清，2004)。一部分学者认为，出口导向率对就业增长有带动作用 (俞会新、薛敏孝，2002）；运用实证分析的学者得出对外直接投资通过产业结构升级和出口贸易规模扩大增加母国国内就业，通过影响就业结构提高母国就业质量（古广东，2006）；也有学者认为对外直接投资对母国就业的替代效应主要发生在传统工业部门，而刺激效应则增加了新兴产业部门和第三产业就业机会（寻舸，2002）。

迄今为止，采用对这种效应进行分析的研究方法有以下几种：一是实证分析法。就对外直接投资与母国就业的相关性，对对外直接投资与母国出口或投资的数据进行实证分析。二是商业案例分析法。通过对个案的分析，从特殊到普遍的原理，由经验归纳总结出对外直接投资对母国就业的影响。三是概念分析法。从对外投资的不同类型、不同流向等各个方面分析对外直接投资对就业不同层次的影响。四是长期分析法。采用跨度较长的区间，通过对时间序列数据的分析，观察对外直接投资对母国就业的动态影响来得出结论。五是反证分析法。在假设对外直接投资没有发生背景下，国内就业的变化趋势，再与已发生的对外直接投资进行比较分析而得出结论。

与国外相比，我国对外投资仍处于起步阶段，故理论分析较多，本章在理论分析的基础上，构建对外直接投资与就业的回归模型。

三　对外直接投资和就业发展历程与现状分析

（一）发展历程

改革开放以来，特别是实施"走出去"战略以来，中国企业掀起对外直接投资高潮。截至2011年年底，中国累计对外直接投资已达3220亿美元，其中，2011年非金融类对外直接投资600.7亿美元，以收购方式实现的直接投资222亿美元，占投资总额的37%，2010年收购项下的直接投资为238亿美元，占当年投资总额的40.3%。收购领域主要涉及采矿业、制造业、电力生产和供应业、专业技术服务业等，极大地推动了我国第二产业的就业形势。中化集团通过香港子公司以30.7亿美元收购挪威国家石油公司巴西Peregrino油田40%股权，是2011年我国企业最大的境外收购项目。在国家政策推动和企业扩张发展的内在驱动共同作用下，中国企业纷纷走出国门，发展海外业务，极大地推动了中国对外直接投资的发展。同时，中国企业对外直接投资的发展对中国国内就业产生了深刻的影响。

近年来，我国经济增长正处于由粗放型增长方式向集约型增长方式转变过程，由于需求结构、供给结构和技术进步等因素的变化，也导致了产业结构的演进和升级，包括导致产业内、产业间比例关系的变动及产业自身要素使用结构的升级，并由此引起就业总量和就业结构的变化。

中国就业人口由改革开放以来的40152万人到2011年的76420万人，就业人数增长近2倍。第一产业就业人口比例由1978年的70.5%到2011年的34.8%，第二产业就业人口比例由1978年的17.3%到2011年的29.5%，第三产业就业人口比例由1978年的12.2%到2011年的35.7%。三次产业中，就业人口比例变化最大的是第三产业，其就业人口比例增长至1978年近3倍，第二产业人口就业比例有所增加，而第一产业的就业人口比例却减少至1978年的近2倍。

（二）现状分析

我国企业对外投资活动始于20世纪80年代，对外直接投资从无到有、从小到大逐步初具规模。从20世纪90年代初起，中国企业对外投资总额呈逐年上升趋势，但跨国经营规模较小，总体水平偏低，与外商直接投资流入差距明显。外商直接投资大规模的资本流入和中国对外直接投资小规模的资本流出，形成非常明显的"资本流出缺口"。

2011年，我国境内投资者共对全球132个国家和地区的3391家境外企业进行了直接投资，累计实现非金融类对外直接投资600.7亿美元，同比增长1.8%。截至2011年中国企业进行投资的地区和国家已经达到178个，在境外设立了1.8万家企业，目前年度投资规模已经达到600亿美元，居全球前五位，在发展中国家排名第一。与此同时，中国国内就业人数在三次产业中也发生了变化（见表5-18）。

表5-18　　　　中国三次产业就业变化（1984—2011年）　　　　单位:%

年份	第一产业	第二产业	第三产业
1984	64	19.9	16.1
1989	60.1	21.6	18.3
1994	54.3	22.7	23
1999	50.1	23	26.9
2004	46.9	22.5	30.6
2009	38.1	27.8	34.1
2011	34.8	29.5	35.7

资料来源：有关年份《中国统计年鉴》。

目前中国对外直接投资尚处于起步阶段，国际一体化程度不高，仍有一部分投资者属于防御性投资，因此，短期内中国对外直接投资的刺激效应明显大于替代效应。根据目前中国对外投资发展的特点和国内的宏观经济现状，发展对外直接投资对我国的就业极为有利。

适当地发展服务业以及部分具有比较优势的劳动密集型产业的对外直接投资，一方面，可以新增国内部分产业人员的需求；另一方面，通过调整就业结构而转移一部分产业人员的需求，从而有助于缓解部分劳动就业的不均衡现象，改善国内劳动力市场状况。

四 实证分析

在研究序列变量之间的关系时，一般采用最小二乘法构建回归模型。因本书研究的对外直接投资与就业是时间序列变量，格兰杰和纽博尔特（Granger and Newbolt）通过多次模拟分析，发现非平衡的时间序列变量会造成"伪回归"现象，即使变量间互不相关，回归仍能产生很好的统计结果（如较高的 t 统计量和决定系数）。因此，本书不直接沿用传统的最小二乘法构建回归模型，而先利用协整分析考察对外直接投资与就业是否存在长期稳定关系，并且检验每个变量的平稳性，所以，对对外直接投资与就业之间的长期稳定关系考察包括单位根和协整检验。

（一）数据来源

本书采用的对外直接投资数据取自《2011 年度中国对外直接投资统计公报》，就业数据及三次产业就业数据来源于《中国统计年鉴》，无缺失数据。本书分别给对外直接投资量和就业变量以及第一、第二、第三产业就业变量定名为 X、Y、Y_1、Y_2、Y_3。

（二）平稳性检验

首先，检验每个时间序列的平稳性。本书采用扩展的 ADF 单位根检验，以判断时间序列的平稳性。ADF 检验带有截距项和时间趋势项的回归为：

$$\Delta Y_t = \alpha + \eta_t + \lambda Y_t + \varepsilon_t$$

式中，α 表示常数因子，η_t 表示趋势项，是 m 个分布滞后项，ε_t 表示服从白噪声过程的修正项。①

---

① 若随机过程 $\{\varepsilon_t, t \in (-\infty, +\infty)\}$ 满足：(1) $E(\varepsilon_t) = 0$；(2) $Var(\varepsilon_t) = \sigma 2$；(3) $Cov(\varepsilon_t, \varepsilon_{t-s}) = 0$，那么，称其为"白噪声序列"。

对每个时间序列做 ADF 单位根检验，时间序列 X、Y、Y_1、Y_2、Y_3 都是非平稳序列，继续对序列的差分序列进行单位根检验。表 5-19 表明，对 X、Y、Y_1、Y_2、Y_3 的一阶差分序列进行单位根检验，得出的 ADF 检验结果都小于不同检验水平的三个临界值，所以时间序列变量 X、Y、Y_1、Y_2、Y_3 皆为一阶非平稳序列。

表 5-19　　　　　　　　时间序列的 ADF 检验

变量	决定性值	滞后阶数	检验统计量	临界值 1%	临界值 5%	临界值 10%
X	无	1	-3.95	-2.65	-1.95	-1.61
Y	无	1	-3.57	-2.65	-1.95	-1.61
Y_1	无	1	-3.38	-2.65	-1.95	-1.61
Y_2	截距项	1	-3.88	-3.7	-2.98	-2.63
Y_3	截距项和趋势项	1	-4.95	-4.34	-3.59	-3.23

（三）格兰杰因果性检验

分别对 XY、XY_1、XY_2、XY_3 这四组每两个变量进行格兰杰因果性检验。由表 5-20 可以得出，原假设"对外直接投资不是引起就业总量变化的原因"与"就业总量不是引起对外直接投资变化的原因"都被接受，即对外直接投资不是引起就业总量变化的原因，就业总量也不是引起对外直接投资变化的原因。

表 5-20　　对外直接投资与就业及三次产业之间的因果关系检验

关系假定	滞后期数	F 值	P 值	决策	因果关系
$Y \neq X$	1	1.11272	0.3016	接受	$Y \neq X$
$X \neq Y$	9	1.03394	0.6489	接受	$X \neq Y$
$Y_1 \neq X$	1	0.15862	0.6938	接受	$Y_1 \neq X$
$X \neq Y_1$	1	4.27205	0.0492	拒绝	$X = Y_1$
$Y_2 \neq X$	2	3.60197	0.0443	拒绝	$Y_2 = X$
$X \neq Y_2$	9	2.23615	0.4795	接受	$X \neq Y_2$
$Y_3 \neq X$	1	2.2174	0.149	接受	$Y_3 \neq X$
$X \neq Y_3$	9	17.3912	0.1841	拒绝	$X = Y_3$

原假设"对外直接投资不是引起第一产业就业变化的原因"被拒绝,"第一产业就业不是引起对外直接投资变化的原因"被接受。即对外直接投资是引起第一产业就业变化的原因,而第一产业不是引起对外直接投资变化的原因。

原假设"对外直接投资不是引起第二产业就业变化的原因"被接受,"第二产业就业不是引起对外直接投资变化的原因"被拒绝。即第二产业就业是引起对外直接投资变化的原因,对外直接投资不是引起第二产业就业变化的原因。

原假设"对外直接投资不是引起第三产业就业变化的原因"被拒绝,"第三产业就业不是引起对外直接投资变化的原因"被接受,即对外直接投资是引起第三产业就业变化的原因,第三产业就业不是引起对外直接投资变化的原因。

(四) 协整检验

有研究证明,对存在协整关系的时间序列,最小二乘回归(OLS)估计量不仅一致,而且快于平稳时间序列 OLS 估计量的收敛速度,因此可以直接使用传统的 OLS 方法。如果非平稳的时间序列存在一个平稳的线性组合,那么这组序列就是协整的,表示一种长期的均衡关系。本书为了考察对外直接投资与就业及三次产业就业是否存在长期稳定关系,对对外直接投资变量与就业及三次产业就业变量进行协整检验。

对中国对外直接投资、就业总量及三次产业进行 OLS 回归,模型如下:

$\ln Y_t = C + \alpha_t \ln X_t + \mu_t$

式中,$\ln X_t$ 表示 t 期实际对外直接投资的自然对数,$\ln Y_t$ 表示 t 期就业的自然对数,c 表示常数项。引入对数是为了研究方便,取对数后将更容易得到平稳数据且不会改变时间序列的性质和相互关系。

用 lnX 分别对 lnY、$\ln Y_1$、$\ln Y_2$、$\ln Y_3$ 进行 OLS 回归,得出模型估计残差序列 μ、μ_1、μ_2、μ_3。对残差序列进行 ADF 检验(见表 5 – 21)。

分析检验结果可以得出,方程回归残差的 ADF 检验统计量皆小于显著性和水平 0.01 的临界值,可认为估计残差序列 μ、μ_1、μ_2、μ_3 为平稳序列,进而得到 lnX 和 lnY、$\ln Y_1$、$\ln Y_2$、$\ln Y_3$ 之间具有协整关系。

表 5-21　　　　　　　方程回归残差 μt ADF 单位根检验结果

变量	滞后阶数	检验统计量	临界值（%）		
			1%	5%	10%
μ	1	-6.14	-2.65	-1.95	-1.61
μ_1	1	-4.95	-2.65	-1.95	-1.61
μ_2	1	-7.16	-2.65	-1.95	-1.61
μ_3	1	-6.36	-2.65	-1.95	-1.61

（五）结果分析

通过以上实证分析可以得出：

就 ADF 单位根检验结果来看，中国 lnX 原值不显著，lnX 的一阶差分显著，lnY 与 lnY_1、lnY_2、lnY_3 的原值都不显著，但一阶差分均在 1% 水平上显著，说明一阶差分都是平稳的时间序列。这表明中国直接对外投资和中国国内就业总量与三次产业就业的自然对数序列平稳，符合一阶单整的要求。根据协整理论不同的时间序列同阶单整是它们之间存在协整关系的前提，lnY 与 lnY_1、lnY_2、lnY_3 均为同阶单整。所以，中国直接对外投资与就业总量及三次产业就业存在协整关系，即存在长期的稳定关系。

就格兰杰因果关系检验结果看，格兰杰因果关系检测使用的是各变量自然对数的一阶差分，因为它们是平稳的。所考虑变量是对外直接投资流量与就业和三次产业就业。计量结果表明，中国对外直接投资与就业总量及三次产业就业均不存在双向的因果关系。"中国对外直接投资不是引起就业总量变化的原因"的零假设在滞后 1—3 阶情况下均不能被拒绝，说明中国对外直接投资对就业的影响并不显著，对外直接投资与就业总量之间不存在双向因果关系。"中国对外直接投资不是引起第一产业就业变化原因"的零假设在滞后一阶情况下，被拒绝，说明中国的对外直接投资对第一产业就业有促进作用，但在其余情况下，零假设均不能被拒绝，尤其是"第一产业就业不是中国对外直接投资变化的原因"的零假设在滞后 1—3 阶的情况下均不能被拒绝，说明第一产业就业对中国对外直接投资的影响不显著。"第二产业就业不是引起中国对外直接投资的原因"的零假设在滞后二阶的情况下被拒绝，在其余情况下均不能被拒绝，而"中国对外直接投资不是引起第二产业就业变化的原因"的零假设在滞后 1—3 阶情况下均不能被拒绝,说明第二产业就业对中国对外直接投资有促进作用,中国对外直接投资对第二产业就业的影响不显著。"中国对外直接投资不是引起第三产业就业变化原因"的零假设在滞后 9 阶情况下被拒绝,其余情况下均不能被拒绝,而"第三产业就业不是中国对外直接投资变化的原因"的零假设在滞后 1—3 阶的情况下均不能被拒绝,说明中国对外直接投资对第三产业就业有促进作用,第三产业对中国对外直接投资无显著影响。

就协整检验结果来看,变量 lnX 和 lnY_1、lnY_2、lnY_3 在 5% 的显著性水平上均不能拒绝存在单位根的假设,这表明它们是非平稳的水平序列。而一阶差分后各变量在 5% 的显著性水平上都拒绝了存在单位根的假设,这表明它们是一阶差分平稳的,即一阶单整。对方程的回归残差 μ_t 的 ADF 检验结果表明,就业总量与三次产业就业的回归残差 μ_t 在各个显著性水平上拒绝了存在单位根的假设,表明中国对外直接投资与就业总量及三次产业就业之间存在长期稳定关系,即协整关系。

五 结论及建议

通过以上分析得出如下结论:

第一,对外直接投资对第一产业的影响未通过显著性检验,对第三产业影响不能忽视,给第二产业带来的影响也较大,从而影响着两大产业的就业人数。

第二,第二产业为资本密集型行业,相对而言,制造业需要投入大量的资本,具有较高的资本—劳动比,而第三产业为劳动密集型行业,资本—劳动比比制造业低,对外直接投资对资本和劳动力密集行业的影响会导致总就业人数的增加。

第三,由于我国第三产业的发展相比国外滞后,第三产业就业发展潜力也就相对较高,对外直接投资对第三产业就业的拉动就会更加明显,不仅仅是总量上,而且在整体素质上也会有所提高,自加入世界贸易组织后,对外直接投资必然要求按照国际标准与国际服务业接轨。

第四,我国充足的劳动力优势决定了我国第二产业的对外直接投资以资本密集型为主,因此,对外直接投资对我国第二产业就业机会负面影响很小。

随着中国正式加入世界贸易组织,中国面临更大的海外市场和机会,中国企业在"走出去"方面将会迈出更大的步伐。新兴服务业是发达国家产业结构调整和经济增长的主要推动力,同时就业的带动力也极高。可以认为,新兴服务业对未来我国的就业推动能力较强,但是同发达国家相比差距仍较大,新兴服务业的严重滞后在一定程度上制约了就业的增长和就业弹性的提高,也大大制约了产业结构调整的速度和进程,但同时也说明了未来中国新兴服务业的发展是有较大潜力的。而随着中国企业"走出去"的步伐,我国就业增长以及产业结构调整速度和进程将显而易见。

我国对外直接投资事业的发展,创造了大量的就业机会,极大地提高了就业率。随着我国对外直接投资活动的进一步发展,对外直接投资必然会为我国的就业市场作出更大的贡献。我国要让自己的产业有更好的发展,并且提高产业国际竞争力,就应该在注重产业转移的同时,鼓励技术创新和产业结构优化,并注重针对不同规模的企业采取不同的对外投资发展策略。

第五节 中国企业对外直接投资对中国外汇储备的影响

一 导论

2011年年末,我国外汇储备为31811.48亿美元,远远高于位居第二位日本的1.3万亿美元,继续稳居世界第一位。在这样背景下,外汇储备与对外直接投资之间的影响关系越来越成为学术界研究的重点。目前在这方面的研究在国内还较为缺乏,特别以中国这样的发展国家为例的研究几乎没有。因此,本章重点研究中国企业对外直接投资对中国外汇储备的影响,得出有关结论。

二 相关文献回顾

就对外直接投资对外汇储备的影响,国内外学者进行了大量研究,本书梳理出如下两方面观点。

(一) 负面影响

古广东(2008)指出,外向FDI会引起反向进口、母国国内资本的汇出以及海外公司利润的再投资,不利于母国国际收支状况,减少了母国资本积累,带来外汇储备的减少。邬红华(2008)认为,对外直接投资对外汇储备具有显著的短期负面影响,长期影响不显著。杨羽(2010)指出,开放度、外债余额以及实际有效汇率是影响我国外汇储备的主要因素。外汇变动贡献中,开放度的贡献则可以说是微乎其微的。外汇储备对开放度冲击的响应为负向影响。万丽娟、彭小兵、李敬(2007)指出,对外直接投资对外汇储备的增长没有显著长期影响,而对外汇储备的短期影响是显著的。

(二)正面影响

杨丹丽、黄日涵(2008)指出,外向FDI增加了外汇收入,根据截至1990年的数据,韩国通过对外投资取得外汇收入396500万美元,相当于对外投资额的3倍多。古广东(2008)指出,外向FDI具有明显的资本积累效应和出口带动效应,利于国际收支的改善,会带来外汇储备的增加。刘慧(2009)认为,外汇储备的增加与我国对外直接投资有正的相关关系。但是由于我国对外直接投资还处在初级阶段,同时政府对企业对外直接投资的管制较严格,外汇储备对对外直接投资的促进作用还不够明显。张翠霞(2009)分析得出,中国外汇储备与对外直接投资之间有显著正相关关系,弹性系数为2.558881,表明中国外汇储备每增加1%,对外直接投资就会提高2.56%。

三 中国外向FDI和外汇储备的发展历程与现状分析

(一)中国外向FDI发展历程及现状

我国外向FDI主要经历了以下四个发展阶段:(1)改革开放之后(1979—1985年)我国外向FDI进入了起步阶段,这时期的外向FDI的特点为规模小,投资面窄。(2)1986—1990年为快速发展阶段,20世纪80年代后期国家经贸部颁布的《关于在国外开设非贸易性合资经营企业的审批程序和管理办法》促使中国企业外向FDI迅速发展,投资主体日趋多元化。(3)1991—2003年为稳步发展阶段,外向FDI流量逐年上升,投资领域遍布各大行业。(4)随着经济全球化的发展,及中国加入世界贸易组织之后所带来的各方面影响,中国外向FDI进入了高速发展阶段(2003年至今),到2011年外向FDI流量已达到600.7亿美元,实现对全球132个国家和地区的3391家境外企业的直接投资。

如今外向FDI呈现出投资模式多样化,投资地区广泛化(见图5-2),投资规模扩大化的特点。但是,外向FDI快速发展的同时同样存在诸多的问题,包括对外投资地区分布不均衡、对外投资主体相对单

一、对外投资服务体系不够完善、法律支持力度不够等。

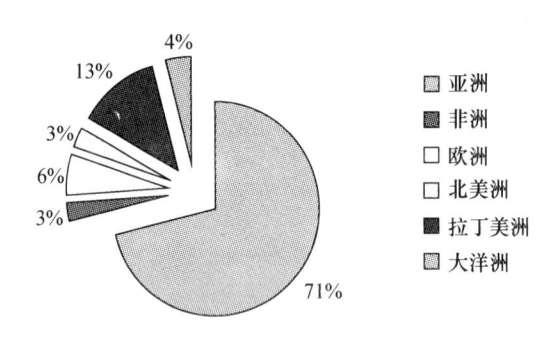

图 5-2　2011 年对外直接投资流量地区分布

(二) 外汇储备发展历程及现状

我国外汇储备从少到多主要经历以下三个发展阶段：(1) 1979—1993 年为徘徊前进时期，这段时期外汇储备量波动较大，从整体上来看规模量小，占全球比重小，国际影响力弱。(2) 1994—2002 年为稳定增长阶段，1994 年我国的外汇管理体制转变为以市场供求为基础的、单一的、有管理的浮动汇率制，1996 年我国取消了汇兑限制，这促使了外汇储备的稳步增长。(3) 1995 年至今为高速增长阶段，2009 年，我国的外汇储备已突破 2 万亿美元，居全球首位。

外汇储备的过度增长引起了国内外的关注，诸多学者认为我国的外汇储备量已大大超过合理的额度，过量的外汇储备会引起本币的升值，通货膨胀及外汇储备过多的问题，给我国经济带来诸多不利的影响。

四　实证分析

通过对以往的实证分析研究的总结，大部分文献采用的是时间序列分析方法（单位根检验、协整检验、误差修正模型检验），本书仍采用时间序列分析方法，利用 1982—2011 年的外向 FDI 和 FER 的年度数据（数据见附录）进行实证分析，通过格兰杰因果检验、平稳性检验、协整检验、误差修正模型检验，进而分析，得出结论与建议。本章所有的计量分析都是在 Eviews 软件上进行的。

(一) 数据来源

本实证分析的时间跨度为 1982—2010 年，数据来自国家商务部、外汇管理局及国家统计局网站，由于为时间序列，先通过取对数消去线性趋势。取对数后的对外直接投资命名为 LFDI，取对数后的外汇储备命名为 LFER。为了使检验更为准确，引入中国国内生产总值与对外直接投资一同作为自变量，国内生产总值取对数命名为 LGDP，则回归方程式为：

$LFER = \beta_0 + \beta_1 LFDI + \beta_2 LGDP + \mu$

对 LFER 和 LFDI 分别作图，如图 5-3 所示。

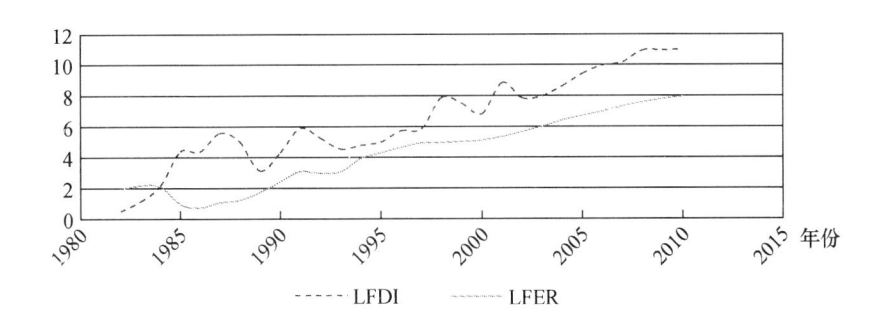

图 5-3　LFDI 和 LFER 的关系

从图 5-3 可看出，LFDI 的波动较为明显，LFER 的波动较为平稳，但两者之间的变化趋势是类似的，因此可表明两变量之间存在着相关关系。

（二）格兰杰因果关系检验

两序列之间存在关系，但不一定存在着因果关系，为了检验 LFDI 和 LFER 之间的因果关系，进行格兰杰检验，采用滞后二阶进行检验，结果如表 5-22 所示。

表 5-22　　　　LFDI 和 LFER 的格兰杰因果关系检验

零假设	F 统计量	P 统计量
LFER 不是 LFDI 的格兰杰原因	5.45299	0.01193
LFDI 不是 LFER 的格兰杰原因	7.30825	0.00368

由表 5-22 看出，由于 F 统计值均大于 5% 显著性水平下的 F 值，因此拒绝原假设，表明 FDI 是 FER 的格兰杰原因，两者之间存在着因

果关系。

（三）平稳性检验

由于有时候时间序列的高度相关仅仅是因为二者同时随时间有向上或向下变动趋势，并没有真正联系，从表面上看，可能会得出较高的拟合优度，实际上可能得到无效的回归结果，这时就出现了"伪回归"问题。因此需对变量采用平稳性检验，本书采用 ADF 单位根检验，检验结果如表 5-23 所示。

表 5-23　　　　　　　　LFDI 和 LDIY 的单位根检验

变量	ADF 检验	检验类型	滞后阶数	临界值 1%	临界值 5%	临界值 10%	结论
LFDI	-1.053325	含常数项	1	-3.6959	-2.9750	-2.6265	非平稳
ΔLFDI	-6.779822	含常数项和趋势项	1	-4.3552	-3.5943	-3.2321	平稳
LFER	0.055299	含常数项	1	-3.6959	-2.9750	-2.6265	非平稳
ΔLFER	-3.489538	含常数项	1	-3.7076	-2.9798	-2.6290	平稳
LGDP	2.015779	含常数项	1	-3.6959	-2.9750	-2.6265	非平稳
ΔLGDP	-5.297798	含常数项和趋势项	1	-4.3552	-3.5943	-3.2321	平稳

由表 5-23 可以看出，LFDI 和 LFER 及 LGDP 的 ADF 值均大于不同检验水平的三个临界值，因此 LFDI、LFER 和 LGDP 都为非平稳序列。进而对 ΔLFDI、ΔLFER 和 ΔLGDP 进行单位根检验，ΔLFDI 的 ADF 值均小于三个临界值，ΔLFER 在 5% 的显著水平上不存在单位根，为平稳序列，ΔLGDP 的 ADF 值均小于三个临界值，因此，LFDI 和 LFER 及 LGDP 均为一阶非平稳序列，进而进行协整检验。

（四）协整检验

有时虽然变量都是随机游走的，但它们的某个线性组合却可能是平稳的。这种情况下称变量是协整的。

经济时间序列数据一般都是不平稳的，但它们可能受某些共同因素的影响，变量之间存在一种长期的稳定关系，即存在协整关系。若变量之间是协整关系，它们的某种线性组合可能是平稳的，则我们可以排除"伪回归"，且说明变量之间存在长期的稳定关系。

由 ADF 检验得出，两序列都为一阶单整序列，因此可采用对回归残差的单位根检验来进行验证。以 LFDI 为自变量，以 LFER、LGDP 为因变量，用 OLS 估计出残差 Resid，由于初次输出的 DW 值为 0.741921，存在自相关问题，则采取 AR 模型消除自相关，当取 AR（2）时得到较好的拟合优度，回归结果如下：

$LFER = -20.86608507 + 0.168558218 \times LFDI + 1.747166413 \times LGDP$
    （-5.114240）   （2.191857）   （5.665544）
$R^2 = 0.975690$ $F = 220.7420$ $DW = 1.988375$

进而提取残差序列，进行 ADF 单位根检验，结果如表 5-24 所示。

表 5-24　　　　　　　　Resid 的 ADF 单位根检验

变量	ADF 检验	检验类型	滞后阶数	临界值 1%	5%	10%
Resid01	-4.390803	不包含常数项和趋势项	1	-2.6603	-1.9522	-1.6228

由表 5-24 得出，残差的 ADF 值均小于不同检验水平的三个临界值，因此残差为平稳序列，则 LFDI 和 LFER 之间的协整关系成立。从回归结果看，由于 t 值显著，说明 LFDI 对 LFER 之间存在显著的长期均衡关系，且由 LFDI 系数得出 LFDI 对 LFER 存在正面影响。

（五）误差修正模型检验

协整关系反映了变量之间的长期均衡关系。由于 LFDI 和 LFER 是协整的，则可建立误差修正模型，以反映序列之间的短期关系。以 LFER 为应变量，以 LFDI、LGDP 为自变量，建立误差修正模型，滞后期为 4，检验结果见表 5-25。

表 5-25　　　　　　　　误差纠正模型回归结果

解释变量	回归系数	标准差	t 检验值
Ecm	0.235376	0.09895	2.37871
DLFDI（-1）	-0.68612	0.15707	-2.49940
DLFDI（-2）	-0.475727	0.13456	-3.53552
DLFDI（-3）	-0.285524	0.11424	-2.49940

续表

解释变量	回归系数	标准差	t 检验值
DLFDI（-4）	0.093325	0.07075	-1.31917
C	0.236547	0.16142	1.46539
R^2			0.869497

由结果得出，误差纠正系数通过检验，但数值较小，说明对偏离长期均衡的调整速度慢，则可说明外向 FDI 对 FER 的短期影响不显著。

五 研究结论与政策建议

（一）研究结论

通过以上实证分析，得出如下结论：从短期看，外向 FDI 对 FER 不存在显著影响。这其中的原因很有可能是外向 FDI 对于 FER 的影响不是一个直接过程，一般来说，外向 FDI 要先通过对外贸易，使得出口增加，进而带来外汇增加。这是一个间接过程，需要时间也较长。

从长期看，外向 FDI 和 FER 之间存在显著均衡关系，外向 FDI 会引起 FER 的增加。这一部分是由于出口增加，国际收支的改善，带来外汇储备的增加；还可能是由于跨国公司获利之后的外汇回流以及跨国公司在东道国等地直接筹集资金而减少动用到母国的外汇储备所带来的增长。

（二）政策建议

巨额外汇储备必然会给我国经济带来负面影响，外汇储备是国家重要的资金来源，基于这几年我国外汇储备大幅度增长，提出以下政策建议：

第一，利用外汇储备，加大对外开放程度。专家认为，需要把企业"走出去"与外汇储备结合起来，从现实看，中国企业"走出去"直接投资是化解高额外汇储备的最佳选择。因此，应在政府支持下，完善有关法律法规的建设，利用外汇储备，放宽外汇使用限制，加强各部门的政策协调，鼓励企业对外直接投资，以规避有关贸易壁垒，吸收国外先进管理与技术，同时促进我国经济增长。

第二，调整外汇政策，由"藏汇于国"向"藏汇于民"转变，健全有关体制机制，放宽个人购汇限制，采取外汇储备证券化等形式，鼓励居民购买并持有外汇资产，以缓解国家外汇储备过于庞大带来的各种弊端。

第三，扩大外汇储备的使用方式。不仅可以利用外汇储备对外进行战略性投资，还可以向国外购买医疗、教育、生产、设备技术等物资，建设"国家物质储备"，推动我国基础设施建设，促进我国公共事业发展；建立"战略发展基金"，支持科研开发，用于出国科研人员的交流培训经费及引入国外专家顾问。

第四，促进外汇储备的结构化调整，加强其安全性和稳定性。我国巨额外汇储备是由于多年国际收支双顺差引起的，主要由外商直接投资和外汇占款构成。基于近年美元的贬值，我们应促进外汇储备的多元化，提高美元短期国债的比重，加大黄金、欧元等的比重。

第六节 中国企业对外直接投资对中国区域经济的影响

一 导论

近年来，中国企业对外直接投资与经济增长问题成为研究热点，但对该问题的研究一直有一个被忽略的问题，就是中国企业对外直接投资作用于整体经济增长的同时，并没有考虑中国区域经济发展的特殊性，以至于忽视了中国区域经济的协调发展问题。倘若一个国家的区域经济发展不平衡，不但会使落后地区难以发展，而且会影响发达地区，进而影响整个国家的发展。因此，本章研究得出中国企业对外直接投资对东部、中部和西部三个区域的影响有较大差异，而且区域内部各个省市间差异也比较突出的结论，并对此提出了几点建议。

二 文献回顾

针对中国企业对外直接投资对中国区域经济增长的影响，目前仍缺乏较为正式的实证研究。近期与本书命题相关的实证研究主要集中在以下几个方面：

第一，从国家层面分析我国对外投资对整体经济的影响。其中，蒋志强在2009年做了"基于VAR模型的我国对外直接投资与经济增长关系经验研究"，他选取了1985—2008年的国内生产总值（GDP）、对外直接投资（OFDI）的年度数据，采用较为成熟的协整检验和格兰杰因果检验、VAR模型等计量方法对其进行动态计量分析,得出以下结论:我国国内生产总值(GDP)与对外直接投资(OFDI)在长期内存在协整关系,并且对外直接投资能够对国内生产总值(GDP)产生长期积累的正效应,而国内生产总值(GDP)对对外直接投资(OFDI)在短期内存在正效应,在长期条件下,对外直接投资规模趋于稳定。林玉红(2009)的实证研究表明,在我国经济发展的不同阶段,OFDI对我国经济增长的促进作用是不相同的。这一研究的创新之处在于除了引入OFDI的多期滞后变量外,更重要的是分阶段地考察OFDI和我国经济增长的关系。这两阶段的划分是很有现实依据的:在改革开放早期,由于国内金融资本匮乏,因此引进FDI对中国经济增长的促进作用十分明显,而随着我国经济的不断发展,国内金融资本日渐充裕,FDI对经济增长的促进作用会逐渐降低。古广东(2006年)的"对外直接投资与母国经济效益:理论分析与实证研究"构建了一个完整的对外直接投资影响中国经济效益的传导机制框架,并且从正效应角度研究对外直接投资对母国的积极效应。

第二,考察对外直接投资的主要影响因素。许小龙(2008年)的研究得出,对东道国出口是中国OFDI一个正的显著的决定因素,同时东道国贸易额对中国对该国的直接投资影响也是显著的,并证明我国对外直接投资是属于市场寻求型的结论。张新乐等(2007)的研究表明,出口与本币汇率是决定我国对外投资的重要因素。但该研究忽略了财政、金融等方面的政策性支持对海外直接投资的影响。

第三,OFDI对我国经济影响的区域研究:贺文华(2009)的研究表明,OFDI对3个区域的经济增长产生不同影响的结论:东部地区OFDI每增加1个百分点,GDP增加0.1444个百分点;西部地区OFDI每增加1个百分点,GDP增加0.1394个百分点,同时,地区内部差异十分明显;中部地区OFDI每增加1个百分点,GDP增加0.1371个百分点。从OFDI对经济增长的贡献看,最高的是东部,其次是西部,再次是中部。此研究比较全面地分析了OFDI对我国东中西部经济增长的影响,最后得出的结论和实际观察的情况也比较符合。王虎(2007)通过实证研究发现,OFDI的差异短期会使地区间人均GDP差异程度变大,从而使地区经济差异不断扩大。但在长期它又会缩小人均GDP的差异。喻朝阳、胡青龙和何军(2004)的研究表明,OFDI对西部经济增长、对外贸易所作出的贡献是不显著的。之所以得出这样结论，原因主要在于西部地区基础设施较差、人力资本存量小和投资软环境较差，这些因素使得 OFDI 在西部的份额少，而且 OFDI 增长极不稳定，部分年份增加，部分年份减少，这使得 OFDI 对西部经济增长的作用与 OFDI 比重大且增长稳定的东部相比显得微乎其微。贺文华（2008）的 OFDI 与经济增长的实证研究——基于湖南和浙江的数据，得出两省经济增长与 OFDI 增长有显著相关性，二者存在因果关系，并且相互之间存在正的影响。该研究虽然得到了明确的结论，但是在区域范围内还不够全面，无法为中国区域经济的发展提供很大的帮助。

第四，OFDI 投资区位决定因素。刘凤根（2009）OFDI 投资区位决定因素的实证研究认为，我国对东道国的出口额、东道国 GDP、东道国工资水平以及成人识字率对我国对外直接投资的影响均较为显著，并且分别呈正、负、负、正相关关系。并且我国 OFDI 对东道国的成人识字率以及出口也较为敏感。

三　发展历程和现状分析

据商务部统计，2011 年，我国境内投资者共对全球 132 个国家和地区的 3391 家境外企业进行了非金融类直接投资，累计实现直接投资 600.7 亿美元，同比增长 1.8%。截至 2011 年年底，我国境内投资者共在全球 178 个国家（地区）设立对外直接投资企业 1.8 万家，累计实现非金融类对外直接投资 3220 亿美元。考虑到数据的可得性以及现状分析的客观性，在这里仅选择了 2004—2011 年中国 26 个省市的非金融类对外直接投资净额作为研究样本数据。该数据均来源于中国统计年鉴以及中国对外直接投资统计公报。

据商务部统计，2005—2011 年，中国企业非金融类对外直接投资净额大体上呈现逐年上升的趋势。图 5-4 展示了 OFDI 2005—2011 年的区域分布差异。

从图 5-4 可以得出以下结论：OFDI 主要集中在东部地区，其对中国三大区域的经济拉动作用也各不相同。OFDI 的区域分布大体上从东部沿海地区向中西部地区呈现递减趋势，其对区域经济的影响从面板数据模型回归分析可以知道是从东部向中部、西部依次递减。相对于中西部地区而言，OFDI 对东部地区经济影响最大的原因在于沿海地区基础设施完善、交通便利、各类技术人才相对比较集中、拥有配套的政府优惠政策。中部地区尤其是湖南、黑龙江以及安徽 OFDI 增长迅速，是因为这三个省市有丰富资源，对外直接投资能在一定程度拉动区域经济的增长，但又与 GDP 增长不太一致，呈现区域内的不平衡性。区域内不平衡是由多方面因素引起的，比如政策因素、历史因素、地区因素等。

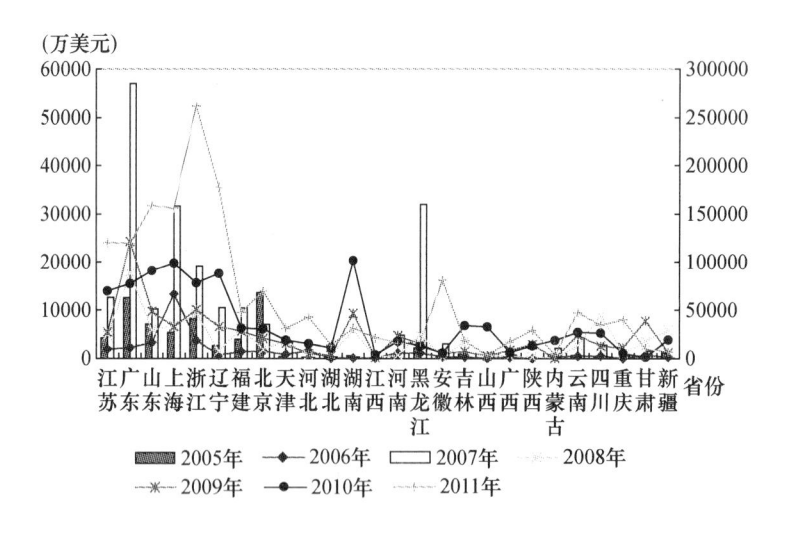

图 5-4　东部、中部和西部 26 省（市、区）2005—2011 年的对外直接投资情况

从以上分析，可以了解到中国 OFDI 增长不仅在东部、中部、西部区域间存在明显的差异性，而且区域内差异也是比较明显的，这与中国长期区域经济发展不平衡性密切相关，当然也可以预测出中国企业对外直接投资对中国区域经济发展增长拉动的同时也在一定程度上缩减了区域 GDP 增长差异。

2011 年，东部地区对外直接投资排前五名的是浙江、辽宁、山东、上海、江苏，这五省（市）当年实现生产总值 141791.62 亿元，占国内生产总值 421901.38 亿元的 33.61%（见图 5-5）。

2010 年，中部地区对外直接投资排前五名的是安徽、湖南、江西、吉林和黑龙江，这五省（市）当年实现生产总值 63406.61 亿元，占国内生产总值 421901.38 亿元的 15.03%（见图 5-6）。

2011 年，西部地区对外直接投资排前五名的是云南、重庆、四川、陕西和广西，这五省（市、区）当年实现生产总值 51532.52 亿元，占国内生产总值 421901.38 亿元的 12.21%（见图 5-7）。

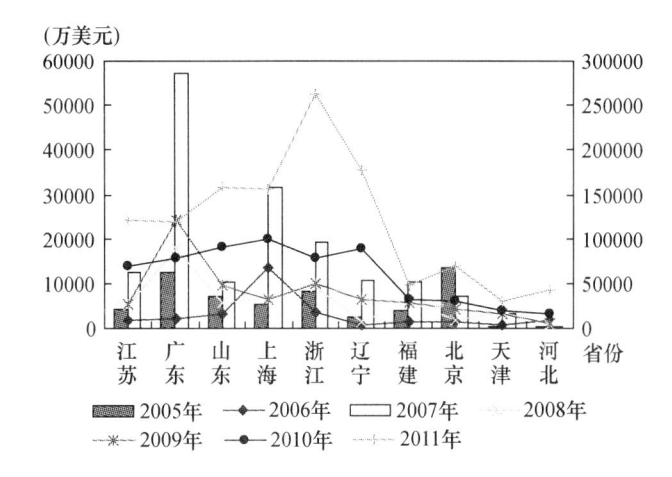

图 5-5　东部 10 省（市）2005—2011 年的对外直接投资情况

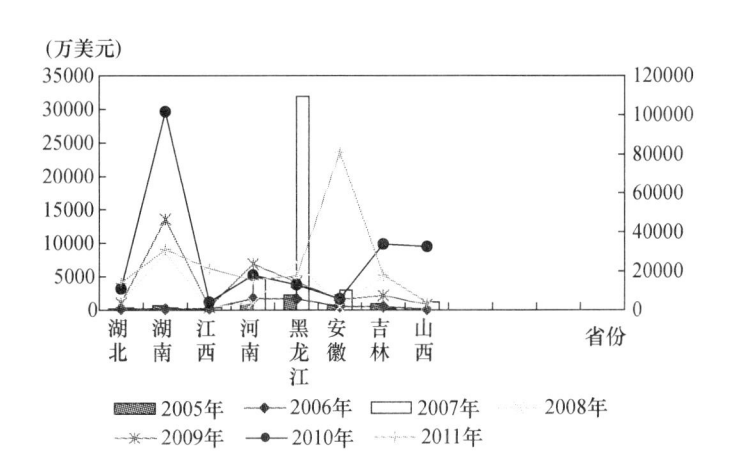

图 5-6　中部 8 省 2005—2011 年的对外直接投资情况

四　模型构建以及实证分析

由于本书选取的样本数据时间比较短，必须增加它的个体数来综合考量中国企业对外直接投资对中国区域经济的影响，本书选取中国 26 个省（市）2005—2011 年的 OFDI 数据以及 GDP 数据来构建面板数据模型，并且将 26 个省（市、区）分为东部、中部和西部三个区域来分别进行回归分析。

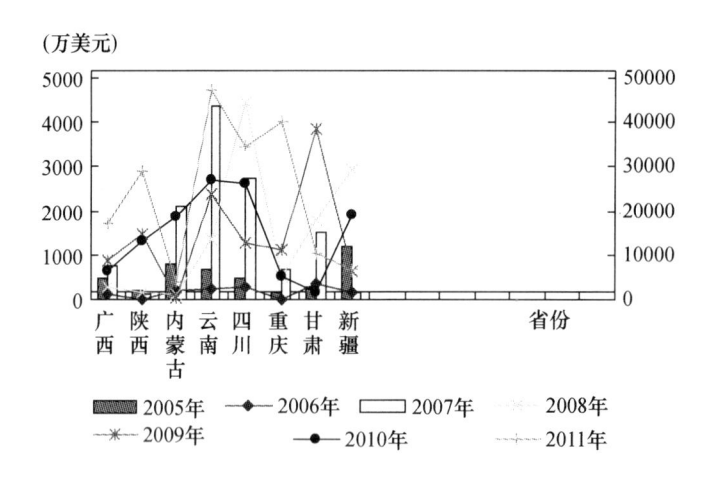

图 5-7 2005—2011 年西部 8 省（市、区）对外直接投资情况

面板数据计量经济模型在实际研究中常用的面板数据回归模型是固定效应模型（FEM）和随机效应模型（REM）。实证研究中一般通过对数据的 Hausman 检验来确定选用何种模型。固定效应模型可表示为：

$$y_{it} = \alpha_i + X_{it} + u_{it}$$

式中，X_{it} 表示 $1 \times K$ 向量，β 表示 $K \times 1$ 向量，K 表示解释变量个数，u_{it} 表示随机干扰项，α_i 表示非观测效应，也就是横截面单元的固定效应。它概括影响 y_{it} 的全部观测不到的在时间上恒定的因素，也就是说，α_i 为模型中被忽略的反映个体差异变量的影响。所以，模型的截距项抓住了每个截面单元的本质特征，它随个体或截面单元而变化。

本书利用 2005—2011 年中国 26 个省（市、区）OFDI、GDP 数据构建面板数据模型，对中国对外直接投资对区域经济的影响进行实证研究，具体研究三大区域间 OFDI 对经济增长的差异以及每一区域内部的差异。由于考虑到数据的可得性以及平衡性，没有计入海南、贵州、西藏、青海、宁夏、香港、澳门等地区的数据。各省（市、区）数据来自 2005—2011 年《中国统计年鉴》和中国对外直接投资统计公报，2011 年 GDP 数据来源于网站上的经验数据。GDP 的单位是亿元，OFDI 的单位是万美元，利用历年的平均汇率换算为万美元。我们利用 F 检验来进行模型设定检验，以此确定面板数据分析模型。首先用邹至庄检验的 F 统计量 F_1 检验是否接受零假设；若拒绝零假设，再进行第二步检验。计算公式如下：

$$F_2 = [(RRSS - URSS)/N - 1]/[URSS/(NT - N - K + 1)] \sim F[N - 1, N(T - 1) - K + 1]$$

式中，$RRSS$、$URSS$ 分别表示有约束模型（即混合数据回归模型）和无约束模型 ANCOVA 估计的残差平方和或者是 LSDV 估计的残差平方和。在给定显著性水平 α 下，如果 $F_2 > F_\alpha[N - 1, N(T - 1) - K + 1]$，则拒绝零假设，即可以采用个体固定效应面板数据模型。把数据取自然对数，模型设定形式设定为：

$$\ln GDP_{it} = c + c_i + \beta_i \ln OFDI_{it} + u_{it}$$

借助 Eviews 3.0 软件包，Pooled EGLS 法对模型参数进行估计。

（一）东部地区回归模型

采用个体固定效应面板数据模型，对东部10个省（市、区）数据进行回归，回归结果见表 5-26。

表 5-26　　　　　　东部地区对外直接投资回归结果

变量	系数	t-值	固定效应	
C	14.10258	45.40505		
JS - lnOFDI	0.297163	11.69595	JS - C	0.274991
GD - lnOFDI	0.317201	4.481277	GD - C	-0.032967
SD - lnOFDI	0.282525	4.364911	SD - C	0.324915
SH - lnOFDI	0.209231	2.838663	SH - C	0.260061
ZJ - lnOFDI	0.266326	8.353089	ZJ - C	0.081545
LN - lnOFDI	0.209312	8.097602	LN - C	0.379204
FJ - lnOFDI	0.324476	6.944310	FJ - CI	-0.940075
BJ - lnOFDI	0.292111	1.733891	BJ - CI	-0.634526
TJ - lnOFDI	0.312553	1.238714	TJ - C	-1.373022
HB - lnOFDI	0.116045	2.567723	HB - C	1.659873

$$\ln GDP_{it} = 14.10258 + c_i + \beta_i \ln OFDI_{it}$$

$R^2 = 0.961224$　　$AdgR^2 = 0.94649$　　$F = 65.23544$

根据东部10个省（市）的面板数据建立不同截距、相同斜率模型得：

$$\ln GDP_{it} = c_i + 14.22542 + 0.252521 \ln OFDI_{it}$$

$R^2 = 0.943011 \quad AdgR^2 = 0.933352 \quad F = 97.62866$

东部地区 OFDI 对经济增长都有显著影响，东部省（市）OFDI 每增长 1 个百分点，经济增长达到 0.1 个百分点以上。OFDI 对经济增长拉动最大的是福建，OFDI 每增长 1 个百分点，福建 GDP 增加达 0.324476 个百分点；其次是广东，为 0.317201 个百分点；再次是天津，为 0.312553 个百分点。其余依次是江苏、山东、北京、浙江、辽宁、上海、河北，OFDI 每增长 1 个百分点，GDP 分别增加 0.297163 个、0.295999 个、0.292111 个、0.266326 个、0.209312 个、0.209231 个、0.116045 个百分点。对整个东部而言，OFDI 每增长 1 个百分点，GDP 将增加 0.253 个百分点。

（二）中部地区回归模型

采用个体固定效应面板数据模型对中部 8 省（市、区）数据进行回归，回归结果见表 5 – 27。

$\ln GDP_{it} = 14.10258 + c_i + \beta_i \ln OFDI_{it}$

$R^2 = 0.8706 \quad AdgR^2 = 0.822074 \quad F = 17.9412$

表 5 – 27　　　　　　　　中部地区回归结果

变量	系数	t 值	固定效应	
C	14.48911	61.18914		
HB – lnOFDI	0.191955	6.308371	HB – C	0.425712
HN – lnOFDI	0.29008	1.964309	HN – C	– 1.012352
JX – lnOFDI	0.152706	4.910264	JX – C	0.30982
HN – lnOFDI	0.255107	3.769398	HN – C	0.050207
HLJ – lnOFDI	0.143053	1.448767	HLJ – C	0.244816
AH – lnOFDI	0.196872	4.14004	AH – C	0.003368
JL – lnOFDI	0.154022	2.618565	JL – C	– 0.019894
Sx – lnOFDI	0.180836	3.434798	SX – C	– 0.001676

根据中部 8 个省（市、区）的面板数据建立不同截距、相同斜率模型得：

$\ln(GDP_{it}) = c_i + 14.5981 + 0.1834\ln(OFDI_{it})$

$R^2 = 0.857363 \quad AdgR^2 = 0.833084 \quad F = 35.31344$

中部地区 OFDI 对经济增长都有显著影响,东部省(市)OFDI 每增长 1 个百分点,经济增长达到 0.1 个百分点以上。OFDI 对经济增长拉动最大的是河南和湖南,OFDI 每增长 1 个百分点,两省 GDP 增加达 0.255107 个百分点;其次是安徽,为 0.196872 个百分点;最后是湖北,为 0.191955 个百分点;其余依次是山西、吉林、江西、黑龙江,OFDI 每增长 1 个百分点,GDP 分别增加 0.180836 个、0.154022 个、0.152706 个、0.143053 个百分点。对整个中部而言,OFDI 每增长 1 个百分点,GDP 将增加 0.1834 个百分点。

(三) 西部地区回归模型

采用个体固定效应面板数据模型,对西部 8 个省(市、区)的数据进行回归,回归结果见表 5-28。

表 5-28　　　　　　　　　西部地区回归结果

变量	系数	t 值	固定效应	
C	14.29884	70.11938		
GX – lnOFDI	0.271706	7.492861	GX – C	– 0.600993
SX – lnOFDI	0.155942	4.725206	SX – C	0.410693
NMG – lnOFDI	0.194785	1.138819	LMG – C	0.152152
YN – lnOFDI	0.209822	12.19826	YN – C	– 0.539179
SC – lnOFDI	0.180987	3.904571	SC – C	0.535291
CQ – lnOFDI	0.16706	6.596714	CQ – C	0.082012
GS – lnOFDI	0.128579	1.909766	GS – C	– 0.294168
XJ – lnOFDI	0.09802	1.523745	XJ – C	0.254192

$\ln GDP_{it} = 14.29884 + c_i + \beta_i \ln OFDI_{it}$

$R^2 = 0.921264 \quad AdgR^2 = 0.891738 \quad F = 31.20171$

根据西部 8 个省(市、区)的面板数据建立不同截距、相同斜率模型得:

$\ln GDP_{it} = c_i + 14.26531 + 0.180201 \ln OFDI_{it}$

$R^2 = 0.892643 \quad AdgR^2 = 0.87437 \quad F = 48.84909$

西部地区 OFDI 对经济增长都有显著影响,西部省(市、区)OFDI 每增长 1 个百分点,经济增长达到 0.09 个百分点以上。OFDI 对经济增长拉动最大的是广西，OFDI 每增长 1 个百分点，广西 GDP 增加达 0.271706 个百分点；其次是云南，为 0.209822 个百分点；最后是内蒙古，为 0.194785 个百分点。其余依次为四川、重庆、陕西、甘肃、新疆，OFDI 每增长 1 个百分点，GDP 分别增加 0.180987 个、0.167060 个、0.155942 个、0.128579 个、0.098020 个百分点。对整个中部而言，OFDI 每增长 1 个百分点，GDP 将增加 0.1802 个百分点。

五 结论及建议

从三个区域看，东部地区 OFDI 每增长 1 个百分点，GDP 增加 0.253 个百分点；中部地区 OFDI 每增长 1 个百分点，GDP 增加 0.1834 个百分点，且区域内部差异比较明显；西部地区 OFDI 每增长 1 个百分点，GDP 增加 0.1802 个百分点。从 OFDI 对 GDP 贡献看，由高到低分别是东部、中部、西部。中国企业对外直接投资对区域经济增长的影响是多方面的，OFDI 不仅仅变现为资本变量，它同时也是知识、技术以及经验等的共同体。因此，OFDI 对于一个地区经济发展的影响不是单纯的某个方面，事实上，它可以渗透到经济发展的各个方面并且发挥着多样化的作用，既有直接效应也有间接效应。因此，企业在对外直接投资时应该注意：一是应当摆正 OFDI 政策在区域经济发展战略框架中的作用，既要追求数量，更要追求质量。二是 OFDI 政策目标应当超越静态比较优势，培育动态比较优势。使对外直接投资与区域经济增长之间形成区域循环积累因果效应。在实施西部大开发战略、加快中西部地区发展过程中，积极引导 OFDI 投向中西部地区并长期保持平衡增长趋势具有重要的战略意义。下面提出以下几个方面的措施来实现东部、中部、西部和谐均衡发展。

第一，继续加大中西部地区转移支付和专项资金支持力度，并提高向中西部地区优惠贷款比重；鼓励民间资本参与基础设施建设，加强生态环境建设，支持边远地居民向区域中心城市集中，促进城市化发展，为中西部地区和 OFDI 提供更多的发展空间和商业机会。同时，鼓励东部地区向中西部地区进行产业转移，充分利用西部地区资源优势。

第二，在中西部地区实行普遍的鼓励性政策，即不论来自国内还是国外投资，不论来自本地区投资还是来自其他地区投资，给予同样的减免税优惠和信贷支持政策，尽快建立并逐步扩充中西部开发基金。鼓励对外直接投资企业与投资国当地企业建立良好的合作关系，为企业对外直接投资的长远发展目标创造一个比较好的投资环境。

第三，促进东部、中部、西部地区协调发展。落实好各区域出台的优惠政策；加快机制体制创新，扩大对内对外开放；通过定向交流和集中培训等方式提高中、西部地区政府部门的经济管理水平。

第七节 中国企业对外直接投资对中国出口贸易的影响

一 导论

近年来，中国企业对外直接投资对中国出口贸易的影响越发显现。中国学者对于外商直接投资与出口贸易关系的研究已经取得不少成果，但关于中国对外直接投资和出口贸易关系的实证研究并不多，因而本章结合中国具体国情研究中国企业对外直接投资对出口贸易的影响无疑具有重要的理论意义和现实意义。

二 文献回顾

（一）理论综述

国外学者就对外直接投资与出口贸易关系进行了大量研究。研究结果呈现两种基本观点：一是以蒙代尔和弗农等为代表，认为投资和贸易是替代关系；二是以小岛清和帕维斯等为代表，认为对外投资实际是为投资国创造了贸易机会。

1. 替代性

美国著名经济学家罗伯特·蒙代尔提出了对外直接投资与出口贸易的替代模型。他认为，在存在贸易壁垒条件下，各国出口密集使用本国相对丰裕要素生产的产品，进口密集使用本国相对稀缺要素生产的产品。如果一国对另外一国的投资增加，在需求不变情况下，会使得该国从本国进口的产品数量有所减少。因此得出结论，由于贸易壁垒的存在而产生了 OFDI，投资与贸易是相互替代的。该理论假设的是两个国家拥有相同的生产函数，只适用于分析生产水平相似国家间的投资和贸易关系，对于中国向发达国家的对外直接投资没有指导意义。

2. 互补性

日本教授小岛清认为,具有先进技术国家的"边际产业"(即处于比较劣势的产业)对具有明显比较优势的东道国进行对外直接投资后,东道国劳动生产率会得到改善和提高,生产成本会进一步下降。比较成本进一步扩大有利于东道国以较低价格向投资国出口返销原投资国相对劣势的产品,使东道国成为投资国在海外廉价原材料、零部件供应基地,也使得东道国贸易条件得以改善。小岛清的模型虽然论证了对外直接投资对贸易的促进作用,但其模型假设过于苛刻,在广大发展中国家很难实现劳动力、技术和管理能力在两国之间自由流动,因而不具备可行性。

(二)实证研究综述

利普西和维斯(1976)检验了美国出口与对外直接投资之间的相互关系,得出美国对外直接投资对同行业的国际贸易更多显示为正面积极影响。

经济学家邓宁(1981)在对英国进行实证研究之后得出结论,英国的对外直接投资并没有对出口贸易产生替代作用。

佩因和维克林(2002)的研究表明,对某些经济合作与发展组织(OECD)国家,总 OFDI 与贸易是负相关的。

国内学者的实证研究有:

项本武(2005)基于引力模型研究的主要结论为中国对外直接投资是出口创造型和进口替代型。

陈石清(2006)采用国际比较法指出,中国对外直接投资对出口贸易无显著影响,且两者之间不存在长期稳定的关系。

古广东(2008)采用协整理论分析中国的对外直接投资对出口贸易的影响,得出二者存在长期稳定的关系。

三 中国对外直接投资和出口贸易现状

(一)中国对外直接投资

中国对外直接投资起步于 1979 年,经过 30 多年的探索和发展已逐步形成一定规模。据商务部统计,2011 年,我国对外投资流量再创历史新高,累计实现非金融类对外直接投资 688 亿美元,同比增长 21.7%。截至 2011 年年底,我国累计非金融类对外直接投资 3172 亿美元。

中国对外直接投资存量规模比上年大幅增加，投资区域分布更为广泛。2011年，我国境内投资者共对129个国家和地区的3125家境外企业进行了直接投资。从地区分布情况来看，中国海外投资在全球的区域分布正逐步由集中化向多元化方向发展，但集中化依然存在，亚洲、拉丁美洲是投资额度存量最高的地区。以海外收购方式实现的对外投资比例逐年提高，2011年以收购方式实现的直接投资为297亿美元，占投资总额的43.2%。对外直接投资主要流向包括中国香港特区、开曼群岛、英属维尔京群岛、澳大利亚、美国、加拿大、新加坡、俄罗斯、巴西等。

行业分布继续保持多元化格局，服务贸易型投资行业特点依然十分突出。从2011年投资行业构成情况看，商务服务业279亿美元，占47.3%；采矿业119.1亿美元，占20.2%；制造业60.3亿美元，占10.2%；批发和零售业55亿美元，占9.3%；交通运输业24.7亿美元，占4.2%；房地产12.5亿美元，占2.1%。

(二) 中国出口贸易现状

改革开放以来，我国对外贸易额增长迅速，对国内经济增长做出了贡献。1978年，我国的进出口贸易总额为206亿美元，占当年世界贸易额的0.75%。自2001年12月11日中国正式加入世界贸易组织以来，中国对外贸易发展迅速，增长速度连续6年保持在20%以上，出口规模翻了两番。2004年以来，中国对外贸易总额一直居世界第3位，成为名副其实的贸易大国。据数据统计，中国2011年出口总额为18986亿美元，同比增长20.3%。出口额中，一般贸易出口9171亿美元，增长27.3%，加工贸易出口8354亿美元，增长12.9%。在国家积极有效的宏观经济调控措施的支持下，2011年我国对外贸易实现大幅恢复性增长并创历史新高，贸易增长方式加快转型，我国贸易大国的地位进一步巩固。

中国出口贸易的发展不仅表现在总量增长上，还突出表现为服务贸易的飞速发展，出口产品质量不断提高。与此同时，出口商品结构也大有提高：出口商品结构由原来的初级产品为主转化为以工业制成品为主。在加工贸易迅速发展的同时，其他贸易方式在出口总额中所占比重逐年上升，主要是"走出去"战略带动了相关设备和产品出口。

截至2011年，中国外贸伙伴由1978年的几十个国家(地区)发展到200多个国家（地区），出口市场进一步多元化。根据海关统计，欧盟、美国和日本仍是中国前三大贸易伙伴，东盟于2009年首次已经取代日本成为中国第三大出口市场。同期，我国对东盟、巴西、俄罗斯、南非、印度出口分别增长37.5%、47.5%、43.1%、59.5%和42.4%。

四 中国企业对外直接投资对出口贸易影响的实证分析

（一）计量方法和模型

中国对外直接投资对出口贸易一般均衡意义上的影响应当采用计量经济学方法进行定量分析和检验。本书采用关于时间序列变量间的协整分析作为辨别OFDI和出口贸易额之间是否存在长期稳定关系的理论基础。

由于经济时间序列通常都是非平稳的，使用非平稳时间序列数据所建立的模型可能会出现"伪回归"现象。恩格尔和格兰杰提出的协整关系研究方法正好弥补这一稳定假设缺陷。协整分析的经济意义在于：对于具有各自长期波动规律的变量，如果它们之间是协整的，则它们之间存在长期均衡关系。本书采用商务部1984—2011年的样本数据，用Eviews6.0软件计算，首先对各变量（EX、外向FDI和GDP）是否平稳进行ADF单位根检验，若变量序列为同阶单整，则对各变量是否协整进行验证，满足协整条件后，建立误差修正模型，最后对所得结果进行简要分析。

1. 单位根检验

在具体应用协整理论进行时间序列分析时，首先必须检验被分析序列是否平稳，即是否存在单位根。判别的常用方法是ADF（Augmented Dickey – Fuller）检验。在ADF检验中，单位根检验的回归方程为：

$$\Delta x_t = C + T + r x_{t-1} + \sum_{i=1}^{p} \Delta x_{t-i} + \mu_{t1} \qquad (5-1)$$

模型中：C表示常数项，T表示趋势项，p表示滞后阶数，μ_{t1}表示残差项。加入p个滞后项是为了使μ_{t1}变为白噪声。假设$H_0: r=0$，$H_0: r<0$。若检验结果拒绝了零假设，时间序列是平稳的；若检验结果不能拒绝零假设，时间序列是非平稳的。在ADF检验中采用AIC准则和施瓦茨信息标准，作为最佳时滞（p）标准。分别对原序列和其n阶差分序列进行ADF检验可以判定该序列是否存在单位根。如果序列都是非平稳的，而且是同阶差分平稳，才可以进行协整分析。

2. 协整检验

协整概念由格兰杰首先提出，并经格兰杰和恩格尔所发展。理论指出：如果所有变量都是同阶单整的，且这些变量的某些线性组合是平稳的，则称这些变量之间存在协整关系。对存在协整关系的时间序列，最小二乘回归估计量一致且快于平稳时间序列 OLS 估计量的收敛速度。本书将采用恩格尔和格兰杰提出的两步检验法，对 OFDI、EX 和 GDP 进行 OLS 回归分析：

$$\ln EX_t = C + a\ln OFDI_t + b\ln GDP_t + \mu_t \tag{5-2}$$

式中，$\ln EX_t$ 表示 t 期 EX 的自然对数，$\ln OFDI_t$、$\ln GDP_t$ 分别表示 t 期 OFDI、GDP 的自然对数，C 表示常数项。引入对数是因为其不改变协整关系，且更容易得到平稳数据。

检验回归残差 μ_t 的单整性，同样用 ADF 法检验，单位根检验的回归方程为：

$$\Delta \mu_t = C + T + \gamma_t \mu_{t-1} + \sum_{i=1}^{p} \Delta \mu_{t-1} + v_t \tag{5-3}$$

式中，μ_t 表示修正误差项，p 表示使残差项为白噪声的最优滞后阶数。假设 $H_0: r = 0$，$H_0: r < 0$。如平稳，则说明变量之间存在协整关系。

3. 误差修正模型

若变量间存在协整关系，即表明这些变量间存在长期稳定的关系，而这些长期稳定的关系始终是在短期动态过程的不断调整下得以维持的。如果由于某种原因短期出现偏离均衡现象，必然会通过对误差的修正使变量重返均衡状态。设 y_t，$x_{t-t}(1)$，并存在协整关系，其关系可以表示成自回归分布滞后模型：

$$y_t = \beta_0 + \beta_1 y_{t-1} + \beta_2 x_t + \beta_3 x_{t-1} + \varepsilon_t \tag{5-4}$$

我们可将方程（5-4）写为：

$$\Delta y_t = \beta_0 + \beta_1 (y_{t-1} - k_0 - k_1 x_{t-1}) + \beta_2 \Delta x_t + \varepsilon_t \tag{5-5}$$

式中，$k_0 = \beta_0 / (1 - \beta_1)$，$k_1 = (\beta_2 + \beta_3) / (1 - \beta_1)$。当长期平衡关系 $y_t = k_0 + k_1 x_t$ 时，误差修正项 $ECM_t = y_t - k_0 - k_1 x_t$，它反映了 y_t 关于 x_t 在第 t 时点的短期偏离。β_1 是修正系数，表示误差修正项对 Δy_t 的修正速度。

如果变量间存在协整，表明它们之间有长期均衡关系。通过估计得到 lnOFDI、lnEX 和 LnGDP 的残差序列 $\hat{\mu}_t$，设 $ECM_t = \hat{\mu}_t$ 建立下面的误差修正模型：

$$\Delta \ln EX_t = C + \beta_1 ECM_{t-1} + \beta_2 \Delta \ln OFDI_t + \beta_3 \Delta \ln GDP_t + \varepsilon_t \tag{5-6}$$

(二) 计量检验结果

1. ADF 检验

对 OFDI、EX 和 GDP 进行自然对数变换为 lnOFDI、lnX、lnGDP。分别对它们进行单位根检验,所得结果见表 5-29。

表 5-29　　　　　　　　各变量单位根检验结果

数据名称		检验类型 (C, T, p)	ADF 值	ADF 临界值			结论
				1%	5%	10%	
lnOFDI	原值	(-, -, 2)	1.2850	-2.6569	-1.9544	-1.6093	不平稳
	一阶差分	(C, -, 3)	-3.4396**	-4.2970	-3.2126	-2.7476	平稳
lnEX	原值	(C, T, 1)	-1.0569	-3.7240	-2.9862	-2.6326	不平稳
	一阶差分	(C, -, 0)	-5.4145***	-2.6742	-1.9572	-1.6081	平稳
lnGDP	原值	(C, T, 1)	-2.2883	-4.3743	-3.6032	-3.2380	不平稳
	一阶差分	(C, -, 0)	-4.3808***	-3.7378	-.29918	-2.6355	平稳

注:检验类型是指 ADF 检验的三种模型,即是否包含常数 (C),常数和线性趋势 (T),或两者都不包含。***、**、* 分别表示在 1%、5%、10% 的水平显著。

由表 5-29 可知,时间序列 lnOFDI、lnEX 和 lnGDP 本身是非平稳的,一阶差分后各变量均在5%的水平上显著,这表明 OFDI、EX 和 GDP 的自然对数序列是同阶单整的,记为 I(1),满足做协整分析的条件。

2. 协整检验结果

首先对方程 (5-2) 进行 OLS 回归,结果为:

$lnEX = -2.9588 + 0.0238 lnOFDI + 0.9457 lnGDP + v_t$

$T = (-1.4880)\quad (2.1411)\quad (4.2014)$

$R^2 = 0.8134 \quad DW = 2.4276 \quad F = 52.33$

再对回归残差进行 ADF 检验,结果如表 5-30 所示。

表 5-30　　　　　　　　ADF 检验结果

数据名称	检验类型	ADF 值	ADF 临界值		
			1%	5%	10%
μ_t	(-, -, 0)	-6.2377***	-2.6569	-1.9544	-1.6093

注:***表示在10%的水平上显著。

由此可知，μ_t 在 1% 的水平上显著，拒绝零假设，时间序列平稳。FDI 和 EX 之间存在长期稳定的关系。

回归显示，1984—2011 年，我国对外直接投资和出口呈正相关关系。可决系数 $R^2 = 0.8134$，表明模型在整体上拟合得非常好，$F > F_{0.05}(2, 23) = 3.03$ 表明模型的线性关系在 95% 的执行水平下显著成立。从截距项与斜率项 t 值检验值看，除常数项，其余系数均大于 5% 显著水平下临界值 $t_{0.025}(19) = 2.052$。因此回归方程有效。

3. 误差修正模型

估计结果为：

$\Delta \ln EX_t = -0.0074 - 1.222 ECM_{t-1} + 0.1119 \Delta \ln OFDI_t + 0.8139 \Delta \ln GDP_t$

$t = (-2.2906) \quad (-5.8270) \quad (5.8372) \quad (4.1781)$

$R^2 = 0.6202 \quad DW = 2.0797$

在上面误差修正模型中，差分项反映了短期波动影响。出口贸易的变化不仅取决于对外直接投资和 GDP 的变化，而且还取决于上一期出口贸易对均衡水平的偏离，误差项 μ_{t-1} 估计的系数 -1.222 体现了对偏离的修正，当短期波动偏离长期均衡时，将以 -1.222 的调整力度将非均衡状态拉回均衡状态。

五　计量结果的解释与结论分析

从上述实证分析得出，中国对外直接投资与出口贸易之间存在长期均衡关系。lnOFDI 关于 lnEX 的长期弹性为 0.0238，即 OFDI 每变动 1 个百分点，会带动 0.0238 个百分点的同方向出口贸易，OFDI 对出口具有创造效应。对外直接投资与出口贸易之间呈现相互促进的关系，这是因为：

（1）中国企业通过海外投资，建立境外研发中心以及收购兼并海外企业等方式实现自身发展。国内企业利用海外各种资源，拓宽市场渠道，获得先进技术、专业人才和重要管理经验，进而提高国内企业的国际竞争力，实现了我国生产率的全面提高，扩大了出口。

（2）中国为寻求低成本战略的需要在投资所在国开采资源，为其在海外建立资源供应基地，开采的资源也可以向其他国家出口。由此带动中国的开采设备、技术和劳务的输出。

（3）中国投资境外生产型项目和基础设施项目，在规避贸易壁垒的同时，带动了机电产品、成套设备以及相关其他基建产品等出口和劳务输出。

这一系数相对 GDP 对出口贸易的长期弹性系数 0.9457 显得太小，原因是中国企业的对外直接投资总规模相对于出口贸易依然过于薄弱。但随着中国对外直接投资发展速度不断加快，规模不断扩大，可以预见，OFDI 和出口贸易之间的正相关关系会更加显著。

从实证分析也可看出，OFDI 与出口贸易存在着一个由短期向长期均衡调整的机制。再次验证了 OFDI 和出口贸易之间的长期均衡关系。就短期而言，出口贸易的变动受误差修正项 OFDI 和 GDP 的影响，其中 GDP 对出口的影响更为显著，系数为 0.8139。lnOFDI 关于 lnEX 的短期弹性为 0.1119，即在短期内对外直接投资增加一个单位将带动出口贸易增加 11 个百分点，也说明了两者是正相关关系，对外直接投资对出口贸易所起的是促进作用。

六 政策建议

综上所述，对外直接投资与出口贸易在长期存在一种互补关系。随着中国对外直接投资规模的不断扩大，对出口贸易的带动作用也日益明显，突出表现在对外直接投资对出口规模扩大上。就中国出口面临的贸易摩擦剧烈、出口产品技术含量低和人民币升值压力等问题，中国企业利用对外直接投资来带动出口的发展是解决途径之一。让我国一些有实力的企业"走出去"，开展国际化经营，逐步建立全球销售服务网点，为扩大出口创造更有利的条件；让更多有条件的企业"走出去"投资办厂，与当地企业合资合作，或兼并收购国外具有先进制造技术的企业，将先进技术逐步吸收到国内企业生产的产品中，以此促进国内产品结构升级，进而提高国际竞争力。

与此同时，政府应给予政策上的大力支持：设立相关机构，进行统一的规划和指导，合理规划海外企业和项目的地域分布以及行业布局；为企业对外直接投资提供金融、保险等方面的公共服务，鼓励企业"走出去"。

第六章　对外直接投资与本国经济发展：比较研究

第一节　对外直接投资与本国经济发展：中国和美国的比较研究

一　导论

我国对外直接投资规模前已述及，而美国对外直接投资的规模一直处于全球领先地位，对外直接投资由1990年的309.8亿美元增加到2011年的3289亿美元，年均增长43.8%，截至2011年年底，美国对外直接投资存量为48433亿美元。

从两国出口贸易看，据国家统计局网站消息，2011年，进出口总额36421亿美元，比上年增长22.5%；出口18986亿美元，增长20.3%；进口17435亿美元，增长24.9%。进出口相抵，顺差1551亿美元，比上年减少264亿美元。贸易方式继续改善。进出口总额中，一般贸易进出口19246亿美元，增长29.2%，占进出口总额的52.8%，比上年提高了2.7个百分点；加工贸易进出口13052亿美元，增长12.7%。出口额中，一般贸易出口9171亿美元，增长27.3%；加工贸易出口8354亿美元，增长12.9%。进口额中，一般贸易进口10075亿美元，增长31%；加工贸易进口4698亿美元，增长12.5%。可以看出，经济全球化带动了出口贸易的发展，而对外直接投资会如何影响出口贸易也越来越值得重视。因此，本章结合中国与美国的对外直接投资与出口贸易的分析比较，并得出相关结论。

二 文献综述

(一) 国外学者的研究

罗伯特·蒙代尔(1957)首次将资本引入古典国际贸易理论,采用比较静态分析方法,放松了生产要素在国家间不能流动的假设,并引入关税分析,提出外商直接投资(FDI)与国际贸易之间存在替代关系。20世纪70年代末,日本学者小岛清提出了FDI与国际贸易之间存在互补效应的小岛清模型。他认为,外商直接投资不单是资本的流动,而是包括资本、技术、经营管理技能等在内的总体性转移。

(二) 国内学者的研究

白雪(2002)对中国的对外直接投资与出口贸易的关系进行了定性分析认为,营销型的对外直接投资与出口是互补关系,而生产性的对外直接投资与出口是替代和互补两者兼有。张如庆(2005)综合运用协整理论、误差修正模型和格兰杰检验等多种方法,利用1982—2002年的相关数据考察了中国对外直接投资与进出口之间的关系,结果表明,进口和出口分别和对外直接投资存在单项因果性,即进出口分别是对外直接投资变化的原因,出口与对外直接投资存在长期均衡的关系。汪素贞和姜枫认为,出口和对外直接投资之间的影响取决于具体的国家情况。刘新英认为,中国对外直接投资与出口贸易的关系是相互促进和相互补充的交叉关系。古广东认为,总体上看,对外直接投资与投资国对外贸易之间的互补性要大于替代性,大量实证研究的结果也支持了上述结论,但也表明对外直接投资与出口贸易之间并不存在清晰的替代或互补关系。

三 对外直接投资对本国出口贸易影响的传导机制

站在本国角度,对外直接投资对本国出口贸易的影响主要有两个方面:替代效应和互补效应,即对外直接投资可能会减少(替代)本国贸易,也可能增加(互补)本国的贸易。大量研究证明,对外直接投资与出口贸易之间并不存在清晰的替代或互补关系,每个投资国的出口效应都不是单一的,两个效应同时存在,替代效应和互补效应的综合决定了对出口贸易的最终影响。如果对外直接投资与投资国出口贸易之间的互补性要大于替代性,那么对外直接投资会增加投资国的贸易;反之亦然。为此,本章从互补效应和替代效应两方面产生的传导机制进行分析。

（一）互补效应

1. 贸易创造效应

制造业、自然资源行业和服务业的对外直接投资都会产生出口创造效应，即企业的对外直接投资会促使本国原材料、中间产品、机器设备、总部服务等出口的增加。本国以直接投资的方式在国外设立子公司后，子公司通常会对资本品产生需求，这些需求可能来自本公司的其他部门、本公司的国内供应商、本国其他独立公司，从而创造了本公司的资本品出口。无形的中间产品在跨国内部市场中通过行政管理手段能够有效地进行交易，这就拓展了国际贸易品的边界，使本公司向海外子公司出口总部服务成为可能，从而扩大了本国的出口。

2. 需求扩大效应

当本国企业在国外设立子公司后，该企业在国外子公司的任何一种产品都有可能增加需求。

3. 贸易政策效应

本国以直接投资方式在东道国建立子公司，进行国际贸易往来，使得两国之间贸易更加频繁，会促使本国不断地与东道国进行贸易协商以改善贸易条件，最终会使得两国的贸易政策向最优化的方向发展，从而会扩大本国的贸易出口。

4. 竞争力增强效应

通过对外直接投资，本国可以利用东道国廉价的劳动力、原材料或是先进的技术，以提高本国的竞争力，扩大本国的出口。另外，也可以通过提高出口产品的科技含量使本国受益，在国际市场上处于优势地位，从而促进出口的增加。另外的途径还包括跨国并购投资、服务贸易型投资等，通过这些形式，可以扩大出口的范围，促进出口。

（二）替代效应

1. 溢出效应

（1）本国企业将某产品的生产基地转移到国外后，东道国当地企业通过技术扩散和模仿，也开始生产该产品，替代进口或进行出口，会导致本国该产品出口的减少。

（2）迫于外界竞争压力，东道国企业扩大自己的规模，以扩大市场占有份额增强自身竞争力，从某种意义上说，东道国竞争力的增强会削弱本国的竞争力，从而减少了出口。

(3) 对外直接投资的出口辐射效应。即企业在某一东道国建立的生产基地所生产的产品除了在当地销售外，还向周边国家出口。当国外分支机构的生产和销售规模扩大到一定程度，势必对本公司的出口产生替代效应，从而导致本国出口减少。

2. 线性替代效应

在经济全球化时代，各国为了保护本国贸易，不得不设立一些限制他国贸易的政策，如贸易壁垒等。而其他国家为了突破贸易壁垒、节约成本倾向于以对外直接投资的方式建立海外子公司，直接在东道国国内进行生产，既可减少进出口费用，同时也能利用东道国的区位优势。基于以上原因，出现了跨国本公司与海外子公司同时推出一种新产品的情况，这种情况可以看成对外直接投资对出口贸易的替代作用，最终表现为减少了本国的出口。

四 中美两国对外直接投资与出口贸易现状分析

截至 2011 年，中国累计对外直接投资净额 3320 亿美元。年对外直接投资流量达 688.1 亿美元（见表 6-1）。2011 年，中国对外直接投资分别相当于全球对外直接投资流量、存量的 5.2% 和 1.6%。中国作为发展中国家和地区的投资本国的地位已成为不争的事实。至 2011 年年末，中国在全球 178 个国家（地区）共有 1.8 万家境外企业，投资覆盖率达到 72.7%，其中对亚洲、非洲地区投资覆盖率分别达 90% 和 85%。中国对外直接投资覆盖了国民经济所有行业类别。绝大部分投资流向商务服务、金融、批发和零售、采矿、交通运输和制造六大行业，上述行业累计投资存量 2801.6 亿美元，占中国对外直接投资存量总额的 88.3%。

表 6-1　　　2003—2011 年中美两国对外直接投资净额　　　单位：亿美元

年份	2003	2004	2005	2006	2007	2008	2009	2010	2011
中国	28.5	55.0	122.6	211.6	265.1	559.1	565.3	590.5	688.1
美国	1536.1	1199.3	2318.2	1983.4	1957.3	2325.3	2563.4	2876.2	3289.1

美国对外直接投资年度规模总体呈上升趋势。1999 年，美国对外直接投资总额增至 1358.1 亿美元，是 1989 年的 3.6 倍。2011 年，达到创纪录的 48433 亿美元，占当年全球国际直接投资额的 23.72%，高

居全球各经济体之首。第三产业在美国国民经济中占主导地位,据统计,2011年年末,美国对外直接投资存量中有73.3%集中在第三产业,第二产业占26.7%,第一产业不到0.1%。

改革开放以来,我国出口贸易迅猛发展。中国的出口额迅速增长,由1981年的220.1亿美元上升到2011年的18986.1亿美元(见表6-2)。1980—2011年,中国出口总额增长了85倍。美国的发展也相当迅速,出口额由2001年的10048亿美元上升到2011年的17342亿美元,增长幅度也呈现逐步增长趋势。

表6-2　　　　1981—2011年中国进出口额数据　　单位:亿美元、%

年份	出口额	增幅	年份	出口额	增幅
1981	220.1		1997	1827.9	21.01
1982	223.2	1.41	1998	1837.1	0.50
1983	222.3	-0.40	1999	1949.3	6.11
1984	261.4	17.59	2000	2492.0	27.84
1985	273.5	4.63	2001	2661.0	6.78
1986	309.4	13.13	2002	3256.0	22.36
1987	394.4	27.47	2003	4382.3	34.59
1988	475.2	20.49	2004	5933.6	35.40
1989	525.4	10.56	2005	7620.0	28.42
1990	620.9	18.18	2006	9690.8	27.18
1991	719.1	15.82	2007	12180.2	25.69
1992	849.4	18.12	2008	14285.5	17.28
1993	917.4	8.01	2009	12016.6	-15.88
1994	1210.1	31.91	2010	15779.3	31.31
1995	1487.8	22.95	2011	18986.1	20.3
1996	1510.5	1.53			

资料来源:国家统计局。

五　与美国对外直接投资出口效应的比较分析

(一)中国对外直接投资对出口效应的影响:基于传导机制的分析

我国企业的对外直接投资无论是从行业还是地域看都分布广泛。从农业、服务业到制造业、开采业等各个行业都有对外直接投资，投资的区域既有发达国家也有发展中国家。根据我国对外直接投资的现状，基于对外直接投资对出口影响的传导机制分析，我国的对外直接投资对出口主要有以下几个方面的效应。

1. 互补效应

（1）随着我国经济发展和加入世界贸易组织，我国越来越多的企业在海外建立子公司，因此扩大了我国出口的需求。如海尔集团在洛杉矶、东京、里昂以及美国硅谷等地建立海外设计分部，帮助本部专门开发适合当地人需求的产品，在树立良好品牌的同时，出口规模进一步扩大。

目前，我国对外直接投资主要集中在制造业、采矿业和信息传输、金融业、服务业行业。据2011年统计，我国对外直接投资流向采矿业85.4亿美元，占40.4%，服务业占21.4%。采矿业属于自愿开采业的投资，这类投资与出口是互补型的。而服务业这类投资的动机与目标非常明确，就是为扩大出口服务，投资形式主要包括批发零售投资、在东道国设立办事处以及售后服务点等贸易型企业与办事机构。从我国对外直接投资的现状来看，这种类型投资所占的比重大，能够促进我国的出口。

（2）企业的对外直接投资会促使我国原材料、中间产品、机器设备、总部服务等出口增加，我国企业的对外直接投资通过以下途径产生了出口创造效应：第一，海外子公司的初期投产建设。企业在海外建立子公司时，为满足子公司开办的需要，一般要购买本国或者本公司的资本设备和原材料。另外，我国企业在向一些生产比较落后的国家进行投资时，使用我国淘汰的一些设备和生产线，这些设备虽然在我国已被淘汰，但是，在东道国仍然是合适的，这样既利用了闲置设备，又促进了机器设备的出口。第二，加工装配行业的对外直接投资。由于一些加工装配型海外投资企业供求关系链比较长，在投产初期，甚至在以后一个较长时期，对国内半成品、零部件、技术支持等方面的依赖性较强，对我国出口客观上形成了持续性的带动作用。

（3）提高本国产品的竞争力，无疑是扩大出口的有效途径。目前我国出口产品还属于劳动密集型产业，劳动力价格相对较低，中国出口贸易中初级产品所占份额也相对较大。这样，在国际商场上，中国利用廉价的劳动力和丰富的原材料的供应，促进了出口的增加。同时，提升出口产品的科技含量也能促进出口的增加。我国的一些高科技企业通过建立海外研发中心，利用海外研发资源，使研发国际化取得具有国际水准的自主知识产权。这些企业取得的创新成果的主要应用场所之一就是本公司的生产活动。同时通过溢出效应，国内其他企业也从中受益。因而，技术寻求型的对外直接投资有力地提升我国出口产品的科技水平，并使出口产品结构得到持续改善。

2. 替代效应

基于传导机制的分析，我国企业对外直接投资对出口贸易的影响也存在替代效应。当东道国企业在国外的分支机构的生产和销售规模扩大到一定程度，便有可能发生 FDI 的辐射效应，势必对本公司的出口产生替代，进而导致国内企业出口的减少。当然，FDI 的辐射效应的产生在很大程度上是由于我国出口产品面临的高关税壁垒以及反倾销等非关税壁垒造成的。因此可以认为，OFDI 的辐射效应对于我国出口的替代是很有限的。我国企业将某产品的生产基地转移国外后，时间一长，东道国当地企业通过技术扩散和模仿，也开始生产该产品，替代进口或进行出口，也会导致我国该种产品的出口减少。

综合上述分析，对外直接投资给企业带来了诸多好处，如可以增强企业在海外市场的竞争力，也可以使企业的生产技术、设备和人员得到优化，最终可以促进中国的出口贸易，所以，对外直接投资对中国出口贸易的影响主要表现为互补效应。

（二）美国对外直接投资对出口效应的影响：基于传导机制的分析

美国对外直接投资发展时间很长，20 世纪 90 年代以后，美国对外直接投资规模迅速扩大，是涵盖地区广泛，跨国经营企业世界上最多的国家，在世界 500 强中，几乎一半都是美国企业，出口贸易相当成熟。根据美国对外直接投资和出口贸易数据，基于对外直接投资对出口影响传导机制分析，美国对外直接投资对出口主要有以下几个方面的效应。

1. 互补效应

首先，美国对外直接投资方式主要是以本国企业在东道国建立分公司的形式存在的，跨国公司从全球角度出发，根据各地优势进行资源配置，从而出现大量零部件在国家间的往返运输，促进了中间产品贸易。美国跨国公司在数量和规模上的飞速发展，极大地推动了出口贸易的发展，从而直接增加了美国的出口。

其次，美国通过提升产品的科技含量，使其产品的竞争力加强，从而促进了出口。如戴尔公司、通用汽车、惠普等技术含量较高的行业，他们通过产品功能的增加，技术的提高等使其在国际市场上的竞争力增强，从而促进了出口。

最后，服务业是美国对外直接投资最多的产业，这类投资的动机与目标非常明确，就是为扩大出口服务，投资形式主要包括批发零售投资、在东道国设立办事处以及售后服务点等贸易型企业与办事机构。从美国对外直接投资的现状来看，这类投资所占比重比较大，从而产生了出口创造效应。

2. 替代效应

国内企业分支机构在东道国建立的生产基地所生产的产品除在当地销售外，还向东道国周边国家出口，当国外分支结构的生产和销售规模扩大到一定程度，势必对本公司出口产生替代效应，进而导致美国出口总额的减少。从长远看，美国企业将某产品的生产基地转移到国外后，东道国通过当地企业技术扩散和模仿，开始生产该产品，会导致产品出口的减少，而美国很多公司采取跨国经营的投资方式也必然会使本国出口贸易相对减少。

六 结论及建议

由以上分析可知，中美两国对外直接投资对出口贸易的影响主要表现为互补效应，但影响程度和范围是不一致的。中国对外直接投资对出口贸易的替代效应相对很小，影响很有限，但美国对外直接投资对出口贸易的替代效应相对来说就要大很多，这主要是因为美国跨国公司经营比较多，长期形成的替代效应要大一些。另外，我国目前跨国公司的数额还相对较少，因此中国对外直接投资的互补效应主要是中小企业的对外直接投资产生的，而美国是由跨国公司的国际化经营产生的。

借鉴美国，结合我国对外直接投资与出口贸易的关系，考虑我国对外直接投资存在的问题，我们应该积极发展对外直接投资，扩大海外投资规模，大力推动我国跨国公司的海外发展，最终带动我国出口贸易的发展。

第一，大力发展规避贸易壁垒型对外直接投资。将劳动密集型产业作为国际化经营的起点，维持出口市场份额。通过劳动密集型产业的转移,保持和扩大产业优势。

第二,建立规范的宏观管理体系。我国应设立一个全国性的统一管理机构,建立起有效的监督指标。结合国际市场制定适合中国发展的措施。

第三,培育具有国际竞争力的跨国公司,中国企业只有提高国际竞争力,增加产品科技含量,才能更有效开展对外贸易和海外投资。因此应该鼓励独立拥有知识产权、具备一定经济实力的大中型企业开展对外投资活动,注重培养人才,以满足企业跨国经营要求。同时企业应该树立全球竞争意识,正确处理对外直接投资与出口之间的关系。

第二节 对外直接投资与本国经济发展:中国和英国的比较研究

一 引言

英国历来属于贸易大国,更是积极的海外投资国,现为仅次于美国的第二大对外投资国,英国的对外投资比较集中。英国国家统计署数字显示,截至2011年年底,英国对外直接投资存量为16517亿美元。

从两国数据分析看,中国对外投资虽然起步较晚,但是发展势头迅猛,并且一直稳步上升,英国一直都是世界对外投资大国,虽然2006年对外投资额有所下降,但是截至2011年年底,依然处于霸主地位。通过这些数据可以发现,对外投资将会给本国的产业结构带来极大的影响,甚至能带动中上游产业的发展,将其推入国际市场,从而为本国的产业结构升级提供一条捷径。本章重点比较中国和英国的对外直接投资影响。

二 文献综述

(一)国外相关理论研究综述

弗农和小岛清(1978)等一些西方学者曾就对外直接投资对产业结构演进的正效应做过专门论述。他们认为,对外投资对产业结构调整的正效应主要通过三条途径体现:一是以对外直接投资方式获得本国匮乏的国外自然资源,通过缓解稀缺资源对生产的抑制作用来实现产业结构优化;二是对外直接投资方式将技术成熟或已标准化的生产过剩能力的产业和已失去竞争力的"边际产业"转移到国外,通过为新兴产业提供更大发展筛选产业结构的优化和升级;三是引进竞争机制,通过辐射效应使产业整体素质优化。

邓宁的综合生产理论(1956),将三种不同的 FDI 理论即产业组织理论、内部化理论和贸易—趣味理论集合在一起,组成一个总的框架来研究跨国公司为什么,如何以及在何处进行国际化生产,尤其是从事外商直接投资活动。

克拉克(1966)根据产业结构变动规律,总结出无论是就产值还是就业而言,一国经济发展中,第一产业比重存在不断减少的趋势,第二产业比重先是迅速增加,然后趋于稳定,第三产业比重一直增加。

(二) 国内相关理论研究综述

余杨(2008)认为,随着产业国际转移规模的不断扩大和中国经济的快速发展,中国对外直接投资规模和产业结构调整迈入新的阶段。运用对外直接调整下的产业转移和产业结构变换互动模型来研究产业转移和产业结构升级,说明中国大规模海外调整必然是随着其工业的不断发展成熟、不断升级换代而壮大起来,同时通过海外转移产业来促进国内产业升级。

蒋恩尧、李丽红(2002)指出,中国企业国际化是全球经济一体化的必然结果,也是中国经济和企业争取更大发展的必由之路。目前中国企业对外投资普遍存在投资规模小、投资相对集中、产业选择不当等问题,限制了企业的竞争力,加大了境外投资企业的风险,使境外投资企业面临随时被淘汰的危险。因此,我国企业应适应形势,抓住机遇,科学制定对外投资的战略,开创我国企业对外投资的新局面。

谭顺福(2007)认为,中国经济结构的不合理及需要重组是一个老话题。应该肯定,自改革开放以来,中国的经济结构业已有所调整。例如,农业在 GDP 中所占比重的下降;外贸结构中初级产品比例的下降;所有制结构中,各种所有制结构比例有所调整。但随着经济全球化进程的发展及中国加入世界贸易组织,经济结构的调整与重组已成为十分迫切的问题。经济结构调整是十分复杂的话题,需要做大量深入的调查研究工作及基础工作。

三 对外直接投资对本国产业结构影响的传导机制

企业的对外投资对投资国产业结构有明显的正负两方面效应。对外直接投资通过发挥传统产业转移效应，既能释放沉淀生产要素用于支持新兴产业的发展，又能获取高于国内的海外投资收益，极大地促进产业结构的升级。同时，随着对外直接投资越来越成熟，会加剧投资企业与被投资企业重合产业间的竞争，进而影响投资国的产业结构调整（见图6-1）。下面从两方面进行分析。

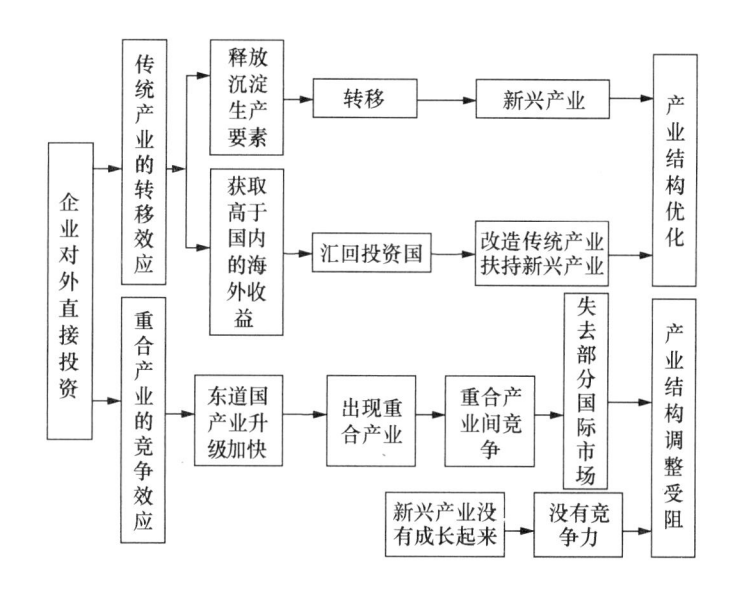

图6-1 传统产业转移效应和重合产业竞争效应的传导机制

（一）传统产业转移效应的传导机制

日本经济学家小岛清将对外直接投资界定为一种综合要素的转移，即产业转移，这种转移对东道国产业成长的影响是广泛和深远的，产业带动的过程就是国际直接投资深入东道国的生产过程，通过要素转移和要素渗透改变东道国需求结构和供给结构的过程。产业结构的调整和升级，必然伴随新兴产业的兴起和传统产业的逐步衰退，生产要素要从传统产业转移到新兴产业，其实是一个要素重新整合的过程。如果生产要素不能及时从传统行业转移出来，势必使人财物不能转移到新兴行业，削弱了产业升级的物质和技术基础，延缓了产业升级的速度。在产业退出壁垒一时难以消除，从而阻碍本国产业结构调整的情况下，通过OFDI方式，向海外转移尚可利用的传统产业生产能力，能使传统产业在一国市场顺利退出而不至于造成大的社会和经济上的负面影响,既能释放出沉淀生产要素用于支持新兴产业的发展,从而为新兴产业的发展腾出更大的空间,又能获取高于国内的海外投资效益,极大地促进本国产业结构的升级。对外投资还为新兴产业成长提供了资金、技术和有效的市场需求。通过对传统产业改造和新兴产业的扶持,能够促进投资国(地区)产业结构的升级和优化。

(二) 重合产业竞争效应的传导机制

外资对优化中国产业结构调整有明显正负效应。通过发挥资源补缺、传统产业转移、促进新兴产业成长、产业关联和辐射、海外投资收益等效应,一方面,可带动投资国的产业结构调整和升级;另一方面,又加剧了重合产业间的竞争,对中国的就业、国际收支平衡等方面带来负面效应,影响投资国产业结构调整。

在一国新兴产业还没有完全建立起来的背景下,传统产业的大量向外转移,有可能延缓一国产业升级速度。投资国企业向东道国进行直接投资,实际上是技术、管理经验等生产要素的转移,在这个过程中,由于技术溢出效应,东道国将学到的产品生产技术用于自行生产,促成国内产业结构升级,从而渐渐建立起与投资国相重合的产业。由于这些产业建立在投资国转移生产要素与东道国优势生产要素结合的基础上,从而具备了更强的国际竞争力,与投资国相同产业争抢国外市场,使投资国相关产业的出口规模缩小,而东道国返销产品又与投资国重合产业部门争夺国内市场,使投资国重合产业渐渐萎缩。这样,一方面,投资国的新兴产业还没有建立起来;另一方面,传统产业与东道国重合产业相比又没有竞争力,则投资国产业调整会陷入两难局面和在夹缝中游走状态,由此导致国内经济衰退,产业结构调整受挫。

四 中国和英国对外直接投资与产业结构发展历程和现状分析

(一) 发展历程

就中国市场而言,第一阶段是1979—1986年。这段时间是我国企业对外投资的起步阶段。参与对外投资活动的企业不多,对外投资规模不大,兴办的海外企业数也不多。1979—1986年,中方企业对外直接投资累计总额为25275万美元,年平均对外直接投资3159.38万美元;共兴办境外合资、独资企业277个,平均每年兴办35个。

第二阶段是1987—1991年。1987年,我国企业对外直接投资开始出现前所未有的跃升。当年兴办的境外企业上升到124家，直接投资额达到3.5亿美元，标志着我国企业对外投资进入迅速成长的新阶段。短短的5年中，我国企业共在海外建立独资、合资企业776家，平均每年兴办155家。

第三阶段是1992—1996年。1992年在邓小平南方谈话发表后，我国企业对外投资势头更加迅猛，这一年在国外兴办的境外企业达355家，首次突破300家大关。5年中累计兴办企业977家，年均兴办企业195.4家。

第四阶段是1997年至今。1997年以来，受国内国际诸多因素的影响，我国企业对外直接投资发展更加迅猛。到2011年，外向FDI流量已达到600.7亿美元，实现对全球132个国家和地区的3391家境外企业的直接投资。

就英国市场而言，自19世纪上半叶英国最先拉开对外直接投资序幕，第一次世界大战前英国、美国、德国、法国四国在相继完成工业革命基础上，加快了国内、国际扩张，但这一时期由于国际生产要素流动和配置活动处在分散和无序状态中，国际生产要素流动和配置的规模还比较小。另外，第一次世界大战前这些经济强国都拥有大量殖民地和势力范围，它们大多可以通过贸易甚至是武力掠夺、欺诈方式，获得工业发展所必需的低成本原料，实现资本的大幅增值。两次世界大战期间在众多不利因素影响下，国际直接投资增长缓慢。20世纪70年代初至80年代中期，国际直接投资在前一时期快速发展基础上，展现了前所未有的高速增长。80年代中期至20世纪末，国际直接投资出现了前所未有的超高速增长。

（二）现状分析

近年来，我国对外直接投资一直呈现快速增长的姿态，2002—2005年，中国对外直接投资流量年均增长速度为65.6%。2005年首次突破百亿美元大关，较上年增加1.2倍。2006年，中国对外直接投资累计净额636.4亿美元，累计成立境外投资企业9900多家，分布在全球近170个国家（地区）。联合国对158个国家的投资促进机构的调查显示，中国被许多国家列为未来主要的外资来源国。

商务部、国家统计局的数据显示，2011年，我国境内投资者对全球132个国家和地区的3391家境外企业进行了非金融类直接投资，累计实现直接投资 600.7 亿美元，同比增长 1.8%。截至 2011 年年底，我国境内投资者共在全球 178 个国家（地区）设立对外直接投资企业共 1.8 万家，累计实现非金融类对外直接投资 3220 亿美元。以并购方式实现的直接投资 222 亿美元，占我国同期对外投资总额的 37%。

2011 年年末，我国对外直接投资存量规模不断扩大，投资覆盖国家（地区）比上年增加 6 个；行业分布比较全面，商务服务业、采矿业、金融业和批发零售业占 70%；90% 的我国非金融业对外直接投资存量分布在亚洲、拉丁美洲地区。我国境外企业分布在全球 178 个国家和地区。其中，中国香港、美国、俄罗斯、日本、阿联酋、越南、澳大利亚、德国的聚集程度最高，集中了我国近一半境外企业。据悉，最近十年，我国对外直接投资（非金融类）增势强劲，年均增速接近 50%。

（三）中国、英国产业结构发展历程和现状

1. 发展历程

中国三次产业结构偏差问题主要表现为第二产业，主要是工业比重过高，而第三产业，尤其是现代服务业的比重过低。改革开放以前，长期的重工业优先发展战略导致第二产业比重畸高，1978 年，按照现价计算的第二产业增加值比重达到 47.9%，第三产业的比重仅为 24.2%；20 世纪 80 年代，随着市场化水平和居民生活水平的提高，需求增长拉动了第三产业的增长，三次产业结构偏差有所矫正。到 1990 年，第二产业增加值比重下降到 41.6%，第三产业比重增长到 37%；但是，90 年代以后，特别是 90 年代后期的工业化和城镇化带动了第二产业的新一轮快速增长，其在国民经济中按现价计算的增加值比重由 1998 年的 46.2% 上升到 2006 年的 48.7%。

中国自从 1979 年开始实施经济体制改革和产业结构调整以来已经整整 20 年了。在这 20 年的进程中，改革始终围绕着提高企业经济效益，建立国家创新体制，增强国家经济竞争力这个中心环节，经历了改革初期的困难时期，冲破重重阻力，直到现在取得令世人瞩目的成果。与此同时，伴随着这一改革进程，政府和企业的功能不仅得到了完善，更重要的是人们的思想认识经历了全新的变化，就这个意义上讲，是影响巨大而深远的革命。

2. 现状

我国产业结构与经济增长之间具有共同的随机变动趋势。因此，通过调整和优化产业结构从而控制经济增长的产业政策在中国是有效的。在过去，农业的作用尽管非常巨大，但是它的贡献度在降低，经济主要靠第二产业的拉动，其次是服务业，而主要又是来自工业。第二产业在整个经济中比重最大。而第二产业主要是工业，包括电力产业、钢铁产业、建材工业、能源工业等。第三产业相对比较平稳，平均每年的贡献程度大约在30%。传统的第三产业还会保持相对平稳的发展趋势，而更多地适应全面建成小康这样一个大趋势，应运而生的各种各样新兴的服务业，可能会加速第三产业的成长，因此，服务业在整个经济中的贡献的程度会继续有所上升。

英国随着产业结构的调整，高科技产业得到了长足的发展，科研成果转化为生产力的速度逐步加快。就生物技术领域而言，英国生物技术中小公司已发展到270个，占全欧洲的1/4强，其中50多所公司分布在牛津大学周围，形成了包括风险投资、技术咨询、法律、专利、知识产权等服务体系的完整的延伸到我国技术群体的网络。

五　中国、英国对外直接投资对投资国产业结构的影响：基于传导机制的分析

对外直接投资对中国、英国的产业结构有正负两方面的影响：

（一）传统产业转移效应

我国汽车、摩托车等传统产业的转移，一方面，使摩托车产业沉淀的劳动力、资金等生产要素转移到高技术等新兴产业，为新兴产业发展提供了技术和物质基础，有利于新兴产业的迅速发展。另一方面，从整体上看，我国产业结构具有多层次阶梯状的特点，表现为一部分产业以劳动密集型为主，还有一些高技术产业已进入世界一流水平。我国纺织、食品和轻工等行业拥有过剩的加工能力，这些劳动密集型行业在国内市场已经饱和，属于"边际产业"，因此把这些产业转移到在国际分工中处于更低阶梯的国家，将有助于国内产业结构的调整。我国目前的国情与日本20世纪六七十年代的国情有相似之处，即存在着借助发展对外直接投资对正在进行的国内产业结构的优化发挥推动作用。在国内生产能力过剩的情况下，通过对外直接投资，把传统产业向发展中国家转移，可以有效避开被投资地区的关税壁垒和国内同行的竞争，从而获取高于国内的利润和收益。企业为了保持高利润和强竞争力，必然要求生产环节进行合理调整，从而促使整个产业素质的提升，产业结构优化。

英国作为产业革命发源地，历史上其传统产业在经济中占有相当大的比例，具有举足轻重地位。随着科学技术的飞速发展，特别是经历了两次世界大战后，全球的政治、经济格局发生了革命性的彻底变化。在市场机制的作用下，英国传统产业的结构也发生了根本性变化，曾经是英国骄傲的纺织、冶金、造船、煤矿等传统产业已失去往日的辉煌，日渐萎缩；而另一些传统产业，如航空、化工、制药、汽车等经过不断地技术改造和创新依然对英国经济的发展、国家的繁荣起着不可替代的作用。面对知识经济的兴起，英国的传统产业面临着日益激烈的全球化竞争和科学技术迅猛发展的挑战。

（二）重合产业竞争效应

在经济发展过程中，重合产业是国际生产转移的一个过渡性时期。该产业在发达国家属于竞争力下降、技术趋于标准化的产业，而在发展中国家属于技术含量较高，本国比较优势范围内的产业。重合产业从产业理论上是发展中国家必将占优势的产业，在国内还是技术含量相对较高、国际市场需求较旺的产品。但是，新兴产业发展的同时，传统产业对中国经济发展依然起着至关重要的作用，所以，目前还未展开大规模的传统产业转移。而且许多发展中国家的经济发展水平与国际还存在着很大差距，短时间内还不可能形成重合产业与传统产业展开竞争。因此，重合产业竞争效应影响不大。

对英国来说，发展中国家与发达国家在重合产业技术构成的相似性，决定了发展中国家与发达国家在重合产业部门劳动的投入是等量的。在重合产业运作过程中，可能出现两种情况：一种情况是当采用相似的技术设备和技术工艺，配备了数量相等劳动力后，起初可能达不到相同的产出率，但经过一段时间，随着劳动熟练程度的提高，最终能够达到相同产出率；另一种情况是当采用相似的技术设备和技术工艺，为了保证相同的产出率，其配备的劳动数量可能高于发达国家，但当劳动熟练程度提高后，多余劳动力可以从操作岗位上精减下来。两种结果都使发达国家重合产业产品在国际市场上的竞争力要弱于发展中国家。因此，重合产业竞争效应影响较大。

六　结论与建议

经过以上分析可知，我国作为发展中国家，对外直接投资主要通过发挥传统产业转移效应促进我国产业结构调整和升级，而重合产业竞争效应的影响目前来说还很小。对外直接投资的发展将会极大地促进投资国的产业结构的调整与升级，同时为国内有竞争优势的产业让出资源，从而使投资国原有的产业结构得以不断调整和升级。

第一，对外投资使国内剩余生产能力得到充分利用。生产能力过剩、现有生产能力得不到充分利用是我国当前及今后一个时期内经济发展的"瓶颈"之一，如不能及时调整，将会使我国现有资产存量的收益下降，导致呆账、坏账的产生，并使许多企业陷入困境，整个产业结构的升级过程也会受到影响。通过发展对外投资，在全球范围内重新配置这些生产能力，就能使这些资产继续发挥作用，同时也能促进国内结构调整，使国内企业摆脱困境。

第二，面对全球技术革命和知识经济的兴起，我国要尽快形成一批具有高附加值和高技术含量，同时成本和质量有竞争力的新兴产业与高技术产业，以增强我国产业在全球经济中的竞争力。然而，高新技术产业不仅需要大量的技术研发投入，而且需要大量的资金投入。我国虽然国内市场容量大，但相对于一些高新技术产品，国内需求不足，必须以全球市场为目标，才能进行大规模生产和经营。因此，到国外寻求市场，对部分高新技术产业和新兴产业的发展非常重要。

第三，政府要加强对优势产业转移的监控，减少优势产业的对外直接投资，保护其技术、管理上的优势，尽量避免重合产业竞争效应的影响。

第三节 对外直接投资与本国经济发展：中国和日本的比较研究

一 引言

日本对外直接投资规模从第二次世界大战后开始迅速扩张，1951—1962年，平均投资额仅为0.439亿美元，到1989年对外直接投资流量已增至675.4亿美元，成为当年世界第一大投资国。联合国贸易和发展会议（UNCTAD）2011年世界各国对外直接投资额显示，到2011年，日本较上年度增长105.5%，达到1157亿美元，国别排名由2010年的第 7 位上升到第 2 位。

再从中日两国就业数据看，虽然两国的就业都面临着严峻形势，但中国的就业率是稳健上升的，日本的就业率基本处于持平水平。2011年年末，中国就业人员总量达到 76420 万人，比 2002 年的 73280 万人增加 3140 万人，年均增加 348.9 万人。其中，全国城镇就业人员总量由 2002 年的 25159 万人增加到 35914 万人，累计增加 10755 万人，年均增长超过 4%；2011 年年末，全国乡村就业人员总量由 2002 年的 48121 万人减少到 40506 万人，累计减少 7615 万人，年均减少 1.9%。日本方面，在 1990 年就业量为 6249 万人，到 2011 年就业量为 6265 万人，在 21 年间增长了 16 万人，仅增长了 0.21%。很显然，两国就业量的增速有很大不同。

二 文献综述

（一）国外对外直接投资的就业效应的相关研究

就业替代理论。贾塞（1960）认为，对外直接投资对本国就业效应主要表现为替代效应。这是由于对外投资主体为了利用国外资源优势或者东道国市场前景，而将产品生产转移到国外，从而使得本国的投资或消费减少，即国内投资被对外直接投资所替代。出口减少或者进口增多都会导致本国就业被对外直接投资替代。

就业补充理论。霍金斯（1972）认为，对外直接投资对本国的就业影响主要表现为补充效应。这是由于对外直接投资主体在国外设立子公司进行生产，子公司则会增加对本国资本设备、中间产品和辅助产品的需求，从而促进了本国的就业。

就业组合效果论。布鲁姆斯特龙（1994）认为，对外直接投资的发展既有正的效应，也有负的效应，效应的大小取决于正负两方面效应力量的对比以及国际对外直接投资的产业分布等。

就业结构优化论（Forsand Kokko，1999）。该理论认为，由于管理职能集中于母公司，为本国创造了许多非生产性就业机会，即服务业和新兴产业大力发展，利于本国就业结构的优化升级，能够提升各产业对就业量的吸纳能力。

（二）我国对外直接投资的就业效应的相关研究

寻舸（2002）认为，对外直接投资对本国就业的替代效应主要发生于传统工业部门，而刺激效应则增加了新兴产业部门和第三产业部门就业机会，增加科技人员和企业管理人员就业人数中比重，提高了就业质量。

苗晓宇（2006）认为，对外直接投资对就业的影响取决于三种效应：生产替代效应、出口刺激效应以及投资国总部和辅助企业就业效应，三者相抵后，正效应促进就业机会，负效应则减少就业机会。

程俊杰（2008）认为，一国的就业问题本身是结构性的，对外直接投资带动了以前由于资源不足而导致生产不足行业的生产，从而促进了就业。因此，对外直接投资也能在一定程度增加本国就业。

张婷婷（2008）认为，对外直接投资的出口对就业拉动作用十分明显。对外投资对贸易是替代作用还是补充作用，取决于对外投资企业的投资目的。如果企业为了利用国外资源优势而进行对外直接投资，投资对贸易的替代作用将占主导地位；如果企业对外投资是为了跨越国外的贸易壁垒，或者是为了实现生产的规模化效应，那么对外投资对贸易的补充作用就会占上风。后者会促进本国的产品出口，从而增加就业机会。

（三）直接投资对本国就业的影响的传导机制

对外直接投资对投资国的就业效应主要分为刺激效应和替代效应。刺激效应是指对外直接投资量的增加会引起本国就业量的增加；替代效应是指对外直接投资量的增加会引起本国就业量减少。

刺激效应主要是从三方面促进本国就业：一是本公司资本品及劳动力出口增加；二是本国关联行业的产品需求及服务增加；三是本公司国际知名度增加导致本国出口增加。替代效应也主要从三方面来影响本国就业：一是产品生产转移到了国外，会减少就业机会；二是国外子公司的产品可能返销到本国，致使本国进口增加，导致本国就业减少；三是海外子公司利用其成本优势与本公司对第三国出口进行竞争。每个投资国的就业效应都不是单一的，两个效应同时存在，当刺激效应大于替代效应时，则促进本国就业；反之则会致使国内就业机会减少（见图6-2）。

三 中日两国对外直接投资与就业的发展历程和现状

（一）中国与日本对外直接投资发展概况

中国方面，1982年，对外直接投资流量为4400万美元，2011年的对外直接投资净额为1982年的514倍多，相当于中国1990年对外直接

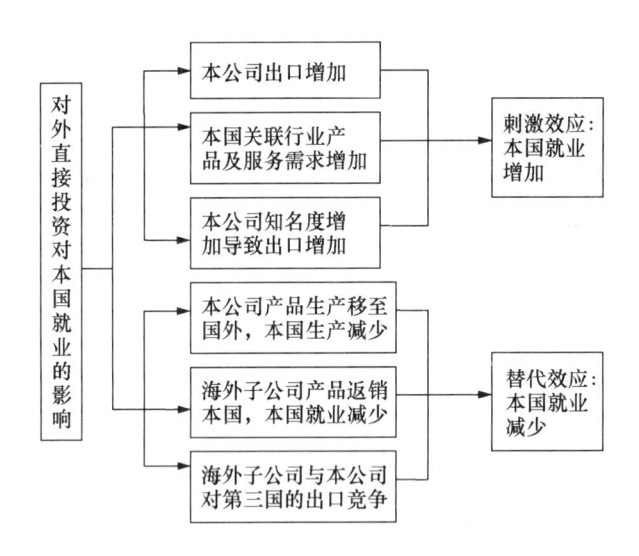

图 6-2　对外直接投资对本国就业量影响的传导机制

投资流量的 76 倍多。2002—2011 年，我国对外直接投资（非金融类）的年均增长速度高达 49%，对外直接投资流量的高速增长也导致其存量的迅速增长。2011 年年末，中国共有 1.8 万家境内投资主体在世界 178 个国家和地区开展直接投资，累计实现非金融类对外直接投资 3220 亿美元，相当于 1985 年的 253 倍，相当于 1990 年的 13 倍，在世界投资国家和地区中，中国对外直接投资流量地位稳中有升。从投资结构来看，商务服务业 305.2 亿美元，占 25.9%；批发和零售业 202.3 亿美元，占 17.2%；金融和保险业 167.2 亿美元，占 14.2%；采矿业 150.1 亿美元，占 12.7%；交通运输、仓储和邮政业 120.6 亿美元，占 10.2%；其他行业为 233.7 亿美元，共占 19.8%。

日本方面，1992 年的对外直接投资流量为 174 亿美元，曾在 1989 年日本晋升为当年世界第一投资大国，之后日本的投资地位虽然有所下降，但到 2011 年回升到世界第二大投资国，2011 年年末，日本对外直接投资流量为 1157 亿美元，相当于 1992 年的 6.6 倍多。日本对外投资的地区重点不断发生变化。进入 21 世纪以来，日本对欧美等发达国家的直接投资额有所下降，对亚洲、中南美等发展中国家直接投资额有所上升，但是日本对发达国家的直接投资仍占较大比重。

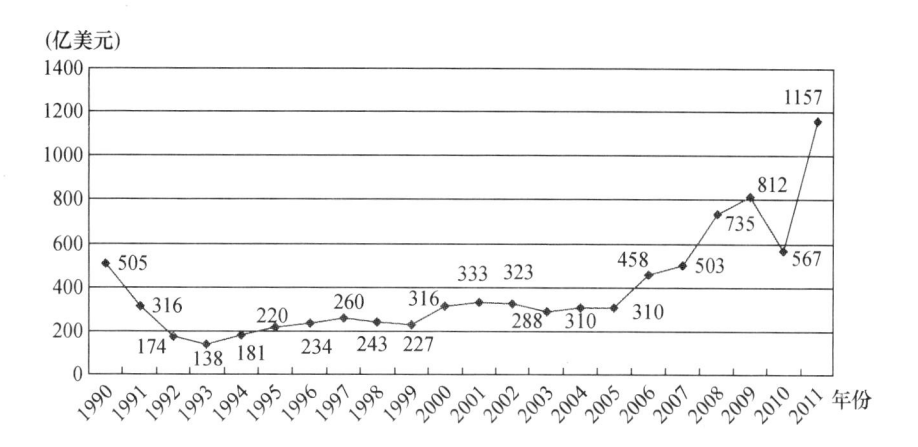

图 6-3 日本对外直接投资流量

（二）中国与日本就业情况

中国方面，1990 年就业人员为 64749 万人，其中第一产业的就业人员为 38914 万人，第二产业的就业人员为 13856 人，第三产业的就业人员为 11979 万人。2006 年的就业量为 76400 万人，其中，第一产业的就业人员为 32561 万人，第二产业的就业人员为 19225 人，第三产业的就业人员为 24614 万人。很明显，就业结构在不断优化，从事第一产业的就业人员比例逐渐减少，第二、第三产业的就业人员比例不断升高。再到 2011 年就业人员为 76420 万人（见图 6-4），就业率达到 58.34%（见图 6-5）。

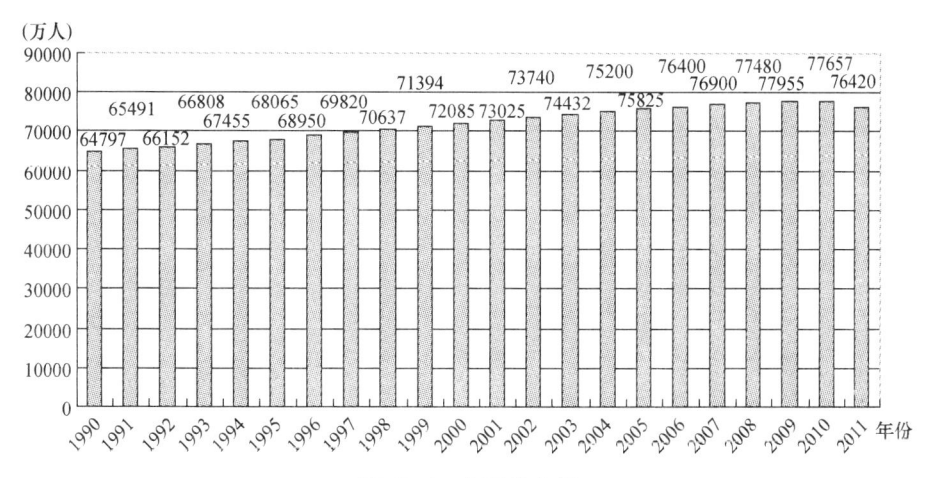

图 6-4 中国就业量

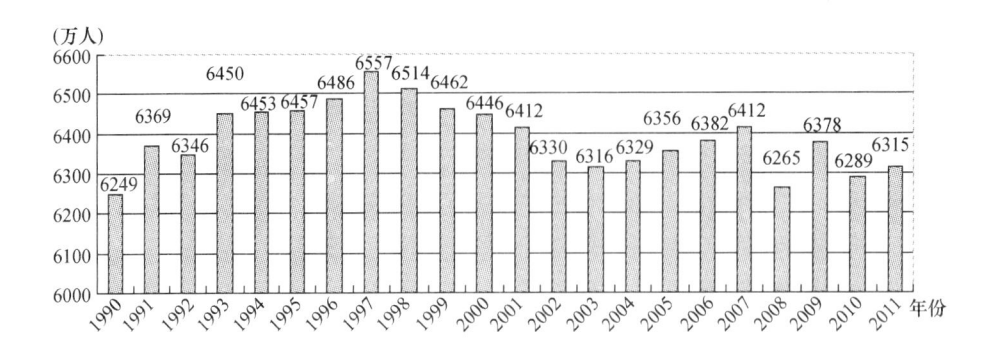

图 6-5　日本就业量

日本方面，1990 年就业人员为 6249 万人，就业率为 61.9%，其中，农林业的就业人员为 441 万人，建设业的就业人员为 588 万人，销售业的就业人员为 1415 万人。

四　中国与日本的对外直接投资对本国就业效应比较

对外直接投资对国内就业影响取决于对外直接投资的置换效应和刺激效应。刺激效应强于替换效应时，就业效应呈现的是正效应，表现为本国就业机会的增加；替换效应弱于刺激效应时，就业效应呈现的是负效应，表现为本国就业机会的减少。

结合中国的对外直接投资数据和就业数据进行分析。1990 年的对外直接投资流量仅为 9.1 亿美元，2005 年对外直接投资流量为 122.7 亿美元，2008 年对外直接投资流量则达到了 6007 亿美元，是 1990 年的 61 倍之多，是 2005 年的 5 倍之多，显然，中国在加入世界贸易组织以后开放程度不断扩大，对外直接投资也迅速发展。1990 年的就业量为 64749 万人，2000 年的就业量为 72085 万人，到 2011 年增长到了 76420 万人，21 年期间就业量一直处于不断上升趋势。1990—2011 年，对外直接投资净额与就业量均呈上升趋势。

中国的对外直接投资主要为了满足国际市场，以产品出口为主，是世界第三大贸易出口国，对外直接投资主体主要在国内直接生产后，出口到国外以满足世界市场需要，从而为投资国提供了相当数量的就业机会，本国就业增加。同时本国的出口行业的关联产业的产品和服务需求也会增加，更能促进就业量的增加，所以中国对外直接投资的刺激效应非常强烈。对外直接投资生产移至国外子公司，或者子公司产品返销本国，这都会引起本国就业机会的减少，这即是对外直接投资的替代效应，但由于中国目前对外直接投资程度还不是很高，所以产品移至国外生产的不多，表现为对外直接投资替代效应较弱。很明显，刺激效应强于替代效应，所以，中国的对外直接投资对就业影响表现为正效应，能够促进本国就业增长。

结合日本的对外直接投资数据和就业数据进行分析。日本对外直接投资流量曲线在1990—1993年呈下降趋势，直到2011年曲折波动，但总体而言，呈上升趋势，1993年日本对外直接投资流量仅为138亿美元，2011年上升到11546亿美元。而就业量曲线则基本保持水平发展趋势有明显上下波动，1990年的就业量为6249万人，2000年的就业量为6446万人，2011年的就业量为6315万人，显然，日本就业曲线在21年间没有呈上升趋势，只是有些细微的波动。在对外直接投资流量增长的同时，就业量并未上升，对外直接投资流量曲线与就业量曲线两者的趋势明显不一样，所以对外直接投资流量与就业量不呈正相关。

日本对外直接投资发展程度高，为了利用国外廉价资源，同时满足国际市场的需要，所以通过跨国公司将产品生产移至国外，在短期内会使本国的就业机会减少，同时海外子公司的产品返销回本国，同样会引起本国就业机会的减少，这是对外直接投资就业效应的替代效应；另外，日本跨国公司的国际知名度带动了日本的出口，也带动了关联行业发展，都促进了就业机会的增加，这是对外直接投资对就业的刺激效应。由于日本本土资源缺乏且市场趋于饱和，其投资主体着重在国外投资，将产品生产转移至国外，故日本就业效应的替代效应强于刺激效应，所以本国的就业机会减少。在一定时期内，日本国内就业结构不变的前提下，其对外直接投资的增长并不能使就业机会增加。因此，当对外直接投资流量自1993年以来呈上升趋势时，就业量仅保持低水平发展趋势，表明对外直接投资对就业增加的刺激作用并不明显。

对外直接投资对就业的影响主要表现为刺激效应和替代效应，刺激效应强则本国就业机会增多，替代效应强则本国就业机会减少。中国的出口贸易相当发达，对本国就业的刺激效应强于替代效应，所以对外直接投资会促进就业机会的增加。日本对外直接投资主要在国外进行生产，对本国就业的替代效应强于刺激效应，所以对外直接投资净额的增长对就业的刺激作用并不明显。

五 结论与建议

鉴于对外直接投资就业效应的存在已被充分证明，发挥正效应时会促进就业，负效应则会减少就业机会。中国与日本对外直接投资状况不同，所以对本国就业的影响也不同。中国政府应认真看待对外直接投资对就业的影响作用，积极引导企业等相关市场主体共同努力促进对外直接投资对就业正效应的产生，从而增加就业机会，吸纳更多的就业人口，达到提高人民生活水平、促进国家经济繁荣的目的。

首先，加大对外直接投资政策支持力度。政府应建立和完善政策促进体系，加大在财税、金融、外汇等方面对对外直接投资的政策支持力度，建立规范的宏观管理体系，为我国对外直接投资的进一步大规模发展，做好充分准备。

其次，加强促进本国出口产业相关产业和服务行业的发展。比如大力拓展完善初级产品市场或者相关法律咨询服务等，以扩大就业吸纳量，提高本国的就业率。

最后，增强投资主体的国际竞争力，积极发展跨国投资主体。建立一批具有国际竞争力的大型跨国公司，提高投资主体的科研能力，自主掌握知识产权，促使投资主体更能发挥其对本国经济的刺激效应。

第四节 对外直接投资与本国经济发展：中国和德国的比较研究

一 引言

20世纪50年代以来，随着联邦德国战后经济的恢复和发展，对外直接投资逐渐提到日程。20世纪60年代中期，德国对外直接投资存量总额在美国、英国、法国、瑞士和加拿大之后，居全球第6位。进入20世纪90年代以来，东西德统一后，德国已成为世界对外直接投资最多的国家之一，对外直接投资存量仅次于美国、英国和日本，居世界第四位。德国作为对外直接投资最多国家之一，中国作为对外直接投资的后起之秀，研究中德两国的对外直接投资，可以借鉴发达国家一些好的发展模式，对中国对外投资和经济发展产生重要作用。

二 文献综述

(一) 国外相关研究

弗农(1966)认为,从贸易方面,随着产品从"创新"到"标准化",创新国会由出口国变为进口国,劳动力成本较低的国家则由进口国变为出口国,而且新产品的周期演进逐步转移到发展中国家;从投资方面,投资国有生产、技术等优势,而东道国拥有资源和廉价劳动力等的区位优势,如果把二者结合起来,投资者就可以克服国外生产所引起的附加成本和风险。

小岛清(1978)认为,对外直接投资应该从本国已经处于或即将陷入比较劣势的产业(可称为边际产业)依次进行。投资国应选择在东道国具有相对优势地位的产业部门进行直接投资,而在本国国内集中力量发展优势产业,有利于本国的产业结构优化。

威尔斯(1983)认为,发展中国家跨国公司的竞争优势主要表现在三方面:拥有为小市场需要服务的劳动密集型小规模生产技术,在国外生产民族产品,产品低价营销战略。

邓宁(1981)认为,一国的国际投资规模与其经济发展水平有密切关系,人均国民生产总值越高,其对外直接投资净额就越大。实证分析了67个国家从1967—1978年直接投资和经济发展阶段之间的联系。发展中国家的对外直接投资倾向取决于一国的经济发展阶段和该国所拥有的所有权优势、内部化优势和区位优势。

(二) 国内相关研究

李东阳(2002)认为,国际直接投资是指一国的投资者将资本用于他国的生产或经营,并掌握一定的经营控制权的投资行为。它是资本国际流动的主要方式之一。资本国际流动弥补或缓解了东道国的投资缺口,还带动了其他生产要素的国际转移,从而促进了国际贸易、技术进步和生产效率的提高,推动了各国的经济增长。

马亚明(2003)认为,技术落后厂商进行FDI可能是为了在地理上靠近先进厂商以分享技术溢出好处,而不是为了利用已有的优势,从而在理论上阐明了发展中国家企业进行FDI的经济合理性。

汪琦(2004)认为,对外直接投资通过发挥资源补缺、传统产业转移、新兴产业成长、产业关联和辐射、海外投资收益等方面的效应有力地带动投资国的产业结构调整和升级。

董蓉蓉、臧新（2007）运用格兰杰因果检验和建立韩国对外直接投资与产业结构的定量模型，验证了韩国产业结构调整促进了对外直接投资的扩大，其中，第三产业的发展对韩国对外直接投资影响程度最大。

三 对外直接投资的经济增长效应：一个传导机制

对外直接投资对一国的经济增长产生重要的促进作用，它促进资本形成、产业结构优化、技术进步、对外贸易发展、国际收支平衡和增加就业机会。下文仅从生产要素效应和产业结构优化效应来探讨对外直接投资的经济增长效应。

（一）生产要素配置效应

所谓生产要素，是指进行社会生产经营活动时所需要的各种资源，包括劳动力、土地、资本、技术、信息等。

生产要素是实现经济增长的源泉，通过国际交换，实现生产要素合理配置。为此，对外直接投资将发挥重要作用，这主要表现在以下几个方面：

（1）通过投资于国外资源性行业，能合理有效地利用国外的自然资源，弥补国内资源的短缺，促进国内经济发展。

（2）可以吸收其中的先进技术，学习有效的管理经验和方法，这有助于提高国家整体技术水平，提高企业经营的效率。

（3）获得更多国外资本，增加外汇收入，从国际金融市场上筹措到大量资金，便于资本积累。

（二）产业结构优化效应

产业结构，亦称国民经济的部门结构。是研究生产资料与生活资料两大类之间的关系。一般划分为第一产业（农业）、第二产业（工业）和第三产业（流通、服务等），也可以划分为劳动密集型产业、资本密集型产业和技术密集型产业。

对外直接投资对产业结构的调整促进经济发展，主要表现在：

（1）资源补缺、传统产业改造升级。由于国内商品供给与需求的失衡，会导致一部分产业生产能力过剩，并非完全归因于产品的质量、层次与水平。传统产业的大部分产品适应一些发展中国家甚至发达国家的市场需求，通过对外投资，在全球范围内重新配置这些生产能力，将使这些资产继续发挥作用，促进国内结构调整，减轻国内企业困境。

（2）促进高新技术产业发展。一国的综合国力在很大程度上取决于科技发展水平，而高新技术则是其集中体现。然而，高新技术产业需要大量的技术开发投入，许多生产项目需要巨额投资，如果小批量生产，不能弥补前期的大量投资，企业就不会有投资的积极性。通过对外投资到国外市场，可以大量规模生产和管理弥补国内需求不足。

四 中德两国对外直接投资发展概况

（一）德国对外直接投资概况

1. 德国是对外直接投资大国

如表6-3所示，1990年年末、2000年年末、2010年年末，德国对外直接资本流入存量分别占全球存量的5.5%、3.6%、4.0%，均在全球排名第5位；对外直接资本流出存量分别占全球存量的7.3%、6.8%、7.3%，均在全球排名第4位。存量逆差逐渐扩大，从1990年年末的403.5亿美元扩大到2010年年末的6768.4亿美元；2010年年末，逆差相当于流出存量的49.1%。

表6-3　　　　　1990年年末、2000年年末和2010年年末
德国对外直接投资存量及其全球地位

年份	流入存量（亿美元） 德国	流入存量（亿美元） 世界	占比（%）	排名	流出存量 德国	流出存量 世界	占比（%）	排名
1990	1112.3	20187.8	5.5	5	1515.8	20868.2	7.3	4
2000	2716.1	74425.5	3.6	5	5418.7	79674.6	6.8	4
2010	7016.4	177434.8	4.0	5	13784.8	189821.2	7.3	4

资料来源：联合国贸发会议（UNCTAD）：《世界投资报告（2011）》。

如表6-4所示，2007—2010年，德国直接资本流入净额分别占全球总额的3.6%、1.4%、3.2%，在全球排名第7、第15、第6位；直接资本流出净额分别占全球总额的7.2%、7.0%、5.0%，均在全球排名第4位；这3年，FDI流量逆差额分别为859.5亿、1101.6亿、271.0亿欧元，分别相当于流出额的52.9%、81.8%、43.2%。

尽管近年德国在OFDI流出存量、流量规模上通常低于美国、英国、法国，但主要原因为美国、英国是全球金融中心，按现有OFDI统计方法，美国、英国数据中包含大量金融市场投资和中转性投资，从纯

粹实业投资看,德国和它们相比并不逊色。

表6-4　　2008—2010年各年德国对外直接投资流量及其全球地位

年份	流入存量（亿美元） 德国	流入存量（亿美元） 世界	占比（%）	排名	流出存量（亿欧元） 德国	流出存量（亿欧元） 世界	占比（%）	排名
2008	765.43	20999.73	3.6	7	1624.92	22675.47	7.2	4
2009	244.35	17708.73	1.4	15	1345.92	19287.99	7.0	4
2010	356.06	11141.89	3.2	6	627.05	11009.93	5.7	4

资料来源:联合国贸发会议(UNCTAD):《世界投资报告(2011)》。

2. 德国对外直接投资

(1) 从存量结构看,制造业外资存量占比总体持续下降。如表6-5所示,在德国对外直接投资存量中,不动产和商务类占比先从1995年年末的28.4%持续升至2010年年末的46.9%,其中,2010年年末公司权益持有类存量占比就达41.2%;1995—2010年,金融中介类投资存量占比从24.3%降至17.6%,制造业存量从31.1%持续下降至18.2%。到2010年年末,输出存量中占相对大份额的还包括批发零售维修、运输仓储通信,分别在存量总额中占9.4%、4%。

表6-5　　德国对外直接投资存量按形成企业行业分类结构变化　　单位:%

年份	农林渔	采矿	制造	供水电气	建筑	批发零售维修	运输仓储通信	金融机构	不动产和商务	公司权益持有
1995	0.2	1.1	31.1	0.1	0.4	13.1	0.8	24.3	28.4	25.5
2000	0.1	0.8	23.8	0.5	0.2	9.6	1.8	19.2	43.2	39.6
2010	0.1	0.4	18.2	2.3	0.2	9.4	4	17.6	46.9	41.2

资料来源:德国中央银行(www.bundesbank.de)。

(2) 不动产和商务、金融保险、制造业、通信是近年德国对外直接投资的主要行业大类。按表6-6的数据,2006年和2010年,这些行业在德国对外FDI流量中占比分别为21.7%、35.11%、33.6%、6.7%。

表 6-6   2006—2010 年德国对外直接投资流量分类行业结构   单位:%

年份	制造业	供水电气	批发零售修理	运输仓储	通信	金融机构	保险基金	不动产和商务	公司权益持有
2006	33.6	1.1	1.8	-2.7	6.7	31.8	3.3	21.7	17.1
2007	25.8	0	1.4	-0.4	3.2	-8.3	9.2	56	35.5
2008	17.1	2.6	4.3	3.1	9.6	7.8	5	38.9	29
2010	-22.8	15.3	-16.9	-1.8	-4.9	37.3	4.6	59.2	49.1

注：2009 年数据缺。

资料来源：德国中央银行（www.bundesbank.de）。

(二) 中国对外直接投资概况

据商务部统计，2011 年，我国境内投资者共对全球 132 个国家和地区的 3391 家境外企业进行了非金融类直接投资，累计实现直接投资 600.7 亿美元，同比增长 1.8%。截至 2011 年年底，中国境内投资者共在全球 178 个国家（地区）设立对外直接投资企业 1.8 万家，累计实现非金融类对外直接投资 3220.1 亿美元（见表 6-8）。

表 6-7   1990—2010 年中国对外直接投资净额（流量）   单位：亿美元

1991 年	1992 年	1993 年	1994 年	1995 年	1996 年	1997 年
10	40	43	20	20	21	26
1998 年	1999 年	2000 年	2001 年	2002 年	2003 年	2004 年
27	19	10	69	27	28.5	55
2005 年	2006 年	2007 年	2008 年	2009 年	2010 年	2011 年
122.7	211.6	265.1	559.1	565.3	688.1	696.2

表 6-8   2002—2011 年中国对外直接投资累计净额（存量）单位：亿美元

2003 年	2004 年	2005 年	2006 年	2007 年	2008 年	2009 年	2010 年	2011 年
332	448	572	906.3	1179.1	1839.7	2457.5	3172.1	3320.1

2011 年，我国对欧洲、非洲的直接投资分别达到 46.1 亿美元和 17 亿美元，同比增长 57.3%、58.9%。其中，对欧盟的投资 42.78 亿美元，同比增长 94.1%。

2011 年，以并购方式实现的直接投资 222 亿美元，占我国同期对外投资总额的37%。并购领域主要涉及采矿业、制造业、电力生产和供应业、交通运输业、批发零售业等。中化集团通过香港子公司以30.7亿美元收购挪威国家石油公司巴西 Peregrino 油田40%股权，是2011年我国企业最大的境外收购项目。

2011年，地方对外直接投资203亿美元，占同期对外直接投资总额的33.4%；同比增长24.4%，远高于全国增幅。其中，中部地区同比增长64.1%，是对外投资发展最快的地区；其次为西部地区，同比增长42.9%；浙江、山东、江苏、广东、上海等位居地方投资的前列。

五 中德两国对外直接投资的经济效应：基于传导机制的比较研究

对外直接投资能够促进一国生产要素合理配置和产业结构优化，对经济发展产生重要作用。具体分析如下：

（一）从生产要素看

（1）资源。德国自有资源相当缺乏，工业消耗量大，资源矛盾日益突出。德国对亚非拉国家的投资多为资源性投资，可以弥补国内资源短缺问题。我国资源种类比较齐全，但人均占有量则相对贫乏。如石油、木材、橡胶、铁矿等重要资源人均占有量远远低于世界人均水平，不少资源需要从国外大量进口。我们要将眼光投向国外，在境外有选择地建立一批战略性资源开发生产供应基地，弥补国内资源的短缺，促进国内经济的发展。因此，发展对外资源寻求型为主导的投资，对两国经济发展具有巨大的推动作用。

（2）技术。德国作为发达国家，其科学技术发展水平较高。德国对外投资主体为发达国家，美国是全球科技最发达的国家，德国对外投资中有相当大一部分在美国，有利于德国学习先进的技术，对本国经济发展具有较大推动作用。中国作为发展中国家，科技发展较晚。目前，我国对外直接投资很大部分流向亚洲，占投资总量的62%，其中约75%的投资流入中国香港地区。加上占总额19%的拉丁美洲，我国80%以上的对外直接投资投向了亚太地区，相比之下，欧洲等其他地区所占份额极小。这种过于集中的区域投资结构不利于中国学习西方先进的科学技术和管理方法，阻碍中国经济发展。

（3）资本。德国的对外直接投资是资本过剩的产物，或者说是资本输出的一种形式，可以称为"资本过剩型跨国投资"。而中国不存在资本过剩的问题，而且国内建设资金短缺，大规模引进外资仍将是中国以及发展中国家经济发展的一项艰巨任务。

（二）从产业结构看

（1）传统产业。发达国家现有对外直接投资是在国内产业结构高度化的基础上进行的。德国制造业为其传统产业，由于德国自身重视环保，将很多传统化工业转移到国外特别是一些发展中国家，不仅有利于自身环境，而且也调节了国内的供求关系。与之不同的是，发展中国家整体产业素质仍然偏低。虽然我国对外直接投资行业在不断扩展，目前已涉及第一、第二、第三产业的各个行业，范围相当广泛，但是投资行业重点相对集中。2011年年底，商务服务业、批发和零售业占我国对外直接投资总额的43.1%，采矿业、交通运输和仓储业、制造业占23.0%，总计达66.1%。这些行业大多技术含量低、劳动力密集，与我国国内企业技术研发水平低、产品市场竞争激烈、生产能力过剩等因素有关。例如，纺织品、家用电器等行业是我国目前制造业对外直接投资的重点。然而，计算机服务和软件业、科研和技术服务等技术密集型、资本密集型产业在我国对外直接投资中所占比重很小，不到10%。可见，我国对外直接投资行业结构存在失衡状况。

（2）高新产业。发达国家跨国公司的行业分布相对集中于高附加值、高技术含量产业。德国对外直接投资最大对象为欧洲和美国，且大都为发达国家，是先进生产力生产技术的集聚地。而发展中国家的跨国公司，更多集中于多种经营和传统制造业。以发达国家公司为主的全球最大100家跨国公司与发展中国家最大50家跨国公司相比，产业分布有很大不同。全球100家最大跨国公司，投资相对集中于电子、电器设备、化工与制药、汽车等行业，而发展中国家跨国公司在这些行业中的投资比例较低，尤其是汽车、传媒和电信三个行业，发展中国家的跨国公司很少涉足。

六　结论及建议

通过以上分析得出，对外直接投资可以通过生产要素配置和产业结构优化两个方面促进经济的增长，德国的对外直接投资模式优于中国模式，通过比较中德两国对外直接投资，吸取德国对外投资中好的模式，对中国的对外直接投资有如下建议：

（一）基础资源寻求型的对外投资地区：发展中国家

虽然中国在劳动力要素上具有相对成本优势，但在某些自然资源

(包括石油、天然气、矿产、森林和土地资源等）上却显得缺乏。要使相关行业保持稳定增长，国内现有的已开发资源，从质量和数量来看都远远不能满足要求。从国家的角度来看，建立稳定的国际资源市场渠道是实现中国经济可持续发展的前提条件。因此，进行海外投资，开发资源就显得十分必要。

投资重点地区应该是：第一类是部分亚洲国家。例如，东南亚的森林资源，西亚、中亚的石油、铁、钾盐等都对我国有着巨大的吸引力。而且我国在这些地区投资具有地缘政治、经济、文化等有利因素。第二类是拉美、非洲、中东欧等国家。例如，拉美的巴西、墨西哥、智利、委内瑞拉、秘鲁等国的石油、铁、铜和森林资源丰富，投资基础良好；利比亚、尼日利亚、南非、扎伊尔、赞比亚等国的石油、铜、铬、铁等矿产资源和森林资源丰富，都是我国紧缺的自然资源。根据这些产业的类型，投资手段最好选择与当地企业合资开发，或者是增资入股，跨国并购的可能性比较小、难度比较大。

（二）边际产业转移型的对外投资地区：发展中国家

根据国际经验，对于我国成熟产业，特别是劳动密集型产业，要想转移出去，大部分也必然集中在邻近的发展中国家和地区。一方面，我国对外直接投资的规模较小，实力不足，只有在地理位置毗邻，交通、通信、信息传递等比较便利的地区才能显出比较优势。这就是中国企业多向东南亚国家投资的主要原因。另一方面，我国企业将适用技术和成熟产业转移到市场潜力更大的其他发展中国家和地区，在这些国家从事加工贸易、建立生产制造装配企业，可以较大满足东道国扩大就业和产业结构调整的需要，做到互惠互利，使投资顺利进行。这就可以把我国的夕阳产业转移出去，既可以缓解环境污染问题，又可以为我国承接新一轮国际产业转移做好准备。

投资重点地区应该是亚洲、拉美、非洲、中东欧等国家。这些地区的部分国家是我国纺织品、化工产品、机电产品、拖拉机、小型农具、自行车、玩具、鞋帽、手工艺品等商品的出口大国。这些国家和地区的消费结构及消费水平同我国具有相似性及承接性，而且人口众多，市场规模及潜力巨大。另外，这类产业基本都是劳动密集型，劳工素质也无须太高，很容易就地转化，同时创造大量就业机会。

（三）核心技术寻求型的对外投资地区：美日欧等发达国家

目前，我国对外直接投资的产业以租赁和商业服务、批发零售为主，这些项目的投资从短期看具有营利性，却没有长远的战略意义。目前，我国正在从贸易大国向贸易强国、从经济大国向经济强国转变，转变成功与否以及速度快慢，主要取决于经济增长方式的转变，而经济增长方式的转变归根结底还是要取决于技术水平的提高以及拥有核心技术的知识产权。目前，国际分工已经从产品分工发展到要素分工，技术特别是高端核心技术的研发主要集中于美日欧等国家大型跨国公司的本公司，而中国在国际分工中的地位主要还是处于加工、组装和制造等低端价值链端点上，这就导致我国想通过利用外资提高技术水平比较困难。一是通过自主创新研发技术，二是通过对外直接投资和技术研发中心获得技术。目前，国家已经大力提倡自主创新，但是还没有重视通过到国外投资主动获得技术。

第七章 对外直接投资与中国省域经济发展

第一节 对外直接投资与中国省域经济发展：以重庆为例的实证研究

一 重庆对外投资现状

直辖十年来重庆经济发展迅猛。但由于受历史和地理因素影响，企业对外直接投资起步晚、技术低，总体规模和水平同其他沿海城市相比还存在着较大差距。据相关数据统计，1996—2000年，重庆在境外投资的企业合计39个，对外投资金额累计0.3546亿美元。2001年重庆在境外投资的企业有7个，投资金额0.0693亿美元；2006年重庆在境外投资的企业有18个，投资金额0.3511亿美元，相当于2001年的5倍。重庆市2001—2007年对外直接投资额累计1.1877亿美元，年均增长38%。至2010年，重庆境外投资企业达到63个。[1]

重庆市对外直接投资有其自身特点：第一，重庆市企业对外直接投资总额逐年增加、对外投资规模逐年扩大。据相关数据统计，2008年，重庆市对外直接投资排名第19位；2009年重庆对外直接投资总额排名第20位。2010年，重庆新增的直接对外投资金额为146万美元，累计投资金额为36109万美元，排名第16位。[2] 第二，重庆市企业对外直接投资的区位多分布在发展中国家，特别是东南亚国家。投资国别有：南非、阿塞拜疆、越南、印度尼西亚、澳门、伊朗、尼日利亚、菲律宾等

---

[1] 数据来源于《对外投资公报》(2010)。
[2] 参见《对外投资公报》(2010)。

国家和地区。第三，重庆市企业对外直接投资的产业分布逐步多元化，重庆市企业逐渐发挥传统产业优势，努力扩大技术密集、附加值高的机电产品和电子信息产业的对外投资。

二 对外直接投资对重庆进出口的影响

国内尽管有关外商直接投资与重庆出口贸易关系的研究已经取得了不少成果，但对于重庆对外直接投资对重庆出口贸易的影响的研究却寥寥无几，相关实证研究也几乎一片空白。这主要是因为重庆开展外向FDI时间短，外向FDI数量少，且占GDP比重不大，因此对重庆经济的影响并不大。然而，随着中国加入世界贸易组织及世界经济一体化步伐加快，外向FDI已经成为重庆经济建设的重要内容和基本组成部分，其对出口贸易的影响也会进一步显现。所以，本章重点研究重庆对外直接投资对重庆出口贸易的影响。

（一）重庆出口现状

自1990年以来，重庆市的外贸出口总额不断增长，除1996年、1998年、2009年出现大幅度回落外，其余年份的出口总额总体上呈现不断增长的趋势，出口依存度也一直保持较高的水平。重庆外贸出口市场的多元化程度也逐步提高，近年来，重庆市外贸市场朝着多元化方向发展，2008年共有193个进出口市场，实现进出口总值在1亿美元以上的外贸市场有30个，其中，美国和日本两个市场均突破10亿美元；5000万—1亿美元的外贸市场有12个，1000万—5000万美元的外贸市场有31个。另外，重庆对外贸易方式呈现多元化趋势，随着对外开放的不断扩大，经济外向度不断提高，"走出去"对外投资企业不断增加，加工贸易、投资进口设备、对外承包工程出口货物等其他对外贸易方式也随之发展，对外贸易方式更加灵活，效果更为明显。重庆出口商品的技术含量也较低，据统计，2009年，重庆的高新技术产品出口1.48亿美元，占出口总额比重5.9%，比全国平均水平低20个百分点，占全国出口总额比重0.07%。其大多数产品仍属于劳动密集型产业，高科技含量不高，以低价和微利占领出口市场。

（二）实证分析

1. 模型构建

外向FDI对出口贸易的影响包括直接影响和一般均衡意义上的间接影响，应当采用计量经济学方法进行定量测量和检验。这里采用了一元线性回归模型中的 OLS 估计法，对 2004—2010 年重庆出口贸易额和对外直接投资额的样本数据进行观测和处理。在该回归分析中，被解释变量 EX 是当年重庆市出口贸易总额，解释变量外向 FDI 为重庆市对外直接投资额，本书采用如下回归模型：$EX = a + bOFDI$。

2. 检验结果

经检验，$R^2 = 0.914744$　DW = 1.332484　F = 42.91755，从回归估计的结果看，模型拟合度很好，可决系数 $R^2 = 0.914744$，表明模型在整体上拟合得非常好。从截距项与斜率项的 t 检验值看，均大于 5% 显著性水平。回归结果表明（见表 7 - 1），2004—2010 年，重庆市的对外直接投资额每增加 1 单位，出口贸易总额增加 30.78894 单位，可知重庆市对外直接投资与出口存在互补关系。

表 7 - 1　　　　重庆市对外直接投资与出口存在互补关系

变量	系数	标准差	T 统计量	F 统计量的概率
C	261506.4	24966.58	10.47426	0.0005
OFDI	30.78894	4.699778	6.551148	0.0028

（三）结论

由以上分析可知，对外直接投资与出口贸易之间存在一种互补关系。随着重庆市对外直接投资规模的不断扩大，对外直接投资对出口的带动作用也在日益显现，这种带动作用不仅表现在对外直接投资对于出口规模的扩大，更表现在对外直接投资对于带动出口产品科技含量的提升和改善出口商品结构上，也就是对外直接投资对于提升重庆出口产品的国际竞争力十分重要。为此，重庆市要采取各种切实政策措施来鼓励对外直接投资。

三　对外直接投资对重庆就业的影响

重庆经济发展由于起步晚、基础差、开放程度低、农村人口多等原因，其就业形势十分严峻。就业问题涉及重庆人民生活水平、经济增长及政治稳定等重大问题，同时对外直接投资的增长也十分迅速，重庆对外直接投资能否缓解重庆的就业压力，重庆未来的对外直接投资会对重庆就业产生怎样影响越来越受到理论界的关注。因此，本章就重庆对外直接投资对重庆就业影响进行研究。

(一) 重庆就业现状

2000 年, 重庆市就业人员总计 1690 万人。按城乡分, 城镇就业 547.97 万人, 乡村就业 1142.03 万人; 按经济类型分, 国有经济和集体经济就业 1277.08 万人, 私营和个体就业 376.86 万人, 其他经济就业 41.49 万人; 按行业分, 第一产业就业 938.12 万人, 第二产业就业 292.94 万人, 第三产业就业 458.94 万人。到 2009 年年底, 重庆市就业人员总计 1668.83 万人。按城乡分, 城镇就业 717.88 万人, 乡村就业 950.95 万人; 按经济类型分, 国有经济和集体经济就业 904.61 万人, 私营和个体就业 645.66 万人, 其他经济就业 118.56 万人; 按行业分, 第一产业就业 733.68 万人, 第二产业就业 355.69 万人, 第三产业就业 579.46 万人。[1]

通过数据对比可知, 城镇人员就业量在扩大, 而乡村人员就业量下降迅速; 国有和集体经济供给就业岗位能力不断下降, 而私营和个体的就业人数却不断创新高; 第一产业的就业量下滑剧烈并有持久趋势, 第二产业的就业供给才刚起步, 第三产业吸收员工的能力在不断提高, 其中批发与零售业、居民服务与其他服务业的就业量增长较快。

(二) 实证分析

1. 模型构建

外向 FDI 对就业的影响在理论上总结为市场的"外向嫁接"和"内向增容"两个方面。所以, 本节采用一元线性回归模型中的 OLS 估计法, 对 2003—2010 年重庆就业和对外直接投资额的样本数据进行观测和处理。在该回归分析中, 被解释变量 L 是当年重庆市就业总人数, 解释变量为重庆外向 FDI 和收入水平 W。本书采用如下回归模型: $\ln(L) = a + b\ln(OFDI)$。

2. 实证结果

经检验, $R^2 = 0.795393$ DW = 1.225833 F = 23.3244, 从回归估计结果看, 模型拟合度很好, 可决系数 $R^2 = 0.795393$, 表明模型在整体上拟合得比较好。从截距项与斜率项的 t 检验值看, 均大于 5% 显著性水平。回归结果表明 (见表 7-2), 2004—2010 年重庆市的对外直接投资额每增加 1%, 就业人数增加 0.023%, 虽然比较小但显著性水

---

[1] 数据来源于重庆市统计局。

平较高。可知重庆市对外直接投资对就业有一定影响。

表7-2　　　　　　重庆市对外直接投资对就业有一定影响

	系数	标准差	T统计量	双侧概率
A	7.085461	0.045463	155.8495	0.0000
B	0.022545	0.004668	4.829541	0.0029

（三）结论

通过以上分析得出，重庆对外直接投资不仅不会减少重庆市内就业需求，相反会因为对出口的带动和服务业的刺激而扩大关联行业就业需求，因此重庆发展对外直接投资既符合重庆经济发展实际情况，也给重庆拓宽就业渠道和缓解就业压力带来了新思路。由于受 OFDI 数据所限样本只能选择2003—2010年8个样本数据，这就使模型因多重共线性而无法加入更多解释变量，使模型受到一定影响，今后应随着样本数据的增加改进模型。

四　对外直接投资对重庆产业结构的影响

（一）问题的提出

直辖以来，国家十分重视重庆市的产业结构问题，重庆市产业结构变化显著（见表7-3）。三次产业比重由2000年的15.9∶42.4∶41.7转变为2010年的8.6∶55∶36.4。第一产业一直呈现下降的趋势，从2000年的15.9%下降到2010年的8.6%，第三产业也有下降的趋势，从2000年的41.7%下降到2010年的36.4%。与此对应的第二产业占GDP的比重却是从2000年的42.4%上升到2010年的55%。这样的数据与近来重庆引进工业园区，作为国家"两江新区"的西部门户，大力发展第二产业的行动和现实情况也十分符合。[①]

尽管重庆产业结构近年来变化显著，但是，与北京、上海、天津相比还有一定差距。重庆产业结构主要呈以下特点：

1. 城乡二元经济结构突出

2010年，重庆第一产业产值占地区生产总值的8.6%。重庆第一产

---

① 重庆市统计局网站。

表7-3　　　　　　　　　重庆三次产业值比较

年份	第一产业增加值（亿元）	第一产业占GDP比重（%）	第二产业增加值（亿元）	第二产业占GDP比重（%）	第三产业增加值（亿元）	第三产业占GDP比重（%）	人均GDP（元）
2000	284.87	15.9	623.83	42.4	694.46	41.7	5616
2001	294.9	14.9	688.4	42.6	782.38	42.5	6219
2002	317.87	14.2	780.97	42.9	891.17	42.9	7052
2003	339.06	13.3	921.1	44.4	1012.7	42.3	8091
2004	428.05	14.1	1112.8	45.4	1152	40.5	9624
2005	463.4	13.4	1259.1	45.1	1348	41.5	10982
2006	386.38	9.9	1501	47.9	1564.8	42.2	12316
2007	482.39	10.3	1892.1	50.7	1748	39	14660
2008	575.4	9.9	2433.3	52.8	2088	37.3	18025
2009	606.8	9.3	3448.8	52.8	2474.4	37.9	22920
2010	685.4	8.6	4359.1	55	2881.1	36.4	27596

资料来源：《重庆统计年鉴》（2011）。

业所占比重过高，第三产业的比重偏低，呈现出典型的城乡二元经济结构。①

2. 区域内部发展不平衡

重庆是较发达的工业区域，但几乎所有支柱产业和重要生产科研基地都分布在"一小时经济圈"内，从三产业的生产总值看，渝东南、渝东北"两翼"远远落后于"一圈"，特别是在第二、第三产业上，"一圈"第二产业产值分别是东北翼、东南翼的5.41倍和16.47倍，第三产业产值分别是东北翼、东南翼的5.2倍和16.40倍，这些对比说明，区域内部发展的严重不均衡。

3. 第三产业质量不高

重庆第三产业由2000年产值占GDP的41.7%降到2010年的36.4%，从总量和速度来看没有增长反而下降，应该说到现在为止，重庆第三产业的产值在全国也只能属于中等水平。伴随着重庆产业结构调

---

① 北京、天津、上海第一产业产值分别占地区生产总值的1.1%、2.2%、0.8%。

整的近十年，重庆市对外直接投资规模亦迅猛发展，对外直接投资对本国的经济效应其中就包含对产业结构的影响，重庆市对外直接投资与重庆市产业结构调整是否有一定的关联？① 因此，本章试图从实证角度对重庆市对外直接投资对产业结构的影响进行研究。

(二) 重庆对外直接投资与产业结构调整：实证检验

这里以产业结构升级测度指标进行重庆对外直接投资与产业结构调整实证分析。具体指标为：

$$Y = y_1 \times 1 + y_2 \times 2 + y_3 \times 3 \quad (1 \leq Y \leq 3)$$

式中，y_i 表示第 i 产业的收入比重，即 y_i/y。Y 表示测定产业结构升级的程度，其系数值上下限为 1-3。如果 $R=1$ 或越接近 1，产业结构层次就越低；如果 $R=3$ 或接近于 3，则产业结构层次就越高。表 7-4 计算出 2003—2010 年的 Y 值。

表 7-4　　　　　　　　　2003—2010 年的 Y 值

年份	2003	2004	2005	2006	2007	2008	2009	2010
指标	2.29	2.27	2.28	2.32	2.29	2.27	2.29	2.28

模型以对外直接投资为解释变量，产业结构升级程度指标为被解释变量，对变量取对数构建模型：

$$\log Y_i = \beta_1 + \beta_2 \log X_i + u_i$$

式中，Y_i 表示反映产业结构升级程度的指标，X_i 表示对外直接投资额，u_i 表示随机误差项。表 7-5 为回归分析结果。

表 7-5　　　　　　　　　　回归结果

	系数	标准差	T 统计量	双侧概率
C(1)	0.851327	0.035361	24.07556	0.0000
C(2)	-0.002508	0.003619	-0.692862	0.5143

由表 7-5 可见，方程并未通过统计检验，显著性水平和拟合优度

---

① 国内已有个别学者从国家层面研究对外直接投资与产业结构的关系，但目前尚缺乏以重庆市为对象的相关研究。

都非常低，R² 仅为 0.074，t 值也很小，说明重庆市 OFDI 对产业结构升级的影响并不显著。①

第二节 对外直接投资与中国省域经济发展：比较研究

一 对外直接投资与中国省域经济发展：北京和湖北的比较研究

（一）导论

北京的优势产业是高新技术产业，它拥有全国高新技术产业基地——中关村科技园区。近年来，高新技术企业对外投资是北京对外直接投资中增长较快的部分。而湖北省拥有较强大的科教优势，尤其是武汉高等院校和科研院所林立，数量和质量在全国名列前茅。武汉东湖新技术开发区是仅次于北京中关村的全国第二大智力密集区，在激光技术、生物技术、微电子技术、通信和新材料五大领域处于全国领先地位。相关学者亦就北京和湖北对外直接投资与各自技术进步的关系进行了研究，如郝凯（2007）从北京高新技术企业对外直接投资现状入手，分析了北京高新技术企业对外投资的宏观制约因素并认可了技术对对外直接投资的重要性；吴勤学（2001）认为，先进技术和管理经验对于北京在海外的投资具有正面的推动作用；王姝怡、刘丽艳（2001）则认为，较强的技术优势和创新能力对于北京中小企业的对外直接投资的作用较大；何国民（2008）运用道格拉斯生产函数和索洛残值剩余法分析了湖北经济增长与技术进步的关系，认为技术进步对湖北经济增长的贡献率是上升的；肖光恩和张正义（2011）运用全要素生产率测算的方法对湖北经济增长方式进行了判断，他们认为，资本、劳动和技术进步促进了湖北经济的发展，但资本要素投入是湖北长期经济增长的主导力量，劳动力投入对湖北经济增长的作用小而且持续下降，技术进步对湖北经济增长的作用波动很大；王恕立、刘明前（2002）认为，湖北的高新技术企业应充分运用自身的优势扩大在海外投资的规模并扩大技术专利的数量。

---

① 这可能是由于样本值较少造成的。

(二) 现状

图7-1和图7-2是2001—2010年北京市R&D现状和湖北省R&D现状，从中可以看出，两地科学研究经费都是逐年增加的，但湖北每年的科学研究经费远不如北京，并且其占当年GDP的比例较小，而北京的R&D不仅占当年GDP的比例很大，而且绝对数量也是很大的，这大大促进了北京市高新技术产业的海外直接投资。

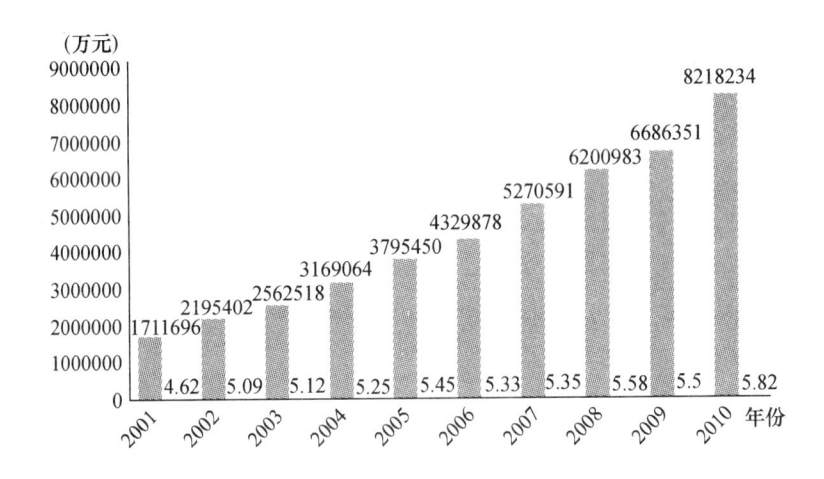

图7-1　2001—2010年北京市R&D现状

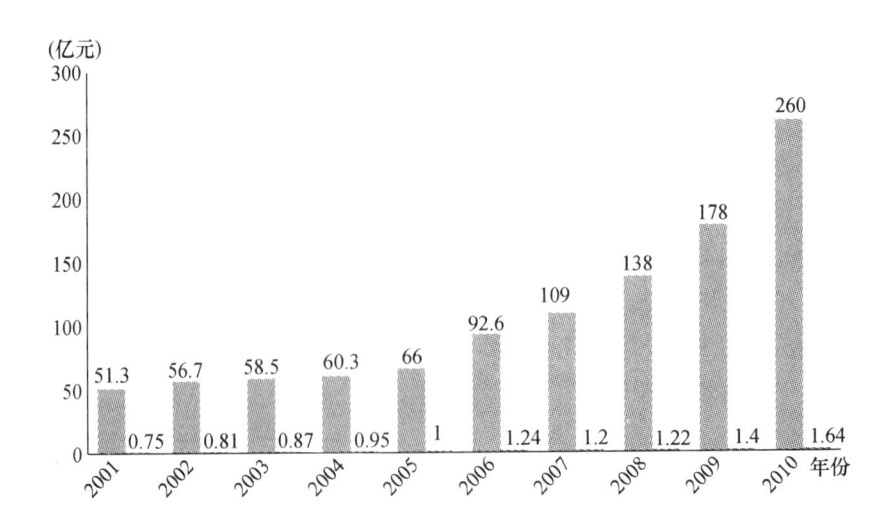

图7-2　2001—2010年湖北省R&D现状

从北京对外直接投资流量来看，总体趋势是增长的，但其中也存在波动。2003年，北京市对外直接投资流量位居榜首，占地方省份合计的40%；2003—2006年呈现逐年减少的状况，自2007年开始又呈现较快增长的趋势。2010年排名第一的浙江省，其年度对外直接投资流量为26亿美元，是北京对外直接投资的3.78倍。从对外直接投资存量来看也呈现增长趋势，截至2009年年底，北京对外直接投资存量为37.59亿美元，居全国第二，仅次于广东省。"十五"时期是北京市境外投资发展最快的时期，累计批准境外投资开办企业和机构184家，累计投资总额20.9亿美元，其中中方投资11.2亿美元。

对于湖北省对外直接投资，1985—1990年为起步阶段，这一阶段共有7家企业在境外投资，投资额为2729万美元；1991—1995年为发展阶段，这一阶段共有11家企业在境外投资，投资额为6911.57万美元；1996—1999年为稳定阶段，这一阶段共有60家企业在境外投资，投资额为121553美元。跨入新世纪以来湖北企业对外直接投资进入加速阶段。①

北京、湖北两地企业对于在海外直接投资所运用的经济策略有所差异。北京的企业在海外的直接投资采用多种投资策略，不仅仅光靠国内的技术对海外进行投资，还采用与具有最新技术的企业合作或合资对当地进行投资，同时利用了当地和国际上的研制力量，开发出了新产品。湖北省的当地企业主要依靠本省的技术对海外进行投资，这大大降低了湖北出口产品的技术含量，遏制了湖北省对外直接投资的发展。

（三）实证分析

对外直接投资对北京市和湖北省技术进步影响的实证分析，构建模型：

$$\ln TFP = a + b \times (R\&D/GDP) + c \times \ln OFDI + u$$

式中，TFP表示依据索洛模型计算出的全要素生产率，用以表示技术进步，其中，起始年的资本存量为当地总产值乘以全国当年资本存量与GDP比值，剩余年份采取永续存盘法，资本折旧率取5%，资本与劳

---

① 截至2008年4月，湖北仍在运营或即将开业的境外非贸易型企业92家，对外直接投资总额为254亿美元，其中中方投资额为233亿美元。

动贡献率都取 0.5。①

对外直接投资对北京市和湖北省技术进步影响的实证分析参见表 7-6 至表 7-10。

表 7-6　　　　　　　　北京市 R&D　　　　　　单位：万元、%

年份	R&D 经费内部支出	R&D 占本年 GDP 比例
2001	1711696	4.62
2002	2195402	5.09
2003	2562518	5.12
2004	3169064	5.25
2005	3795450	5.45
2006	4329878	5.33
2007	5270591	5.35
2008	6200983	5.58
2009	6686351	5.50
2010	8218234	5.82

表 7-7　　　　　　　　湖北省 R&D　　　　　　单位：亿元、%

年份	R&D 经费内部支出	R&D 占本年 GDP 比例
2001	51.3	0.75
2002	56.7	0.81
2003	58.5	0.87
2004	60.3	0.95
2005	66	1
2006	92.6	1.24
2007	109	1.2
2008	138	1.22
2009	178	1.4
2010	260	1.64

---

① 以下为各项具体数值来源于有关省份统计年鉴。

表7-8　利用道格拉斯生产函数求北京市工业综合技术水平（A值）

年份	总产值（Y值）/亿元	投入的劳动力数（L值）/万人	投入的固定资产（K值）/亿元	求得的综合技术水平（A值）
2004	5733.3	854.1	11764.74	1.75523
2005	6946.2	878.0	13766.95	1.99793
2006	8210.0	919.7	16033.76	2.13796
2007	9648.4	942.7	18644	2.30143
2008	10413.1	980.9	21637.92	2.26026
2009	11039.1	998.3	24872.13	2.21537
2010	13699.8	1031.6	28432.64	2.52957

表7-9　利用道格拉斯生产函数求湖北省工业综合技术水平（A值）

年份	总产值（Y值）/亿元	投入的劳动力数（L值）/万人	投入的固定资产（K值）/亿元	求得的综合技术水平（A值）
2004	4890.82	3507	10035.97	0.82439
2005	5835.19	3537	12368.92	0.88223
2006	7300.56	3564	15323.16	0.98787
2007	9427.06	3584	19091.14	1.13966
2008	12108.59	3607	23935.15	1.30317
2009	14740.34	3622	30950.24	1.39219
2010	20607.98	3645	40205.42	1.70233

表7-10　2004—2010年北京市、湖北省对外直接投资存量

年份	北京市OFDI存量/万美元	湖北省OFDI存量/万美元
2004	70086	1510
2005	92940	2292
2006	91873	4031
2007	159195	4972
2008	251019	5600
2009	375865	9992
2010	480882	17794

首先对北京进行回归分析,结果方程 R 值为 0.7808,F 值为 7.125,未通过显著性检验,变量 OFDI 与 R&D 都没有通过显著性检验(见表 7-11)。①

表 7-11　　　　　　　　回归分析

变量	系数	标准差	T 检验	双侧概率
C	-2.847331	0.974780	-2.921000	0.0432
log OFDI	0.119168	0.075060	1.587639	0.1876
R&D	0.134590	0.296017	0.454669	0.6729

剔除变量 R&D 后得到如下回归结果,R^2 值为 0.7695,F 值为 16.6916,变量通过了 1% 的显著性检验。因此可得出北京 OFDI 每增加 1%,其 TFP 增加 0.148176%(见表 7-12)。

表 7-12　　　　　　　　回归分析

变量	系数	标准差	T 检验	双侧概率
C	-2.460894	0.437799	-5.621061	0.0025
logOFDI	0.148176	0.036268	4.085540	0.0095

对湖北相关数据进行回归分析,结果方程 R^2 值为 0.9579,统计量 F 值为 45.5056,但变量 R&D 未能通过显著性检验,结果如表 7-13 所示。

表 7-13　　　　　　　　回归分析

变量	系数	标准差	T 检验	双侧概率
C	-3.716134	0.580069	-6.406365	0.0030
R&D	-0.504687	0.483902	-1.042952	0.3559
logOFDI	0.397208	0.135633	2.928538	0.0429

---

① 方程不显著是由于数据样本过少。

剔除变量 R&D 后得到如下回归结果，其中 R^2 值为 0.9465，F 值为 83.3725，变量 OFDI 通过了 1% 水平的显著性检验，模型拟合度较好。可得出湖北 OFDI 每增加 1%，其 TEP 增加 0.258638%（见表 7-14）。

表 7-14　　　　　　　　　　回归分析

变量	系数	标准差	T 统计量	双侧概率
C	-3.162000	0.234814	-13.46600	0.0000
log OFDI	0.258638	0.027513	9.400663	0.0002

（四）结论

通过对北京与湖北的分析可知，对外直接投资对技术进步具有一定溢出效应，分别通过研发费用分摊机制、研发成果反馈机制、逆向技术转移机制以及外围研发剥离机制对一国技术进步产生影响。但由于数据样本所限①，这里只能做初步的实证分析，在剔除 R&D 变量后，得到 OFDI 对 TFP 的显著影响。因此从省域看，不论是科技第一的北京，还是相对落后的湖北，OFDI 都在一定程度上促进了技术进步，虽然系数较小。可见为促进技术进步，对外直接投资不失为一种较好选择。

二　对外直接投资与中国省域经济发展：广东和云南的比较研究

（一）引言

广东作为东部沿海省市，改革开放以来对外经济不断发展，近年来广东的对外直接投资存量一直居于全国首位，同时其出口贸易也持续增长，据最新数据显示，截至 2010 年年底，广东对外直接投资存量达到 1162951 万美元。②云南位于我国欠发达的西部地区，对外经济相对落后，总量较小，但其对外经济发展速度较快。本部分将通过两省的对外直接投资和贸易的比较，来研究二者的关系。关于对外直接投资对出口贸易的影响有贸易替代、贸易互补和不确定性等理论。具体来说，对外直接投资的目的不同，其对贸易的影响作用也不同，有重视国内生产从国外进口材料最终出口的，有降低成本在国外建厂导致出口减少。

---

① 主要是 OFDI 数据缺失。
② 《对外投资公报》。

（二）现状及分析

对外直接投资方面，一方面，广东对外直接投资发展较早，相对云南成熟，二者的地理位置也大为不同，广东位于贸易发达的东南沿海，云南则在西南与多个东南亚国家接壤，因此二者在投资分布的范围、地区、投资存量等方面存在差异。另一方面，两省对外直接投资数量不断增长，对外联系程度不断增强。其中，在2009年受到国际经济环境影响，两省对外投资额都下降。广东与云南的对外直接投资状况见表7-15和图7-3。

表7-15　　　　　　广东与云南对外直接投资存量　　　　　单位：万美元

年份	2004	2005	2006	2007	2008	2009	2010
广东	224885	318040	417318	724331	868514	954523	1162951
云南	1692	5314	10329	26113	56996	94784	155504

资料来源：《2010年度对外直接投资统计公报》。

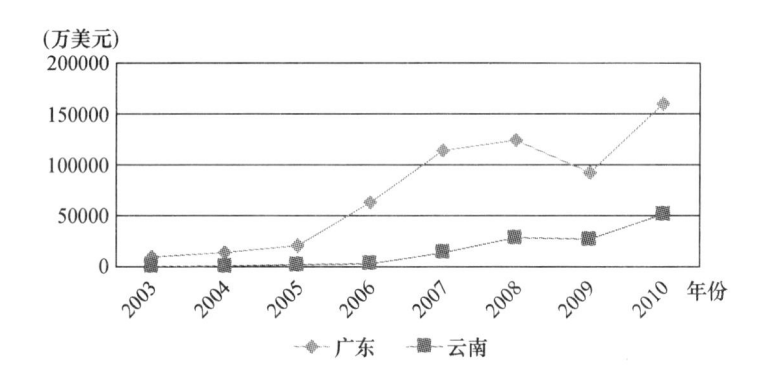

图7-3　广东与云南对外直接投资比较

资料来源：《2010年度对外直接投资统计公报》。

由表7-15和图7-3分析，两省对外直接投资都呈增长状态，云南对外直接投资流量明显少于广东，同时云南投资的增长率不及广东。

从出口看，广东的出口范围广，总量大，而云南近年来出口增长迅速，但是其范围与总量仍较为落后。两省的出口贸易比较如图7-4和图7-5所示。

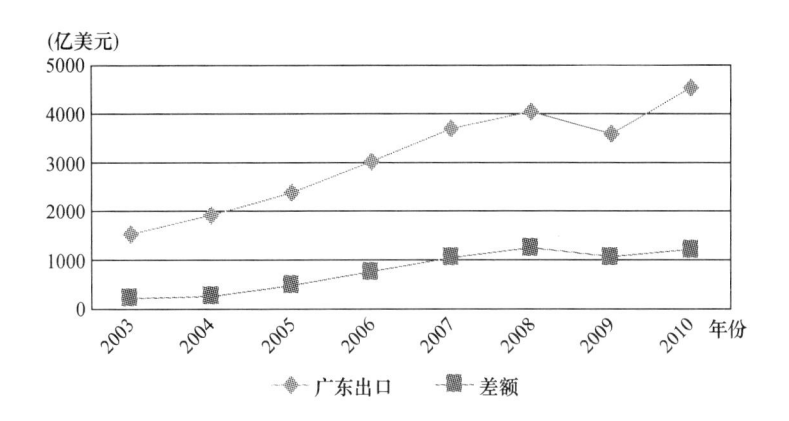

图 7-4　广东出口状况

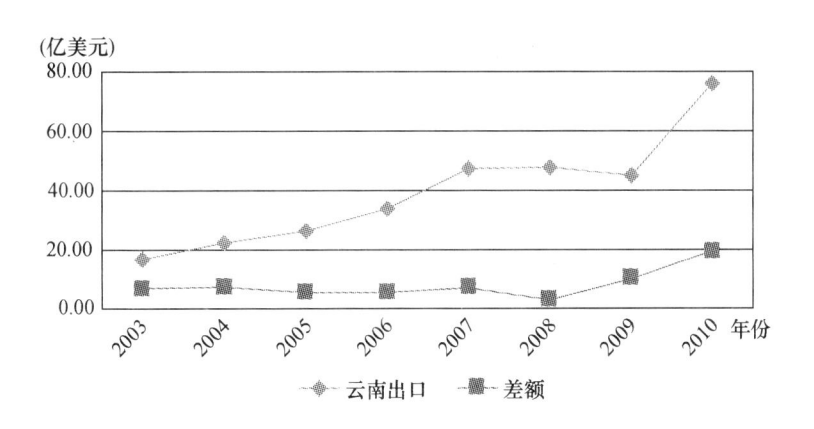

图 7-5　云南出口状况

可以看出，广东的出口额远远超过云南，单从出口看，两省 2008 年都有下降，但从 2009 年开始又有明显的增长。从净出口看，广东 2008 年前不断增长，但之后表现不稳定，增长不明显，而云南 2007 年之前出口稳定但水平低，短暂下降后从 2008 年开始有明显增长，但也有不稳定的特点。对比以上图表，两省对外直接投资与出口贸易关系明显，都为正相关关系。①

---

① 特别地，2009 年对外直接投资下降时，两省出口也下降，这可能与国际经济形势有关。

(三) 实证分析

在对广东和云南对外直接投资对其出口贸易影响做了描述性分析后,有必要对这种影响作进一步定量分析。定量分析选取的是2003—2010年的相关数据作为样本,应用Eviews软件包进行计算。选取OFDI与EX建立取自然对数的一元回归方程,其结果如表7-16所示。

表7-16　　　　　　　　　　回归分析

	系数	标准差	T检验	F统计量的概率
C(1)	-6.635390	1.689538	-3.927340	0.0077
C(2)	0.998880	0.128459	7.775868	0.0002
	系数	标准差	T检验	F统计量的概率
C(1)	0.588299	0.649837	0.905303	0.4002
C(2)	0.155652	0.066579	2.337862	0.0580

上述方程式中,广东的拟合优度大于0.9,其F检验值很大,说明广东方程的总体线性关系在99%的水平上是显著成立的。其中自变量的t检验值很大,大大超过了临界值,说明变量OFDI作为出口贸易的解释变量是显著的。而云南的拟合优度仅为0.48,自变量的t值和总体F检验值显著性水平为10%。由此可知,随着广东对外投资累计额的增长,其出口额也随之增长,且对外直接投资每增长1%,其出口总额就增长0.999%。总的看来,广东的对外直接投资极大地促进了广东的出口。云南的OFDI对EX的影响并不显著。

(四) 结论

广东省的对外直接投资和出口贸易在数量范围等方面比云南有较强的优势,两省无论是对外直接投资,还是出口贸易都不断地增长,对外联系也不断增强。由2003—2010年的数据分析,两省的对外直接投资与出口贸易存在正相关的关系。随着我国对东盟贸易的继续发展,两省的经济必将进一步发展。可见,内陆省份应加大对外投资力度,鼓励有能力的企业走出去。

首先,培育本地新的主导产业。对外直接投资对出口的替代效应主要是因为具有比较优势的产业不断向外转移的结果。企业在对外直接投资之后,海外子公司可能部分替代了母公司对东道国的出口。虽然对外直接投资对出口在短期内存在替代效应，但是，从长期来看，对外直接投资还是会带来出口增加的。所以，我们应该早做准备，在产业向外转移的过程中，培育本地新的主导产业。

其次，政府相关部门有必要充分重视对外直接投资的作用，对能产生进出口贸易互补、创造效应的对外直接投资给予政策优惠，从而鼓励企业积极"走出去"进行对外直接投资。以往政府有关对外直接投资政策的制定大多涉及与对外直接投资有关的贸易措施，并不直接制定与贸易有关的对外直接投资政策。必须跳出这种思维模式，直接制定切实可行的对外直接投资政策，使内陆省份企业步入国际化发展阶段，逐步建立自己的跨国公司，提升产业结构。

三　对外直接投资与中国省域经济发展：山东和四川的比较研究

（一）导论

随着世界经济的发展，国际贸易和国际投资在不断增多，越来越多国家加入世界经济发展潮流。而中国在改革开放后对外贸易和投资也在不断地增加，在国际贸易中扮演着重要角色。但改革开放初期，我国东西部地区开放程度的不同和投资的差异，造成东西部地区发展的不同。2010年，山东OFDI存量为495823万美元，流量数为189001万美元；同期四川OFDI存量为125352万美元，流量为69097万美元（见表7-17）。[①] 基于四川省和山东省数据上的可比性，此处将用二省数据研究对外直接投资对就业的影响，并试图寻找东西部地区差异原因，同时验证对外直接投资对就业具有一定影响这一结论。

（二）现状

通过分析发现，山东和四川对外直接投资从2004—2010年呈逐年增长趋势。比较来看，山东和四川的就业人口也呈逐年增长的趋势。山东的对外直接投资流量从2004—2010年增长了25倍多，四川从2004—2010年对外直接投资的流量增长了136倍。再从对外直接投资的存量上进行比较，2004—2010年山东增长了10倍多，四川增长了43倍多。单从增长的速度来看，四川的增速很快。但是，由于四川起步较晚，因此，从数据上明显看出，山东对外直接投资数量明显大于四川。从就业人数看，四川的就业人数也低于山东，山东从2004—2010

---

① 都为金融对外直接投资。

年就业人数增加约 682.8 万人，而四川就业人数只增加约 81.53 万人。我们能够明显地感觉出山东的经济发展程度高于四川。一方面这是由于山东本身经济发展较好，地理位置优越；另一方面也受对外直接投资水平的影响。

表 7-17　　　　　　　2004—2010 年山东和四川相关数据

非金融业对外直接投资流量（万美元）							
年份	2004	2005	2006	2007	2008	2009	2010
山东	7523	15904	12666	18928	47478	70441	189001
四川	506	2666	2831	29120	8107	10704	69097
非金融业对外直接投资存量（万美元）							
年份	2004	2005	2006	2007	2008	2009	2010
山东	48780	67673	110340	161360	208025	262255	495823
四川	2891	8740	14339	44322	39758	53524	125352
就业人数（万人）							
年份	2004	2005	2006	2007	2008	2009	2010
山东	5728.1	5840.7	5960	6081.4	6187.6	6294.2	6410.9
四川	4691	4702	4715	4731.1	4740	4756.62	4772.53

从四川和山东三大产业的就业人数分布看（见表 7-18），第一产业就业人数不断减少，第二产业和第三产业就业人数不断增加。山东 2004—2010 年第三产业就业人数增加了 400 多万人，而四川增加了 170 多万人，都有较快的增长。这说明两省的产业结构在不断完善，向着更加合理的方向发展了。第一产业就业人数不断减少，第三产业人数不断增加，也充分表明了两省经济的不断进步。但从三大产业就业的比例来看，四川 2004 年第三产业 28.3%，10 年就达到了 31.4%，出现了较快的增长；而山东 2004 年第三产业占 28%，到 2010 年达到了 31.9%。这些都充分证明对外直接投资对就业产生的积极影响。对外直接投资不仅对就业人数，对就业结构也产生了重大影响。

（三）实证分析

对外直接投资对四川和山东就业影响的实证分析如图 7-6 和表 7-19 所示。

表7-18　　　　　　　山东与四川三次产业就业人数　　　　　　单位：万人

年份	四川三次产业就业人数分布			山东三次产业就业人数分布		
	第一产业	第二产业	第三产业	第一产业	第二产业	第三产业
2004	2445.7	916	1329.3	2542.1	1581	1605
2005	2421.5	926.3	1354.2	2350.3	1781.4	1709
2006	2306.9	946	1462.1	2328	1870.3	1761.7
2007	2266.22	1065.71	1399.15	2265.2	1989.9	1826.3
2008	2186.18	1108.32	1445.5	2313.5	1955.5	1918.6
2009	2144.13	1141.59	1470.9	2297.4	2014.1	1982.7
2010	2083.2	1188.82	1500.51	2273.1	2086.7	2042.1

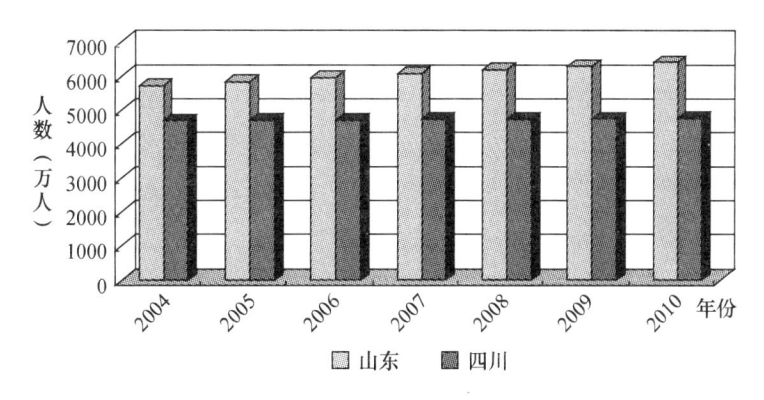

图7-6　山东与四川就业人数

表7-19　　　　　　　山东和四川就业结构指标

年份	四川就业结构升级指标	山东就业结构升级指标
2003	1.75	1.82
2004	1.76	1.84
2005	1.77	1.89
2006	1.82	1.9
2007	1.82	1.93
2008	1.84	1.94
2009	1.86	1.95
2010	1.88	1.96

(1) 模型介绍，外向 FDI 对就业影响的数量具有不确定性，而对就业质量的影响则相对明确。因此，这里将采用模型对 2003—2010 年四川和山东就业和对外直接投资额的样本数据进行观测和处理。模型 OFDI 对就业质量的影响，由于就业质量反映为就业结构的改变，这里借鉴对产业结构影响的分析，设计就业结构升级指标：

$Y = y_1 \times 1 + y_2 \times 2 + y_3 \times 3$ （$1 \leq Y \leq 3$）

式中，y_i 表示第 i 产业的就业比重，为 y_i/y。

构建回归模型：

$\log Y_i = \beta_1 + \beta_2 \log X_i + u_i$

式中，Y_i 表示反映就业结构升级程度的指标，X_i 表示对外直接投资额，u_i 表示随机误差项。

(2) 实证结果及检验，四川 $R^2 = 0.922$，$F = 70.89$，从回归估计的结果看，模型拟合度很好。从截距项与斜率项 t 检验值看，均大于 1% 显著性水平。回归结果表明（见表 7-20），四川 OFDI 每增加 1 个百分点就业结构升级指标增加 0.017759%，说明绝对量并不多，与理论分析相符。

表 7-20　　　　　　　　回归分析

	系数	标准差	T 检验	双侧概率
C(1)	0.420563	0.020839	20.18131	0.0000
C(2)	0.017759	0.002109	8.419758	0.0002

山东 $R^2 = 0.9045$，$F = 56.8328$，从回归估计的结果看，模型拟合度很好。从截距项与斜率项的 t 检验值看，均大于 1% 显著性水平。回归结果表明（见表 7-21），山东 OFDI 每增加 1 个百分点就业结构升级指标增加 0.029874%；与四川相比，增加更多。

表 7-21　　　　　　　　回归分析

	系数	标准差	T 检验	双侧概率
C(1)	0.292544	0.046665	6.269014	0.0008
C(2)	0.029874	0.003963	7.538756	0.0003

从以上分析可知，两省 OFDI 对就业结构升级都有显著影响，其中

山东对这一指标的影响值更大。说明对外投资发达的沿海省份对比落后的内地省份,对外直接投资对就业质量的影响明确得多。

(四) 结论

通过以上分析可知,山东和四川对外直接投资不仅不会减少省内就业需求,反而会促使就业质量的提高。对外投资发达的山东对比经济相对落后的四川就业结构升级系数更高,显著性水平更高。因此,发展对外直接投资既符合经济发展实际情况,也给各省拓宽就业渠道和缓解就业压力带来了新思路。

首先,各省市政府在支持跨国企业对外直接投资同时,要大力鼓励有能力进行海外投资的中小型企业,在政策上给予优惠,如对于出口到国外子公司的产品予以税收上的优惠。

其次,大力发展与对外直接投资相关的服务性行业,特别是一些有助于海外投资发展的中介部门,如信息咨询服务、融资服务、保险服务、法律服务等,从而提高这些行业从业人员的比例。

最后,大力发展私营和个体经济,提高劳动者素质和进行人员再就业培训,以便帮助那些因产业调整而不得不进行就业调整的人员顺利地转移到新的行业。

四 对外直接投资与中国省域经济发展:浙江和山西的比较研究

(一) 导论

随着经济发展,我国在对外直接投资不断扩大的同时,产业结构也在不断变化。本书以浙江和山西两省为例,研究我国对外直接投资与产业结构间的关系及其相互影响。对外直接投资可以为产业结构升级提供更大转换空间,具有竞争优势的企业可以通过对外直接投资,使得自身优势加强,以此提升优势产业在经济中的地位。同时通过对外直接投资,将已失去的或正在失去优势的产业转移到具有相对优势的国家和地区,延续这部分资产的盈利能力,为国内产业的调整、新兴产业的发展提供空间。关于两省的对外直接投资和产业结构的研究较多,但现有文献大都分别对两省从产业结构或对外直接投资两者之一入手,少有对两省进行比较研究,而对外直接投资对产业结构影响的比较研究则更少。

(二) 现状

1. 浙江与山西对外直接投资发展历程及现状分析

浙江境外投资始于1982年,至2011年10月底,浙江全省经审批的境外投资企业（机构）累计5031家，居全国首位；投资遍及世界130多个国家和地区，境外直接投资总额119.5亿美元。投资行业主要分布在制造业、批发和零售业、交通运输和建筑业等17个行业；浙江企业对外投资重点国家和地区是中国香港、瑞典、美国、德国、越南和俄罗斯。

山西省经济发展缓慢，对外投资起步较晚。1985年，山西省才开始在海外开办境外公司，尽管山西的对外直接投资不像引进外资那样轰轰烈烈，但是其有自己显著的特点：对外直接投资的发展速度较快，投资地区相对比较集中，投资不大，并且以贸易型企业为主，现汇出资占大部分。

从表7-22、图7-7和图7-8可以看出，2003年，浙江和山西，对外直接投资额还有一定的差距，一路上升到2006年几乎相平。2006年至今，浙江省因地处沿海的优势，其对外投资额一路呈上升趋势；然而，山西省因地处内陆，发展机会较少，其对外直接投资波动幅度较大，总体呈下降的趋势。

表7-22　　　　　浙江与山西各年对外直接投资总额　　　　单位：万美元

	2003年	2004年	2005年	2006年	2007年	2008年	2009年	2010年
浙江	8513	15385	18391	19165	45898	50558	78207	262139
山西	4562	411	562	18949	8347	2702	33295	7926

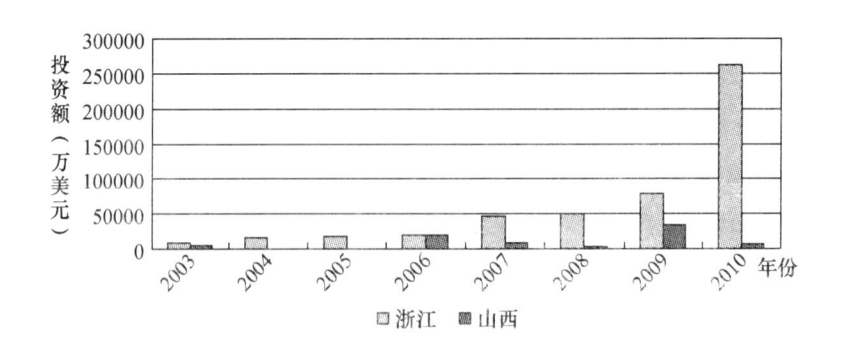

图7-7　浙江与山西对外直接投资

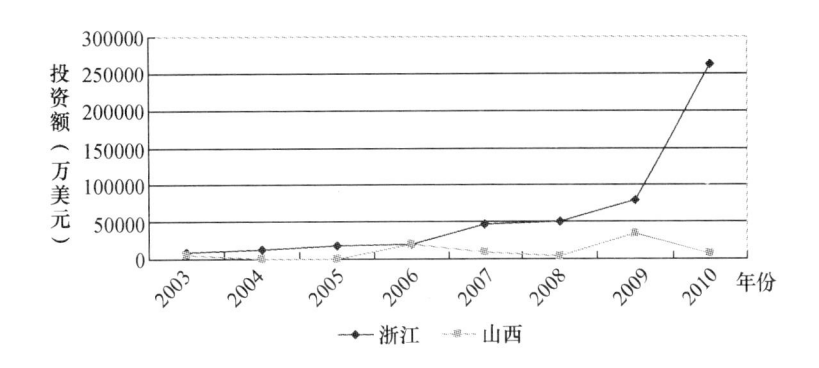

图 7-8 浙江与山西对外直接投资

2. 浙江与山西产业结构发展历程及现状分析

产业结构按照国际上通行三次产业分类法划分方法，可以分为第一产业（主要为农业）、第二产业（主要为工业）、第三产业（主要为服务业）。

（1）浙江省产业结构发展历程及现状分析。改革开放以来，浙江凭借其体制和地缘优势，迅速崛起成为全国经济强省。经济保持较快增长的同时，其产业结构也得到了一定的调整和优化，并推动了浙江经济的发展。但由于现今原材料和能源价格上涨、货币紧缩、出口退税税率下调、劳动力成本提高、市场竞争加剧、环境污染成本提高等一系列不利因素的出现，浙江省的经济优势减弱。

由表 7-23 和图 7-9、图 7-10 可以看出，近十几年来，浙江省三次产业生产额都呈上升趋势。虽然各自比例不同，但是可以发现，第二产业占一半以上，其所占比例在发展过程中基本比较稳定；第一产业只占一小部分，并且随着经济发展，其所占比例逐渐降低；而第三产业的比例随着经济发展逐渐扩大。由此可以得出，浙江省在经济发展的过程中，工业和服务业发展迅速，所占比重较大，而农业发展则比较缓慢，所占比重很小。这说明浙江省在发展的过程中比较注重工业和服务业的发展。

（2）山西省产业结构发展历程及现状分析。山西省煤炭资源禀赋条件好，是全国重要能源基地，约拥有全国煤炭储量的 1/3，是一个典型的煤炭资源型省份。煤炭资源型产业在城市经济发展中居主导地位，在产业结构中占很高比重。山西省经济结构以高度依赖煤炭资源、原材

表7-23　　　　　　　　浙江省三次产业生产额　　　　　　　单位：亿元

	2000年	2001年	2002年	2003年	2004年	2005年	2006年	2007年	2008年	2009年	2010年	2011年
第一产业	630.98	659.78	685.2	717.85	814.1	892.83	925.1	986.02	1095.96	1163.08	1360.56	1583.04
第二产业	3273.93	3572.88	4090.48	5096.38	6250.38	7164.75	8511.51	10154.25	11567.42	11908.49	14297.93	16555.58
第三产业	2236.12	2665.68	3227.99	3890.79	4584.22	5360.1	6281.86	7613.46	8799.31	9918.78	12063.82	14180.23
合计	6141.03	6898.34	8003.67	9705.02	11648.7	13417.68	15718.47	18753.73	21462.69	22990.35	27722.31	32318.85

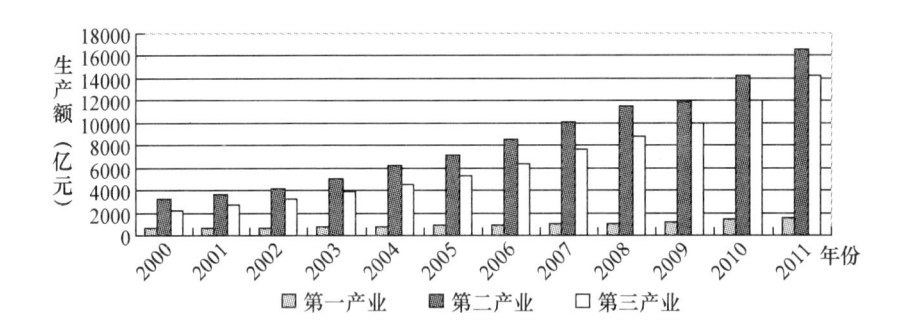

图7-9　浙江三次产业结构

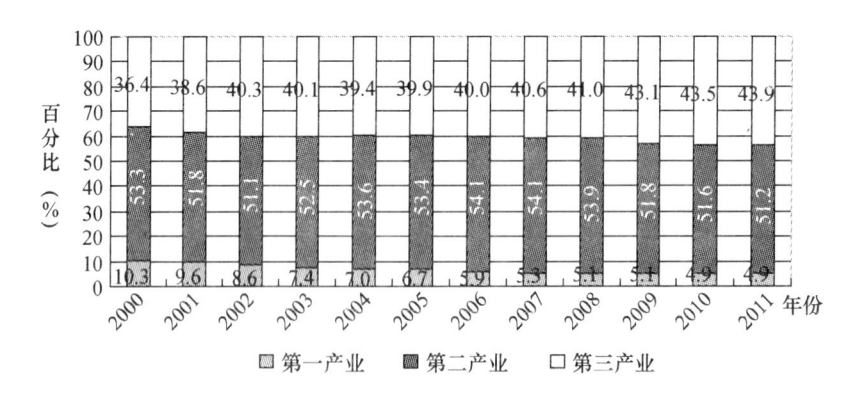

图7-10　浙江三次产业结构

料工业为主,全省2/3县域经济发展主要依靠煤炭。由于特有的资源禀赋,自1960年以来,山西省产业结构的"二三一"特征就比较明显,到2009年,第二产业比重达到54.3%,"二三一"特征越加突出。

由表7-24和图7-11、图7-12可以看出,山西省三次产业在近十几年来生产额都呈上升趋势。其第二产业和第三产业发展比较迅速,第一产业发展总体比较缓慢。在近十年中,山西省明显呈现"二三一"的产业结构,并且第一产业所占比例呈下降趋势;第三产业虽然变化不是很明显,但也基本呈下降趋势;而第二产业所占比例却呈上升趋势,截至2009年年底,山西三次产业结构比例为6.5∶54.39∶3.2。由此可以看出,山西省煤炭资源丰富,以致高度依赖煤炭资源、原材料为主的工业发展较快;服务业也在逐步发展,但农业发展明显滞后。

表7-24　　　　　　　　山西省三次产业生产额　　　　　　单位:亿元

	2000年	2001年	2002年	2003年	2004年	2005年	2006年	2007年	2008年	2009年
第一产业	179.86	171.09	197.80	215.19	276.30	262.42	276.77	311.97	313.58	477.59
第二产业	858.37	956.01	1134.31	1463.38	1919.40	2357.04	2755.66	3454.49	4242.36	3993.80
第三产业	807.49	902.43	992.69	1176.65	1375.67	1611.07	1846.18	2257.99	2759.46	2886.92
合计	1845.72	2029.53	2324.80	2855.22	3571.37	4230.53	4878.61	6024.45	7315.40	7358.31

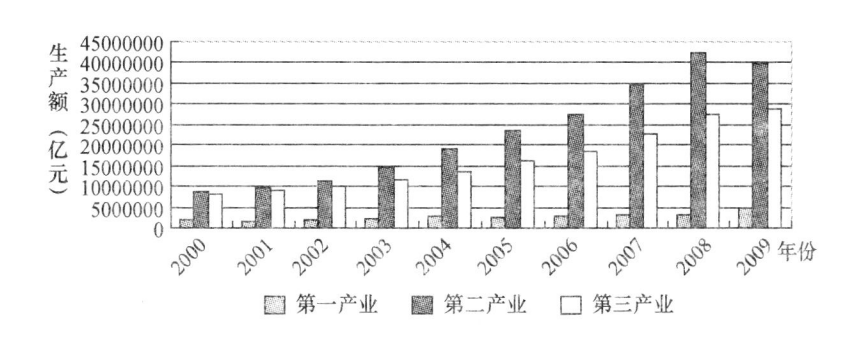

图7-11　山西三次产业结构

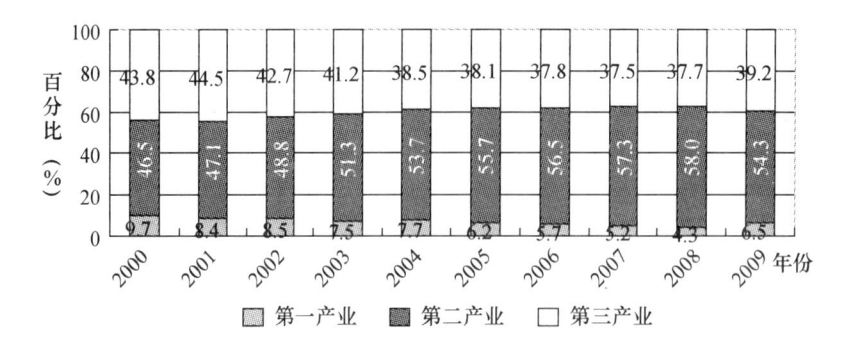

图 7-12 山西三次产业比例

3. 基于产业结构的比较

结合图 7-13 和表 7-25 可以看出,浙江与山西均是第二产业占据主导地位,第二产业在经济发展中扮演着极其重要的角色。2004 年以前,山西省第三产业比重比浙江省高,但不超过第二产业所占比重;2004 年开始,随着经济发展,浙江省第三产业迅速发展,其比例一举超过山西省,并呈现不断上升趋势。总体来说,伴随着经济的发展,三次产业均迅速发展,但是对于浙江来说,其第三产业发展速度高于第二产业,所以其比例不断上升,但并未超过第二产业;对于山西来说,则其第二产业发展速度较快,其次才是第三产业。所以,浙江的产业结构升级指标线一路上升,而山西的产业结构升级指标线呈下降趋势,逐渐逼近于 2。

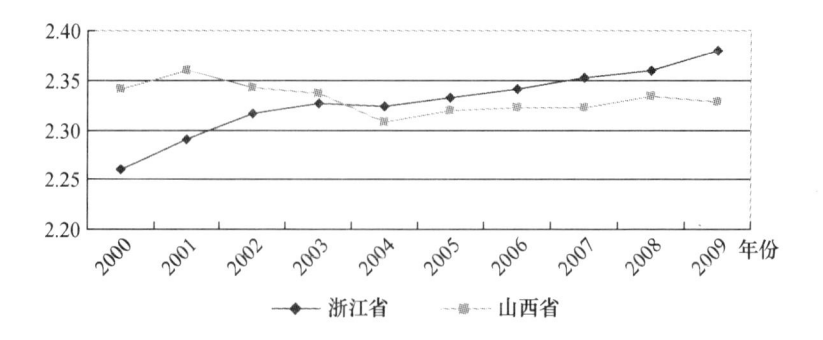

图 7-13 浙江与山西产业结构升级指标

表 7-25　　　　　　　浙江与山西三次产业结构比例

年份	浙江	山西
2000	10.3:53.3:36.4	9.7:46.5:43.8
2001	9.6:51.8:38.6	8.4:47.1:44.5
2002	8.6:51.1:40.3	8.5:48.8:42.7
2003	7.4:52.5:40.1	7.5:51.3:41.2
2004	7.0:53.6:39.4	7.7:53.7:38.5
2005	6.7:53.4:39.9	6.2:55.7:38.1
2006	5.9:54.1:40.0	5.7:56.5:37.8
2007	5.3:54.1:40.6	5.2:57.3:37.5
2008	5.1:53.9:41.0	4.3:58.0:37.7
2009	5.1:51.8:43.1	6.5:54.3:39.2

（三）实证分析

本节以产业结构升级测度指标进行浙江和山西对外直接投资与产业结构调整实证分析。具体指标为：

$$Y = y_1 \times 1 + y_2 \times 2 + y_3 \times 3 \quad (1 \leqslant Y \leqslant 3)$$

式中，y_i 表示第 i 产业的收入比重，即 y_i/y。Y 表示测定产业结构升级的程度，其系数值上下限为 1—3。如果 $R=1$ 或越接近 1，产业结构层次就越低；如果 $R=3$ 或接近于 3，则产业结构层次就越高。表 7-26 为 2003—2010 年的 Y 值。

表 7-26　　　　　　　浙江与山西产业结构升级指标

年份	浙江省	山西省
2000	2.26	2.34
2001	2.29	2.36
2002	2.32	2.34
2003	2.33	2.34
2004	2.32	2.31
2005	2.33	2.32
2006	2.34	2.32

续表

年份	浙江省	山西省
2007	2.35	2.32
2008	2.36	2.33
2009	2.38	2.33
2010	2.40	2.35

模型以对外直接投资为解释变量,产业结构升级程度指标为被解释变量,对变量取对数构建模型:

$$\log Y_i = \beta_1 + \beta_2 \log X_i + u_i$$

式中,Y_i表示反映产业结构升级程度的指标,X_i表示对外直接投资额,u_i表示随机误差项。

浙江:$R^2 = 0.8449$,$F = 32.6812$,从回归估计的结果看,模型拟合得很好。从截距项与斜率项的t检验值看,均大于5%显著性水平。回归结果表明,对外直接投资对浙江产业结构升级有显著性影响,OFDI每增加1%,产业结构系数增加0.007645%(见表7-27)。

表7-27　　　　　　　　　　回归分析

	系数	标准差	t检验	F统计量的概率
C(1)	0.768704	0.015177	50.64914	0.0000
C(2)	0.007645	0.001337	5.716752	0.0012

山西:$R^2 = 0.7304$,$F = 16.2523$,从回归估计结果看,模型拟合得较好。从截距项与斜率项的t检验值看,均大于10%显著性水平。回归结果表明,对外直接投资对山西产业结构升级有显著性影响,OFDI每增加1%,产业结构系数增加0.004918%(见表7-28)。

表7-28　　　　　　　　　　回归分析

	系数	标准差	t检验	F统计量的概率
C(1)	0.795235	0.011942	66.59375	0.0000
C(2)	0.004918	0.001220	4.031421	0.0069

从以上分析可以看出，两省 OFDI 对产业结构都有较显著影响，其中浙江 OFDI 每增加 1%，产业结构系数增加 0.0076%，山西 OFDI 每增加 1%，产业结构系数增加 0.0049%。

（四）结论

通过以上分析可以得出，浙江和山西的对外直接投资对产业结构影响主要是正面的，即对外直接投资能够促进产业结构升级，并且经济发达的沿海省份浙江对相对落后的中部省份山西产业结构升级系数更高，显著性水平更高。因此，扩大对外直接投资对于两省经济发展有着十分重要的意义，尤其是经济落后的内地省份。从数据来看，山西与浙江不管是对外直接投资还是产业都存在相当大差距，特别是 2001 年之后差距更是出现逐步加大趋势，说明中国加入世界贸易组织对于中国沿海经济的影响要大于内陆。

由于山西企业对外投资起步晚、规模较小，还不能形成规模效应，在对外投资方法和途径方面存在很大不足。因此，要鼓励经济落后省份进一步落实国家"走出去"战略，鼓励有能力的企业对外直接投资，形成一批有实力的企业，扩大对外直接投资的规模，质与量并重，促进省份内产业结构升级。落后省份核心企业应在对外投资的过程中不断地学习国外的先进技术、管理模式，提升自己的竞争力。让其他企业感受到对外投资带来的诸多好处，以带动整个省份企业的对外投资。

第三节　实证检验：对外直接投资与出口贸易

一　实证研究：以湖南省为例的实证检验

（一）引言

目前，基于湖南地区的有关对外直接投资与出口贸易关系理论研究文献较少，主要集中在内向 FDI 和经济发展、产业发展关系方面。但随着湖南近年来对外投资掀起高潮，有必要进行深层次研究。本书采用实证研究 OFDI 与出口贸易的相互关系，建立回归模型，从数量经济学角度推断它们长期及短期的动态均衡关系，判断 OFDI 产生的外贸效应，从而可以为解决外向 OFDI 发展问题和对外贸易的增长问题提出一些思路。

(二) 湖南外向 FDI 与出口贸易现状

湖南省作为国家"中部崛起"战略重镇,有着独特的历史传统、地理位置和自然资源。改革开放以来,湖南省积极引进外资、大力发展对外贸易,外资依存度超过全国平均水平,促进了湖南经济发展,经济发展的各指标迈上新台阶。近年来,其对外投资也出现高速发展新局面,自 2000 年湖南企业开始走出去,境外直接投资的规模越来越大,2009 年,湖南对外实际投资额超越上海达 101628 万美元,位居各省(市、区)第一(2000 年以前主要形式为对外援助),跨国并购成为对外投资的新亮点,民营企业成为对外投资的重要力量。2010 年有所下滑,达 2.75 亿美元,2011 年回升至 3.40 亿美元,同比增长 23.6%。机械制造、新材料、有色金属资源开发为湖南省优势产业。

出口方面,湖南出口自 1995 年的 20.96 亿美元到 2010 年的 79.6 亿美元(其中,2011 年受欧债影响出口下滑至 35.67 亿美元),平均年增长率为 14%。烟花、爆竹等具有刚性需求产品出口稳定增长(全年出口 3.2 亿美元,增长 9.2%)。高新技术产品进出口形势较好,其中出口 3 亿美元,同比增长 6.2%,进口 4.3 亿美元,同比增长 56%。高新技术产品出口占全省出口总额的 5.5%,比上年增加 2.2 个百分点。虽然其近几年的贸易额居于中部六省前列,与东部沿海省市相比,仍存在较大差距,对外投资产业限制及地区限制也非常明显,结构不理想、投资规模较小、机制不活、技术水平低、人才缺乏等也是迫切需要解决的问题。

(三) 湖南对外直接投资与出口关系的实证研究

1. 数据与变量

本书采取 1995—2011 年湖南省对外投资存量和出口贸易额存量,数据来源于商务部《中国对外贸易统计年鉴》及统计局的统计公报、《湖南统计年鉴》,湖南省商务厅网站关于利用对外投资,对外贸易的历年数据。用 EX 代表出口,用 OFDI 代表对外直接投资(中方投资额)非金融部分,由于自然数据的对数形式不会改变其协整关系,并能使趋势线性化,消除时间序列会产生的异方差现象。对 EX 及 OFDI 进行自然对数变换,分别用 lnEX 和 lnOFDI 表示自然对数的 EX、OFDI,这里以 Eviews5 软件为工具,利用协整模型对中国出口和对外直接投资关系进行定量研究(见表 7-29)。

表 7-29　　1995—2011 年湖南省对外直接投资与出口贸易（EX）数据　　单位：亿美元

年份	lnOFDI	lnEX	EX	OFDI
1995	-1.07881	3.043036	20.9688	0.34
1996	-0.3285	3.099389	22.1844	0.72
1997	-0.15082	3.148119	23.2922	0.86
1998	0.044973	3.092015	22.0214	1.046
1999	0.198851	2.550905	12.8187	1.22
2000	0.327431	2.85001	16.5271	1.3874
2001	0.97456	2.863805	17.5281	2.65
2002	-1.13943	2.887746	17.9528	0.32
2003	-1.36995	3.066191	21.46	0.255
2004	-1.2174	3.433342	30.98	0.296
2005	1.081805	3.622473	37.43	2.9528
2006	1.951608	3.930649	50.94	7.04
2007	1.071584	4.17792	65.23	2.92
2008	0.71295	4.302713	73.9	2.04
2009	2.312535	4.005513	54.9	10.1
2010	1.011601	4.377014	79.6	2.75
2011	1.223775	3.574310	35.67	3.40

2. 平稳性检验

通过检验，OFDI 与 EX 有较大相关性，但由于多数时间序列经济变量是非平稳性的，可能出现伪回归问题，所以，本书采用 Augmented Dickey-Fuller（ADF）检验法对上述序列进行单位根检验。从表 7-30 中可以看出，从上面的 t 统计量对应的值可以看到，大于下面所有的临界值，因此 lnOFDI 和 lnEX 在水平情况下是非平稳的。而它们的一阶差分序列的 ADF 值均只大于 1% 显著性水平下的临界值，说明 lnOFDI 和 lnEX 都是一阶单整序列，故都是平稳的。

表 7 – 30   平稳性理论

变量	ADF 值	检验类型	临界值1%	临界值5%	临界值10%	结论
lnFDI	-1.563056	(C, 0, 0)	-4.004425	-3.098896	-2.690439	不平稳
ΔlnFDI	-3.833335	(C, 0, 0)	-4.297073	-3.212696	-2.747676	平稳
lnEX	-0.416166	(C, 0, 0)	-4.004425	-3.098896	-2.690439	不平稳
ΔlnEX	-4.959786	(C, 0, 0)	-4.121990	-3.144920	-2.713751	平稳

注：检验类型中，c 与 t 表示带有截距项、时间趋势，n 表示滞后期。

3. 协整检验

由于协整检验是对无约束的 VAR 模型施以向量协整约束后的 VAR 模型，因此进行协整检验选择的滞后阶数应该等于无约束 VAR 模型的最优滞后阶数减 1。湖南数据的协整检验 JOHANSEN 协整检验，滞后区间从 1—2 期的检验结果如表 7 – 31 所示。

表 7 – 31   检验结果

假设 No. of CE（s）	Eigenvalue	Trace 统计	0.05 临界值	概率
无	0.518455	22.39295	15.49471	0.0000
至少 1 个	0.260655	3.623894	3.841466	0.3570

统计量下的 22.39295 大于 5% 水平下的临界值 15.49471，拒绝原假设，存在一个协整关系。从最大特征值检验来看，结论也是有一个协整方程。在 5% 显著性水平上只存在唯一的协整关系，即稳定的长期关系。这里运用 EG 两步检验法对它们进行协整检验。

首先建立 lnOFDI 与 lnEX 之间的回归模型，协整方程为：

$lnEX = 3.276369 + 0.273722 lnOFDI$

t 检验　（2.541764）　（27.00864）

$R^2 = 0.731982$　$DW = 0.252365$

式中，括号内的数字表示参数估计值的标准误差。DW 值很明显小于 2，可决系数接近于 1，回归较为完美。由上式可知，湖南省对外投资额与出口额之间存在显著的正相关关系。

其次，假设此次回归所得残差项为 El，并对 El 做单位根检验，一个不包含截距项，趋势项，差分滞后项的检验模型为：

$\Delta Elt = -0.76283 \ln elt - 1$

t 检验　　（-4.3413）

$R^2 = 0.3532$　　$DW = 2.1324$

这里的 t -4.3413 值小于 5% 下显著水平下的 ADF 临界值，说明 El 为平稳检验，所以，lnOFDI 和 lnEX 是（1，1）阶协整的（同阶才能协整）。

4. 建立误差修正模型

以稳定的时间序列 elt -1 做误差修正项，建立误差修正模型：

$\Delta \ln EXt = -1.872 - 0.124 \Delta \ln FDIt + 0.325 \ln EXt - 1.413 \ln FDIt - 1$

t 检验　　（-3.11）　　（-2.04）　　（3.02）　　（-1.49）

$R^2 = 0.67$　　DW = 2.62

各变量在 5% 显著水平下均通过了显著性检验，故认为方程通过了显著性检验。方程可以变换成：

$\Delta \ln EXt = -0.124 \Delta \ln OFDIt - 0.325(-\ln EXt - 5.76 - 4.34769 \ln OFDIt - 1)$

即 lnEX 关于 lnOFDI 的长期弹性为 4.34769，lnEX 关于 lnOFDI 的短期弹性为 -0.125，lnEX 和 lnOFDI 长期内存在互补关系，短期内存在替代关系（见表 7-32）。

表 7-32　　　　　　　　lnEX 和 lnOFDI 相互关系

零假设：样本量	F 统计量	双侧概率
lnFDI 不是 lnEX 的格兰杰原因	71.0713505999399	0.0103529438201321
lnEX 不是 lnFDI 的格兰杰原因	7.06541299390020	0.2409129482774391

5. 因果检验关系

由于上述变量均为一阶单整过程且存在协整关系，因此可以进一步进行格兰杰因果关系检验，以确定变量 lnOFDI 与 lnEX 间的相互关系。

可以看到，第一项假设条件下 p 值小于 0.05，说明 lnOFDI 是 lnEX 的格兰杰原因，而第二项假设条件下，p 值大于 0.05，说明 lnEX 不是 lnOFDI 的格兰杰原因。lnOFDI 对 lnEX 推动作用是很明显的。

（四）结论及启示

上述各种数据及实证分析表明，湖南省对外直接投资与湖南省出口之间存在唯一的协整关系，即出口与对外 FDI 之间存在长期动态均衡关系。湖南对外直接投资是出口增加的原因，其具有出口效应，外向型 FDI 存量的正的显著系数表明，湖南对外直接投资的增加导致湖南出口水平的增加。

从长期看，湖南省对外直接投资对湖南省的出口是有很大促进作用，大力发展湖南省对外直接投资对湖南省的出口带动具有重大意义。但是湖南省目前的对外直接投资还是存在一些问题，宏观方面有：与很多发展中国家尚未实现优势合作，投资产业中高新产业的投资份额较少，忽视对国内连锁正向效应强的产业投资。微观方面经营主体实力不强，对外投资规模偏小，竞争力有限，在湖南的对外投资企业中，中小企业在数量上占相当大比重。大部分企业缺乏战略规划，忽视品牌宣传，没有意识到品牌塑造，还停留在比较原始的产品推广阶段。资金有限和技术落后也是阻碍湖南省对外投资的重要因素。

基于上述实证分析结果与湖南省目前对外投资存在的不足，提出下面建议。

1. 进一步明确政府定位，积极发展境外投资服务

湖南省政府应该充分发挥服务型政府的职能，出台相关法规，努力让企业成为投资决策和生产经营的主体，让其实现自负盈亏和自我发展。首先，政府应该积极指导对外直接投资，向投资者提供东道国政治和经济法规以及相关国家的各类风险信息，并提供中介服务，为潜在的投资者提供投资机会和适宜的投资项目等。其次，建立对外直接投资的人才支持体系。对跨国经营人员进行对外投资的知识普及和经营观念的更新培训，并努力吸引优秀人才，建立人才国际化交流平台。

2. 努力构建湖南省对外投资企业境外投资担保制度

对企业而言，政治风险、融资风险是对外投资的难题。随着湖南企业境外投资规模和数量增长，建立湖南境外投资的担保制度，给予融资渠道优惠，减少融资障碍，有助于消除企业海外经营的顾虑，促进湖南企业更好地"走出去"。所以应借鉴西方发达国家在这方面的成功经验，根据湖南的具体情况，为湖南对外直接投资的更好发展提供保障。

3. 积极培育湖南跨国公司，实施品牌国际化战略

要提升湖南省企业参与国际竞争的层次和水平，应引导各类有实力的企业在境外科技资源密集的地区设立研发中心，鼓励在欧美发达国家

兼并收购研发型企业，促进企业提高经营质量和产品档次，逐步打造湖南自己的跨国公司。鉴于湖南省高新技术企业普遍存在规模比较小的问题，可采用"小公司、大产业"发展战略和出口运行模式，如在软件方面，可以成立"软件产品联盟"，以"小公司、大产业"应对国际市场并扩大产品出口。湖南省主要出口商品为劳动密集型商品，附加值低，科技含量低。应加强对机电、服装和纺织等行业重点出口企业的技术改造，积极鼓励企业开发新产品、新材料，增加品牌意识，实施品牌战略。企业要积极转变观念，树立品牌意识，加强自身品牌建设，提高企业国际竞争力。

4. 尽快建立湖南境外合作区

积极与越南、东盟等湖南省境外投资特点市场及政府沟通、协商，充分利用湖南省地区优势、资源优势，利用国家对外经济技术合作专项资金，全面调动湖南省境外投资企业积极性，打造块状经济集群化"走出去"平台，短期内尽快建立湖南省境外合作区。带动企业在合作区集聚，有序开展经营，与所在国实现互利共赢，发挥良好示范效应。

二 实证研究：以广西为例的实证检验

（一）导论

在国家"走出去"战略指导下，广西对外直接投资逐渐壮大，2011年，广西对外投资项目61个，协议投资金额4.5亿美元；而当年实际利用外资达到9.12亿美元，是广西对外投资协议金额的2倍。2010年，中国—东盟自由贸易区正式全面启动。在实现货物贸易自由化之后，根据《中国—东盟全面经济合作框架协议》，服务贸易自由化和投资便利化也将提上日程，为广西企业加快对外投资，实现利用外资和对外投资的平衡，达到经济又好又快发展提供了历史机遇。

但是，与全国其他地区相比，广西对外直接投资由于起步时间较晚，积累的投资总量低于其他许多省份，有关广西对外直接投资与进出口关系的研究也还很缺乏，本章正是基于此情形展开论证。

（二）广西对外直接投资以及进出口贸易现状分析

1. 广西对外直接投资

（1）发展历程。1988年，广西桂林制药厂第一个走向国外，它与澳大利亚星加化工厂合资创办了"星加桂林制造有限公司"，它"走出去"的成功为广西企业对外直接投资奠定了坚实的基础。

1990年年底，广西境外企业数量累计11家，1991—1999年，境外企业数量分别为5家、5家、7家、2家、4家、3家、3家、2家和5家，到2000年年底，广西境外企业数量累计达49家。① 据商务部统计，截至2010年年底，中国13000多家境内投资者在国（境）外设立境外企业1.6万家，分布在全球178个国家（地区）。最新数据表明，2011年，我国境内投资者共对全球132个国家和地区的3391家境外企业进行了非金融类对外直接投资。

（2）现状分析。1990年以前，广西企业对外直接投资（包括独资和合资）累计金额413万美元，1990年以后有较大突破②，其中，1991—2000年，中方投资金额分别为106.49万美元、149.02万美元、205.62万美元、107.4万美元、141.5万美元、203万美元、515.5万美元、145万美元、284.9万美元和265.72万美元。③

据商务部统计，2011年，我国境内投资者对境外企业进行了非金融类对外直接投资累计实现直接投资600.7亿美元，同比增长1.8%。其中股本投资和其他投资456.7亿美元，占76%；利润再投资144亿美元，占24%。而广西批准企业境外投资项目61个，协议投资总额4.5亿美元，同比增长21.6%。其中，中方协议投资额4亿美元，同比增长30.5%。境外投资主要集中在亚洲，境外投资领域涉及矿业、贸易、服务、机械制造、农业等。

总之，广西对外直接投资从企业数量和投资金额方面已经初具规模。并且地跨六大洲，涉及三大产业，为进一步扩大对外直接投资奠定了基础，培养了对外直接投资的经营管理人才和开拓国际市场的国际营销、谈判和法律人才，积累了丰富的跨国经验和技能。

2. 广西进出口贸易

（1）发展历程。1991年，广西贯彻"进一步解放思想，增强开放意识，努力适应外贸体制改革的新形势，保证出口贸易和利用外资持续稳步发展"的指导思想，坚持速度与效益并举的方针，充分利用国内政治安定、社会稳定、经济发展的良好环境，调动各方面的积极因素，

---

① 周元元、覃延宁：《广西境外投资情况的调查与思考》，《企业天地》2003年第10期。
② 1991—2001年中国对外直接投资统计数据摘自联合国贸发会议（UNCTAD）《世界投资报告》，2002—2011年数据来源于中国商务部统计数据。
③ 罗金保、刘振：《广西企业对外直接投资初探》，《广西财经》2002年第10期。

努力发展对外经济贸易各项业务，取得了较好效益。全年外贸进出口总额 10.03 亿美元，比上年增长 15.5%。全自治区外贸出口市场 95 个，比上年增加 4 个。出口效益有所提高，出口换汇成本下降，盈利单位增加，全年减少外贸亏损 1 亿多元。

（2）现状分析。历经 20 年的发展，至 2010 年，广西全年货物进出口总额 177.06 亿美元，是 1991 年的 17 倍之多。其中，2010 年货物出口 96.10 亿美元，增长 14.8%；货物进口 80.96 亿美元，增长 37.8%。进出口差额（出口减进口）15.14 亿美元。从出口企业性质看，国有企业出口 12.61 亿美元，增长 24.8%；外商投资企业出口 20.32 亿美元，增长 59.1%；私营企业出口 61.42 亿美元，增长 3.7%。①

从图 7-14 不难看出，广西货物进出口总额增长速度是呈波浪式的、不规则的，但是，它的增长速度与中国整体进出口总额增长速度在一定程度上又保持着相当高的一致性。

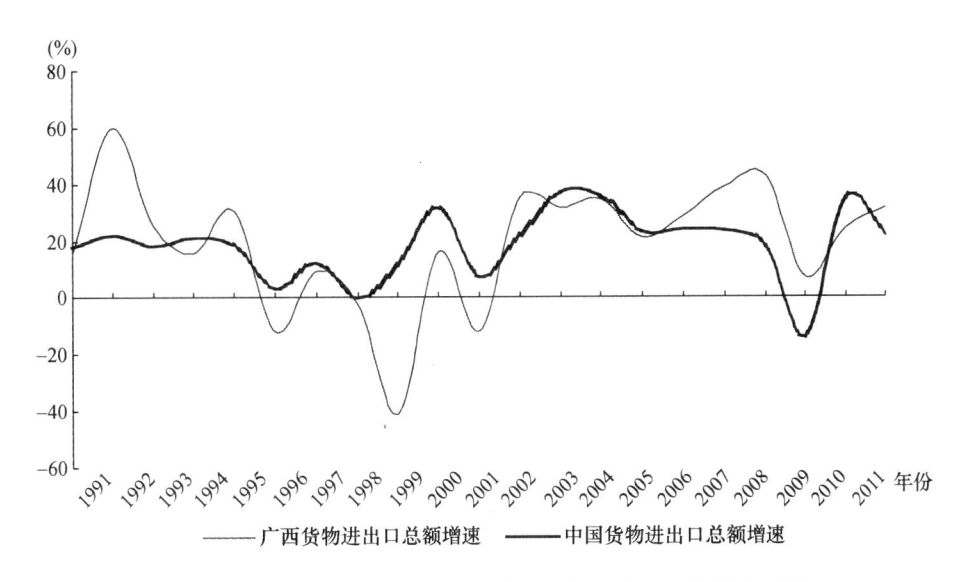

图 7-14 1991—2011 年广西与中国货物进出口总额增速对比

分析图 7-14 可以了解，广西在 1991—2001 年间的货物进出口总额表现出波动态势，但是，2001 年后，广西货物进出口总额不断攀升，

---

① 中华人民共和国商务部对外投资和经济合作司，http://hzs.mofcom.gov.cn。

每年都创下新高。更是在2011年创下进、出口总额双双首次突破百亿美元的佳绩，全年外贸进出口总额达233.3亿美元，同比增长31.5%。其中，出口124.6亿美元，同比增长29.7%；进口108.7亿美元，同比增长33.7%，进出口、出口、进口增幅分别比全国平均水平高出9个、9.4个和8.8个百分点。进出口总额居西部12省区市第3位。

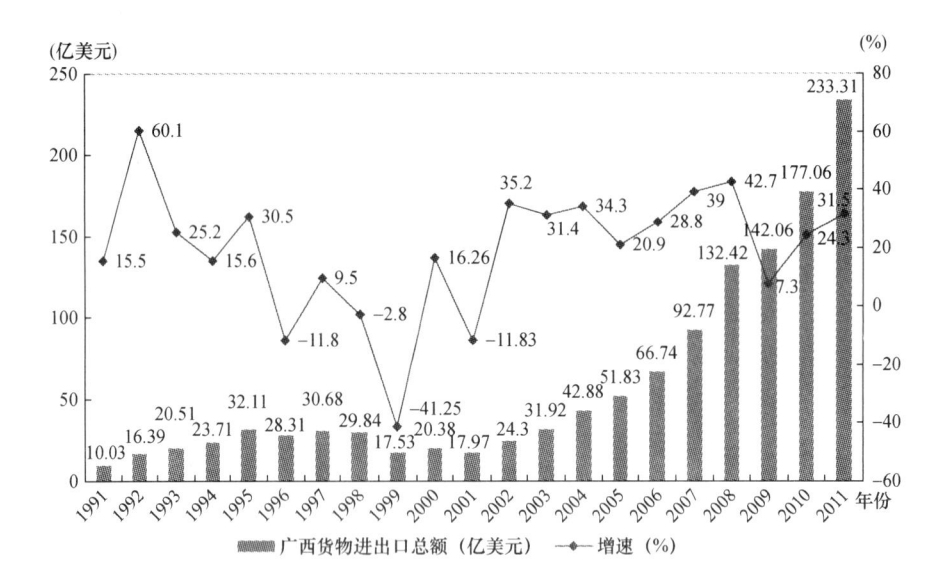

图7-15 1991—2011年广西货物进出口总额及其增速

（三）广西对外直接投资对出口贸易的实证研究

1. 数据与变量

本书采取的数据样本取自1991—2011年度广西对外投资流量和出口流量。数据来源于《中国对外贸易统计年鉴》《广西统计年鉴》《世界经济年鉴》《新中国六十年统计资料汇编》《统计公报》和UNCTAD《世界投资报告》。用EX代表出口贸易总额，用OFDI代表对外直接投资额（非金融部分），由于自然数据的对数形式不会改变其协整关系，并能使趋势线性化，消除时间序列产生的异方差现象，所以对EX及OFDI进行自然对数变换，分别用lnEX和lnOFDI表示自然对数的EX、OFDI。

2. 单位根检验

首先采用ADF（Augmented Dickey - Fuller）法检验变量平稳性及单

第七章 对外直接投资与中国省域经济发展

整阶数、时间序列 lnFDI 和 lnEx 的平稳性，即对时间序列 Xt 进行如下回归：

$$\Delta y_t = a_0 + \beta + \gamma y_{t-1} + \sum_{i=1}^{\delta} \delta_i \Delta y_{t-i} + \varepsilon_t$$

式中，a_0 表示参数，β 表示趋势项。

作如下假设检验：$H_0: \rho = 0$；$H_1: \rho < 0$。如果接受原假设 H_0，则说明序列 X 不存在单位根。方程中加入 δ 个滞后项是为了使残差项 ε_t 成为白噪声。对于非平稳的变量还需要检验其差分的平稳性。如果变量的 n 阶差分是平稳的则称此差分是 n 阶单整，记为 I(n)。所以，变量同阶单整是变量之间存在协整关系的必要条件。

从表 7-33 可知，变量 lnOFDI 和 lnEX 在显著性水平上它们的 t 统计量 -1.245、0.2205 都大于所有的临界值，因此接受原假设，即存在单位根，这表明它们的水平序列是非平稳的。lnOFDI 和 lnEX 有可能都是 I(1)，即一阶单整。一阶差分后各变量在显著性水平上它们的 t 统计量 0.2205 都小于所有的临界值，因此拒绝原假设，即它们的一阶差分序列不存在单位根，它们的一阶差分序列是平稳的，即一阶单整，记为 I(1)。于是，可以进一步检验它们之间的协整关系。

表 7-33　　　　　　　　ADF 单位根检验结果

变量		检验模型类型			ADF 值	ADF 临界值			结论
		a_0	β	δ		1%	5%	10%	
lnOFDI	原值	0	0	3	-1.245	-2.692	-1.96	-1.601	I(1)
	一阶差分	α_0	β	0	0.2205	-4.533	-3.674	-3.277	
lnEX	原值	α_0	0	4	-3.852	-3.809	-3.021	-2.65	I(1)
	一阶差分	α_0	β	2	0.2205	-4.533	-3.674	-3.277	

虽然 lnOFDI 和 lnEX 都是非平稳的一阶单整序列，但可能存在某种平稳的线性组合，这个线性组合反映了变量之间长期稳定的比例关系，即协整关系。

3. 协整检验

虽然采用差分方法可以消除非平稳趋势，使得序列平稳化后建立模型，但是这些差分序列限制了所讨论经济问题的范围，有时甚至不具有直接的经济意义,从而化为平稳序列后所建立的时间序列模型不便于解释。如果一些经济变量是非平稳序列,但它们的线性组合是平稳序列,那么这些经济变量就存在协整关系。由前面平稳性检验,可以知道 lnFDI 和 lnEX 都是 I(1) 序列,满足进行协整检验的条件。

(1) 进行协整回归。首先,建立 lnEX 和 lnOFDI 的回归模型:

$$lnEX_t = \varphi + \eta lnOFDI_t$$

式中,$lnOFDI_t$ 表示 t 期实际 OFDI 的自然对数,$lnEX_t$ 表示 t 期出口贸易额的自然对数,φ 表示常数项。引入对数是为了研究方便,取对数后将更容易得到平稳数据且不会改变时间序列性质和相互关系。

该结果可写成如下形式:

$$lnEX = 5.077752 + 0.54645 lnOFDI$$

$$t: 28.65497 \quad 9.003031$$

$$R^2 = 0.800109 \quad DW = 1.32114$$

保留残差序列为 ET。

(2) 检验残差的平稳性。考察方程的回归残差 ET 是否平稳,如果回归残差平稳,则说明存在协整过程,该方程描述了变量之间的长期稳定关系。同样用 ADF 法检验回归残差 ET 的平稳性,对 ET 原序列进行检验,检验式不包括趋势项和截距项,检验结果见表 7 - 34。

表 7 - 34　　　　　　　　残差 ADF 检验统计

t 值	1%	5%	10%
-4.274	-2.868	-1.959	-1.608

该结果可写成如下形式:

$$D(ET) = -0.814592 \times ET(-1)$$

$$t: \quad -4.273707$$

即 $EG = -4.273707$

(3) 检验 lnEX 与 lnOFDI 之间是否存在协整关系。由于 $EG = -4.273707$,查协整检验的 EG 或 AEG 临界值表,很容易得出 lnEX 与 lnOFDI 之间确实存在一定的协整关系。

4. 建立误差修正模型

以稳定的时间序列做误差修正项(ECM),用打开误差修正项括号的方法直接估计误差修正模型。其结果如表 7-35 所示。

表 7-35　　　　　　　　　　ECN 检验结果

因变量：D(lnEX)

估计方法：最小二乘法

样本（调整）：1992 2011

观察值：20 after adjustments

变量	系数	标准差	t 统计量	双侧概率
C	0.136	0.051	2.623	0.018
D(lnOFDI)	0.097	0.092	1.044	0.311
ET (-1)	-0.314	0.165	-1.9	0.074
R²		0.177	因变量标准差	0.157
调整的 R²		0.079	因变量均值	0.226
回归标准差		0.217	赤池信息准则	-0.082
残差平方和		0.8	欠吐其后信息准则	0.068
对数似然函数值		3.815	汉南—奎因准则	-0.052
F 统计量		1.822	DW 统计量	1.337
概率（F 统计量）		0.192		

该结果可写成如下形式：

$\Delta lnEXt = 0.135781 + 0.096997 \Delta lnOFDIt - 0.31357 ET (-1)$

t：　　　　2.622945　　1.044366　　　　　-1.90088

R² = 0.07965　　　DW = 1.336613

方程的回归系数通过了显著性检验，误差修正系数为负，符合反向修正机制。回归结果表明对外直接投资的短期变动对货物进出口存在正向影响。

(四) 结论及建议

1. 结论

各种数据及实证分析表明，短期内中国对外直接投资对出口存在替代效应，随着广西的发展不断加快，以及对外直接投资规模逐步扩大的前提下，对外直接投资对进出口贸易的带动也将越来越明显。基于这一分析结果，提出如下政策建议。

2. 建议

(1) 拓宽跨国公司的投资融资渠道。目前，广西企业的海外之路才刚刚起步，对外直接投资行为上也表现出一种无序性和随机性，广西应在充分发挥市场机制作用的前提下，积极培育和发展为企业对外投资服务的金融体系，加强企业对外投资的金融服务和政策支持。要适当放松对企业的金融控制和外汇管制。

(2) 培育特色企业、产业。以产业集聚方式带动各产业发展，广西的企业发展未能形成竞争优势的原因是因为企业所在产业内部以及产业间的孤立，在行业或地区布局上，没有统筹安排的主攻方向和目标。广西目前有南宁、桂林、柳州、北海四个高新区，工业特别是制造业园区化进度非常快，起到了集聚经济的作用。但是，这些园区许多产业部门混杂，缺乏专业化分工协作和密切的经济联系，所以，必须要通过制定切实有效的产业政策，选择和扶持具有竞争力的企业、具有地方特色的企业，向部分产业进行倾斜，从而实现社会资源的合理配置。

(3) 建立健全的营销体系。营销体系的建立，对企业发展有着不可忽视的作用，广西企业要走向海外，走向世界，市场营销渠道的建立将成为其成功与否的决定因素之一。进行对外直接投资会给企业带来很多利益，但也具有更大的风险和困难，这是因为各国具有不同的政治环境、地理环境、经济实力、社会背景以及政治制度和思想文化等差异所决定的。所以只有清楚地了解国外市场营销渠道，才能更好地建立健全海外营销体系，海外之路才能走得更顺更远。

三 实证研究：以福建省为例的实证检验

(一) 导言

截至 2011 年，福建境外企业资产达到 40 亿美元。即便在金融危机的 2008 年，全年也完成进出口 744.51 亿美元，比上年增长 18.8%。其中，进口 245.10 亿美元，增长 14.5%；出口 499.40 亿美元，增长 21.0%。[①] 从统计数据看，作为沿海省份的福建省已逐渐成为中国较为成熟的对外直接投资省份。本书以福建省为例，就对外直接投资与出口贸易关系进行实证分析研究。

---

① 数据来源于福建省统计局。

(二) 福建省对外投资历程与现状

1. 对外直接投资现状

在福建省"走出去"战略深入实施之后，对外投资步伐加快、对外投资规模和水平不断提升，对外投资主体结构也不断优化。

（1）区位分析。从投资区域看，福建省对外直接投资在亚洲、欧洲、北美分别占61%、13%、9%，亚洲的港澳台地区及邻近的日韩等国仍是投资重点，非洲的投资项目不断增多。资源开发型产业合作投资于拉美、北美及非洲地区；劳动力密集型产业投资于东南亚、拉美及非洲等地区的发展中国家；资本密集型产业投资于东欧、拉美及亚太较发达国家和地区；知识与技术密集型产业投资于美国、日本与西欧等科技较发达的国家和地区。其中，亚洲以我国香港和澳门地区居多，美洲以美国居多，非洲以南非和埃及居多，欧洲以德国居多（见图7-16）。

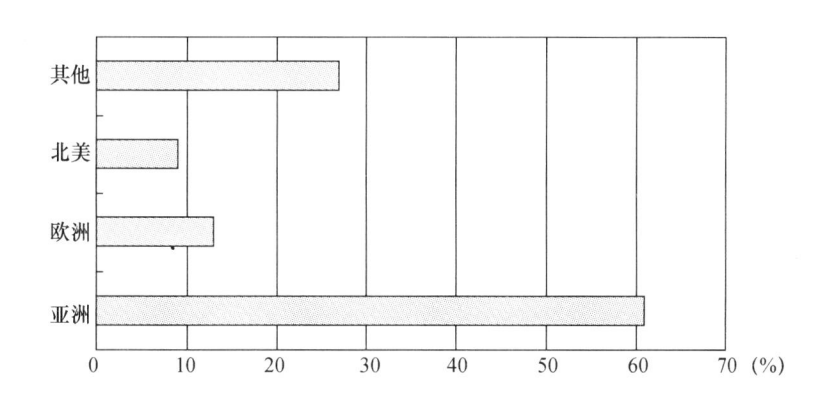

图7-16 福建省对外直接投资区位图示

福建省对外直接投资主要由中小企业构成，在2011年上半年审批的对外投资企业机构有110家，民办企业就有102个，新批协议投资总额5.76亿美元，其中，中方协议投资额5.45亿美元。民营企业也成为企业"走出去"的主力军，福建省民营企业全年赴海外投资的项目达64个，占项目总数的71%。到2010年年底，福建对外直接投资累计净额19.68亿美元，境外企业资产总额达42.77亿美元。

（2）产业结构分析。企业对外直接投资除了采用传统的绿地投资和跨国并购等投资形式以外，福建省还鼓励、引导有条件的企业到海外进行投资建立工业小区、工业贸易区招商中心等投资形式。从产业分布看，三大产业分别占境外企业总数的2.85%、36.18%、60.98%，第三产业尤其是批发和零售业已经成为对外直接投资的主要领域。同时，投资行业仍以劳动密集型为主。贸易型投资主要分布在纺织服装及鞋帽业，生产加工贸易型投资主要分布在石材、塑料、食品、低端电器等行业，资源开发型投资主要集中在矿产勘探、渔业开发等行业。服务业已成为近年来福建省对外直接投资亮点，如船务运输业、咨询业等，2007年还首度涉足海外教学培训、电视转播等服务行业。

此外，境外加工贸易成为对外投资热点，新批境外加工贸易企业27家，占新批企业数的30%，中方实际投资3424万美元，涉及电机电器、服装、鞋类、胶合板、渔业、纸制品、竹制品等产品的生产加工。资源开发也成为对外投资的亮点，新批从事境外资源开发的企业6家，中方实际投资额3530万美元，涉及金、铜、镍、钼、钴等矿产资源和渔业资源开发和利用。

2. 出口贸易现状

全省出口范围广，除却大洋洲和亚洲，其他各地出口都急速增长，2007年全年出口的国家（地区）市场达到219个。其中，对亚洲出口198.27亿美元，增长19.6%，增加32.52亿美元，占全省出口增量的37.5%；对欧洲出口126.11亿美元，增长30.7%，增加29.61亿美元，占全省出口增量的34.1%；对北美洲出口119.44亿美元，增长9.2%，增加10.03亿美元，占全省出口增量的11.6%；对南美洲出口29.12亿美元，增长39.6%，增加8.26亿美元；对拉丁美洲及非洲出口17.19亿美元，增长34.9%，增加4.44亿美元；对大洋洲出口9.30亿美元，增长26.7%，增加1.96亿美元。

在福建省对外贸易中，传统市场仍然占有重要地位。对美国、欧盟、日本、东盟与中国香港五大传统市场共计出口353.14亿美元，占全省出口的70.7%，增长15.6%，增加48.17亿美元，占全省出口增量的55.4%。其中：对美国出口108.67亿美元，增长7.8%；对欧盟出口105.04亿美元，增长25.9%；对日本出口62.19亿美元，增长2.9%；对东盟出口41.28亿美元，增长38.6%；对中国香港出口35.94亿美元，增长17.4%。

市场的对外开拓也取得了显著成就，对中东、拉美、非洲、南亚、澳新、独联体等新兴市场，合计出口96.51亿美元，增长38.5%，增加26.82亿美元，占全省增量的30.8%。

在大型企业的拉动下，2007年全省出口1500万美元以上的企业513家，共出口335.98亿美元，占全省出口总值的67.3%，增加71.86亿美元，占全省出口增量的82.6%，比上年提高5.7个百分点。其中：出口额5000万美元以上的企业144家，比上年增加了34家，共出口242.05亿美元，占全省出口的48.5%，增加51.04亿美元，占全省出口增量的58.7%，比上年提高13.3个百分点；出口1亿美元以上的企业共62家，比上年增加17家，共出口186.98亿美元，占全省出口的37.4%，增量36.62亿美元，占全省出口增量的42.1%。中小企业作用减弱，全省出口1500万美元以下的中小企业8935家，比上年增加845家，共出口163.44亿美元，增长15.6%，增加22.11亿美元，占全省出口增量的25.4%。

在商品需求中，福建省出口商品结构也发生了新的变化。初级产品出口52.98亿美元，占全省出口的7.4%；工业制成品出口661.96亿美元，占全省出口的92.6%。在工业制成品中，机电产品出口470.39亿美元，占全省出口的65.8%；高新技术产品出口256.06亿美元，占全省出口的35.8%。

（三）福建省对外直接投资与出口关系的实证研究

据《福建统计年鉴》数据，福建对外贸易从1981年的6.08亿美元增加到2010年的1087.80亿美元，增长178.91倍，平均年增长率为16.76%，其中：进口额从2.07亿美元增加到372.87亿美元，增长了180.13倍，平均年增长率为16.65%；出口额从4.0127亿美元增加到714.91亿美元，增长了178.16倍，平均年增长率为16.83%。

1. 数据来源及变量

本书2001—2011年福建省对外投资存量和出口贸易额存量数据来源于商务部《福建对外贸易统计年鉴》及统计局《统计公报》，福建省商务厅网站关于利用对外投资，对外贸易的历年数据。用EX代表出口，用OFDI代表对外直接投资（中方投资额）非金融部分，由于自然数据的对数形式不会改变其协整关系，并能使趋势线性化，消除时间序列会产生的异方差现象。分别用lnEX和lnOFDI表示自然对数的EX、OFDI。这里以Eviews5软件为工具，利用协整模型对中国出口和对外直接投资关系进行定量研究。

2. 平稳检验

通过数据分析与检验 OFDI 与 EX 有较大相关性,但由于多数时间序列经济变量是非平稳性的,可能出现伪回归问题。所以,本书采用 ADF 检验法对上述序列进行单位根检验。从表 7-36 中可以看出,从上面的 t 统计量对应的值可以看到,大于下面所有的临界值,因此 lnOFDI 和 lnEX 在水平情况下是非平稳的。而它们的一阶差分序列的 ADF 值均只大于 1% 显著性水平下的临界值。

表 7-36　　　　　　　　　ADF 单位根检验

变量	ADF 值	检验类型	临界值 1%	临界值 5%	临界值 10%	结论
lnOFDI	-2.34708	(C, 0, 0)	-4.4206	-3.25981	-2.77113	不平稳
ΔlnOFDI	-3.35973	(C, 0, 0)	-4.4206	-3.25981	-2.77113	平稳
lnEX	0.105291	(C, 0, 0)	-4.4206	-3.25981	-2.77113	不平稳
ΔlnEX	-9.08449	(C, 0, 0)	-4.4206	-3.25981	-2.77113	平稳

3. 协整检验

由于协整检验是对无约束的 VAR 模型施以向量协整约束后的 VAR 模型,因此进行协整检验选择的滞后阶数应该等于无约束的 VAR 模型的最优滞后阶数减 1。福建省数据的协整检验 JOHANSEN 协整检验,滞后区间从 1—2 期的检验结果见表 7-37。

表 7-37　　　　　　　　　　VAR 模型

假设		边际	0.05	
No. of CE (s)	特征值	统计量	临界值	伴随概率 p 值
无	-31.2936	3.370166	-9.28549	0.0000
至少 1 个	2.673677	0.222721	12.00461	0.0000

边际统计量下的 3.370166 大于 5% 水平下的临界值 -9.28549,拒绝原假设,存在一个协整关系。从最大特征值检验看,结论也是一个协整方程。即在 5% 显著性水平上只存在唯一的协整关系,即稳定的长期

关系。首先建立 ln$OFDI$ 与 lnEX 之间的回归模型，协整方程为：

lnEX = 1.447402 + 0.0001ln$OFDI$

t 检验　（1.569192）　　（9.137858）

R^2 = 0.951219　DW = 1.106727

式中，括号内的数字表示参数估计值的标准误差。DW 值很明显小于 2，可决系数接近于 1，回归较为完美。由上式可知，福建对外投资额与出口额之间存在显著的正相关关系。

其次，假设此次回归所得的残差项为 El，并对 El 做单位根检验，一个不包含截距项、趋势项、差分滞后项的检验模型为：

ΔElt = − 0.64277lnelt − 1

t 检验　（−3.14082）

R^2 = 0.614082　　DW = 1.776999

这里的 t − 3.14082 值小于 5% 下显著水平下的 ADF 临界值，说明 El 为平稳检验，很容易得出 lnEX 与 ln$OFDI$ 确实存在一定的协整关系。

（四）结论及启示

1. 结论

上述各种数据及实证分析表明，福建省对外直接投资与福建省出口之间存在唯一的协整关系，即出口与对外 FDI 之间存在长期动态均衡关系。福建省对外直接投资是出口增加的必要条件，其具有出口效应，外向型 FDI 存量的正的显著系数表明，福建对外直接投资的增加导致出口水平的增加。

以点窥面，中国经济增长需要大力发展对外直接投资水平。但是福建省目前的对外直接投资还存在一些问题。宏观方面，与很多其他发展中国家尚未实现优势合作，忽视了对国内连锁正向效应强的产业投资。微观方面经营主体实力不强，对外投资规模偏小，竞争力有限，在福建省的对外投资企业中，中小企业在数量上占相当大比重。由于中小企业偏多，所以资金有限和技术落后也是阻碍福建省对外投资的重要因素。

2. 建议

正确认识对外投资和技术优势之间的关系，通过对外直接投资不断引进国外先进技术，对其进行消化吸收进而创新。只有产品在东道国市场上有竞争力，企业才有对外直接投资的前提条件。要逐步建立和健全对外投资保障制度，减少对对外直接投资的限制，设立专门部门为对外投资企业服务，做好对外投资企业的坚强后盾，并积极鼓励民营企业。要实行一定的优惠措施，在资金上给予支持，让有条件的企业进行对外直接投资。完善财税政策，避免国际双重征税，为中国境外投资企业争取到东道国的国民待遇，为它们解除后顾之忧。

第八章 结论与建议

基于前几章的研究，本章就对外直接投资对本国国内经济的影响作出结论性评论，并对本书研究得出的结论进行概述，给出相关政策建议，就进一步研究的方向作出说明。

第一节 研究结论

本书将对外直接投资对本国国内经济的影响作为考察视角，从对外投资对本国国内经济影响的早期研究开始，就国内外对外直接投资对本国国内经济影响的主要已有文献进行了系统梳理。其中有先行发达国家的研究，发达国家之间的比较研究，发达国家与发展国家之间的比较研究，新兴经济体国家之间的比较研究以及针对中国国内省域经济的研究。本书还从对外直接投资对本国国内影响传导机制着手，构建了一个完整的对外直接投资对本国国内经济影响的传导机制框架，从对外直接投资与本国产业结构、技术进步、出口贸易、就业以及国际收支平衡方面，将对外直接投资对本国国内经济的影响纳入一个完整的理论框架之中，进而理顺了对外直接投资与本国国内经济的关系，从理论的角度提升对外直接投资影响本国国内经济的研究进程。在此基础上，本书再从实证角度就对外直接投资影响本国国内经济进行了相关研究，研究选取的是美国与日本两个国家，分别从这两个国家对外直接投资的发展历程与现状出发，系统地分析了这两个国家各自的对外直接投资对本国国内经济影响，相关研究仍然沿用本书第三章的分析框架，就对外直接投资对本国国内产业结构、技术进步、出口贸易、就业以及国际收支平衡问题进行了探讨，得出的一般结论是对外直接投资对美国和日本的国内经济产生了重大的影响，这些影响既有正面的效应，也有负面的效应，但总的说来正面效应是主要的。无论是老牌的对外直接投资大国美国还是第二次世界大战后崛起的新兴投资大国日本，其对外直接投资历程与各自的产业结构升级过程相吻合，并促进了各自国内产业结构的升级与换代。研究结果也表明，虽然"空心化"问题也与对外直接投资相联系，但对外直接投资并不是引起本国国内产业结构"空心化"的主要原因。对外直接投资也促进了美国和日本各自国内的技术进步，美国对欧洲的投资，日本对美国的投资都带有获取国外先进技术的动机，并进而通过技术外溢与扩散，使得本国企业从中受益。对外直接投资虽有贸易替代的负作用，但美国与日本的实证研究支持对外直接投资的贸易促进作用。通过对外直接投资，美国和日本都进一步加大了出口贸易的力度，尤其是对贸易结构的影响更加明显。长期以来，对外直接投资对本国国内就业的影响受到诸多争议，本书的实证研究表明，美国和日本的对外直接投资通过产业结构升级和出口贸易规模扩大等途径，都在不同程度上增加了各自国内的就业。更重要的是，对外直接投资对各自国内的就业结构的影响产生了重大影响，使得各自国内就业质量提高，就业结构改善。对外直接投资对美国和日本的国际收支平衡也产生了重大的影响，对外直接投资通过对本国经常项目和资本项目施加的影响而使得美国与日本的国际收支得到进一步的改善。本书在第四章则选取四个对外直接投资大国美国、英国、日本和德国，从四个不同角度分别与我国对外直接投资进行比较研究，并得出以下结论：

第一，通过对中美两国对外直接投资、出口贸易现状进行分析比较，对外直接投资对出口贸易有两个影响效应：互补效应和替代效应。在互补效应方面中美两国都表现明显，但影响程度和范围方面美国更为显著。而替代效应方面，中国对外直接投资对出口贸易的替代效应不明显，影响很有限，但美国对外直接投资对出口贸易的替代效应相对来说更为显著，这主要是因为美国跨国公司经营数量多，长期形成的替代效应强的结果。

第二，通过中英两国对外直接投资对各自国内产业结构影响的传导机制分析发现，中国企业对外直接投资对中国国内产业结构的影响中，发挥主导作用的是传统产业转移效应，而重合产业竞争效应不显著；而作为老牌的对外投资强国的英国，其对外直接投资对英国国内产业结构的影响以重合产业竞争效应为主，这与中国有着明显的区别。

第三，通过中日两国对外直接投资对各自国内就业影响的比较分析，发现由于中国的对外直接投资目前尚未达到一定规模，在这个阶段表现出来的特征为刺激效应明显强于替代效应；而日本对外直接投资对日本国内就业的影响替代效应要强于刺激效应，恰恰与中国相反。

第四，通过比较中德两国对外投资从对各自国内经济增长的影响分析得出，对外直接投资可以通过生产要素配置和产业结构优化两个方面来促进经济增长，而德国的对外直接投资模式明显优于中国模式，中国须借鉴德国对外直接投资模式，取长补短，这将有利于我国通过对外直接投资促进国内经济增长。

本书在第六章和第七章就对外直接投资对中国经济影响进行了实证研究，实证分析从两个角度展开，即总体实证研究和省域实证研究，并得出以下主要结论：

第一，近年来虽然中国企业对外直接投资发展迅速，但由于起步晚规模还比较小，这在和世界主要发达国家相比较中尤为明显，因此短期内对产业结构升级影响不大。

第二，对外直接投资可以促进国内技术进步，特别是美国、日本、欧盟的对外直接投资的技术进步效应更明显。

第三，对外直接投资对我国经常项目平衡具有积极的调节作用，但所占比例不高，对金融项目的影响并不稳定，中国企业对外直接投资规模总体偏低，基本对国际收支余额规模不产生直接的影响。

第四，从短期来看，对外直接投资对外汇储备不存在着显著影响，但从长期来看，对外直接投资和外汇储备之间存在显著正相关关系。

第五，对外直接投资与出口贸易在长期上存在一种互补关系。随着中国企业对外直接投资规模的不断扩大，其对出口贸易的带动作用也日益明显。

第六，从对外直接投资对我国东中西部三个区域经济影响的实证研究中发现，东部地区 OFDI 每增长 1 个百分点，GDP 增加 0.253 个百分点；中部地区 OFDI 每增长 1 个百分点，GDP 增加 0.1834 个百分点，且区域内部差异比较明显；西部地区 OFDI 每增长 1 个百分点，GDP 增加 0.1802 个百分点。从 OFDI 对 GDP 的贡献来看，由高到低分别是东部、中部、西部。

第七，从西部代表性城市重庆看，重庆企业对外直接投资对其外汇储备既有正面影响，也有负面影响，具体影响程度不显著；而在就业方面，不仅不会减少重庆的就业需求，相反会因为对出口的带动和服务业的刺激而扩大关联行业的就业需求；技术进步方面，虽然重庆对外投资规模不大，但可以促进和刺激重庆 R&D 投入的增加，使重庆有更多财力集中于科技研发，这一定程度上会促进重庆技术的进步；重庆企业对外直接投资主要通过发挥传统产业转移效应，促进重庆产业结构的调整和升级，而重合产业竞争效应的影响尚不显著。

第八，我国省域之间的对外直接投资比较研究及部分省份实证研究结果可以归纳为，对外直接投资对各自省域相关方面的影响与投资规模呈正相关关系，投资规模排名靠前省份经济受对外直接投资的影响更为显著；从效果方面来看，对外直接投资对省域经济既有正效应也有负效应，正效应要大于负效应；从时间周期角度来看，对外直接投资在短期内效果和影响都不是十分显著，但长期效应却十分明显。

第二节　政策建议

通过对发达国家与中国对外直接投资对各自国内经济影响的研究，本书认为，对外直接投资对本国国内经济的影响有正、负效应之分。由于研究角度不同，本书主要从正效应角度研究对外直接投资对国内经济产生的积极效应。无论是作为发达国家的美国与日本，还是作为发展中国家的中国，其对外直接投资都对各自国内经济产生了一系列的影响，这些影响集中体现在对外直接投资在不同程度上促进了本国产业结构升级、技术进步、出口贸易增加、国内就业改善和质量提高以及国际收支平衡发展。基于此，从理论层面而言，各国政府都应将对外直接投资对本国经济的正负影响纳入政策考虑的范围，进而制定适合本国经济发展的对外直接投资政策。

本书认为，对外直接投资本身就是一个经济增长和发展的结果，一个国家具备什么样的经济实力，决定了这个国家的对外直接投资水平。从这个意义上说，对外直接投资本身就是本国经济发展的一部分。对外直接投资对于本国经济的影响，一般要在该国经济开放到了一定程度，对外直接投资形成了一定规模的情况下才能显现出来。在一个国家基本上还是内向型经济，对外直接投资在经济成分中的比重微乎其微时，不可能对本国国内经济产生很大的影响，许多发展中国家目前都处于这种阶段。而当一个国家的国内经济对国际经济已经有了相当高依存度时，对外直接投资的规模在该国的经济构成中已经占有举足轻重的地位时，对外直接投资甚至能对该国的国民经济产生生死攸关的影响。日本状况可以支持这一结论。还有一种情况，像美国，它的国家经济利益已经呈现出全球性特征，在一般意义上评述对外直接投资对该国国内经济的影响已显不足，因为国际经济成为该国经济密不可分的有机构成，在某种程度上说，国家的经济利益已经全球化了。对于它们来说，已经没有必要去严格区分对内投资还是对外投资的界限，在它们的视野里经济国界是模糊的，它们注重和追求的是在全球实现自己的利益。因此，经济发展阶段的不同决定了对外直接投资目的与规模的不同，进而对外直接投资对本国经济利益影响的不同。本书实证研究也表明，美国的对外直接投资对其国内经济的影响是全方位的，日本对外直接投资对其国内经济影响也较大，而中国的对外直接投资尚处于起步阶段，其对中国国内经济的影响较小。但近年来，中国企业对外直接投资发展迅速，实证分析结果也表明对外直接投资对中国的出口贸易及技术进步产生了一定的影响，且这种积极的影响势必随着中国"走出去"战略的推进和中国对外直接投资的蓬勃发展而进一步加强。

另外，对外直接投资对本国经济的影响还取决于本国的经济结构、经济发展水平等制约因素。由于这些因素都在经济发展中变化，因此，在不同的经济发展阶段，对外直接投资对国内经济的影响也必然不同。而且本国的经济制度对国际直接投资有着相当重要的作用力，对外直接投资在一种经济制度下产生的正效应，在另一种经济制度下也许会变为负效应。

无论理论分析还是实证研究都支持对外直接投资对本国国内经济产生重大影响的结论，尤其是从先行国家美国与日本经验来看更是如此，中国的实证检验也与此结论吻合。因此，中国最高决策层提出的"走出去"战略无疑具有重大的前瞻性，本书的研究结论也与此相一致，即各级政府部门应加大树立全球化意识，从政策实处推动企业"走出去"，为企业"走出去"创造有利的政策环境，并规范、引导企业的对外直接投资与国际化经营行为，使得企业行为与国家战略一致，真正实现通过对外直接投资促进中国国内经济发展的目标。

第三节 进一步研究的方向

本书在理论上构建了一个庞大而系统的分析框架，在实证研究方面，就中国企业对外直接投资对本国经济各方面影响以及中国省域对外直接投资对各自省域相关方面影响进行了实证检验，且所得出的结论也有一定说服力，总的来说，达到了研究预期目标。但本书也有不足。

首先，本书在实证研究部分就对外直接投资对省域经济实证研究时，由于收集到的数据有限，使用的模型比较简单。下一步的方向是使用一些高级计量模型进行实证研究。

其次，理论分析框架仍需要继续完善。本书只是在系统研究对外直接投资对国内经济影响的传导机制基础上提出了一个初步的分析框架，但该框架仍需要继续完善，尤其缺乏成熟模型的支持。因而，能从数理经济学或计量经济学的角度构建一个更加系统的理论框架是下一步努力的方向。

此外，由于受时间与各个省份数据收集的难度所限，本书只选取国内一些具有代表性的省域进行实证研究，得出结论难免不够全面，考虑国内每个省份的对外投资实际情况及省域特点，因此下一步重点研究方向是增加国内省域的研究及省际比较研究，甚至将国内个别省份与国外具有类似特点的投资国进行比较研究，当研究的国家和省域达到一定数量和研究深度达到一定程度时，得出的结论将更为全面、准确、可靠。

附录　问卷调查表

本次调查是由国家级社科基金"中国企业对外直接投资对国内经济影响的理论分析与实证检验"针对中国企业"走出去"情况开展的问卷调查，首先，对您乐意代表贵企业参与此次问卷调查并认真回答调查表中所列问题，感到非常高兴；对您及贵企业热情回应、支持我们的工作，深表谢意！

填表人及联络方式

企业名称：_____（企业盖章）

填写人姓名：_____部门：_____职务：_____

联系电话（含区号）：_____传真：_____

手机：_____E-mail：_____

通信地址：_____邮政编码：_____

企业网址：_____

问题

1.1　贵公司上一年的毛收入是多少？（人民币）

1.2　贵公司上一年的雇员总数是多少？

1.3　贵公司是什么性质的企业？
□ 国有企业　　　　　□ 上市公司
□ 私有企业　　　　　□ 合资企业
□ 外商独资企业

1.4　贵公司的主营业务应被归入以下哪个行业？
□ 农业、捕猎及林业　　□ 渔业
□ 制造业　　　　　　　□ 生产食品、饮料、烟草
□ 生产纺织品、纺织类产品　□ 生产皮革、皮革制品

□ 生产木材、木制品
□ 生产纸浆、纸张、纸制品；出版与印刷
□ 生产煤炭、精炼油制品、核燃料
□ 生产化学品、化学制品、人造纤维
□ 生产橡胶、塑料制品　　□ 生产其他非金属矿物产品
□ 生产基底金属、金属制品　□ 生产机械、设备（不另分类）
□ 生产电气设备、光学设备　□ 生产交通运输设备
□ 生产家具；生产其他产品（不另分类）□ 回收
□ 水、电、气供应　　　　□ 建筑业
□ 批发与零售业；汽车、摩托车及日用物品修理业
□ 宾馆及餐饮业　　　　　□ 运输、仓储及通信业
□ 金融中介　　　　　　　□ 房地产业、租赁及经营、咨询业

1.5 贵公司是否进行过对外投资？如果有，那么贵公司首次对外投资是在什么时候？

_____（请写明具体年份；"0"表示尚未进行对外投资）

1.6 下列哪一选项最能如实反映贵公司对外投资的规模？
□ 少于100万美元　　　　□ 100万—400万美元
□ 500万—900万美元　　□ 1000万—1亿美元
□ 超过1亿美元

1.7 下列哪一选项最能如实描述贵公司进行对外投资时涉及的主要产业？（请选择一项最适合的答案）
□ 自然资源的开采、运输或加工　□ 农业及其相关业务、食品加工
□ 信息通信产品制造及服务　　　□ 其他制造业
□ 贸易　　　　　　　　　　　　□ 金融服务
□ 商业服务　　　　　　　　　　□ 技术服务
□ 其他，请说明：_____

1.8 贵公司在哪些地区进行对外投资？（请选择所有适合的答案）
□ 非洲　　　　　　　　　□ 东亚和东南亚
□ 中东地区　　　　　　　□ 西欧地区
□ 东欧地区　　　　　　　□ 拉丁美洲
□ 北美洲　　　　　　　　□ 大洋洲

1.9 贵公司对外投资的目的是什么？（请选择所有适合的答案）
□ 回避中国国内市场需求饱和的现状
□ 降低生产成本
□ 回避某些海外市场的贸易壁垒
□ 为贵公司总部获取先进技术和前沿经验
□ 追随迁至海外的供应商或合作伙伴
□ 获取国际知名的品牌
□ 为国内市场提供能源、原材料和自然资源
□ 获取某些自然资源国际市场价格的控制力
□ 利用中国政府"走出去"政策的相关鼓励措施
□ 利用东道国对投资的优惠政策
□ 利用某些国家良好的制度环境，例如对知识产权的保护，融资的便利性以及低税收等
□ 其他，请说明：_____

1.10 请对贵公司目前对外投资状况作一总体评价：
□ 非常满意　　　　　　　□ 基本上满意
□ 基本上不满意　　　　　□ 非常不满意

2.1 贵公司将采取哪种方式为对外投资筹集资金？
□ 公司的自有资本　　　　□ 向中国国有银行借贷
□ 向中国非国有银行借贷
□ 在中国国内（包括香港地区）发行新股票
□ 在中国国内（包括香港地区）发行新债券
□ 在海外资本市场发行新股票　□ 在海外资本市场发行新债券
□ 向中国政府贷款
□ 其他，请说明：_____

2.2 贵公司计划在对外投资时涉及的主要商业领域是：（请选择一项最适合的答案）
□ 自然资源的开采、运输或加工　□ 农业及其相关业务、食品加工
□ 信息通信产品制造及服务　　　□ 其他制造业
□ 贸易　　　　　　　　　　　　□ 金融服务
□ 商业服务　　　　　　　　　　□ 技术服务
□ 其他，请说明：_____

2.3 贵公司在进行对外投资时，产品和服务所要进入的首要目标市场是：(请选择一项最适合的答案)

□ 投资所在地市场　　　　□ 中国国内市场
□ 亚洲市场　　　　　　　□ 欧洲市场
□ 北美洲市场　　　　　　□ 整个国际市场
□ 其他市场

2.4 以下哪个选项最能如实描述贵公司目前采用的海外经营形式（请针对不同投资地区选择所有适合的选项）？

	投资所在地为发达国家 (2.4.1)	投资所在地为发展中国家 (2.4.2)
设立代表处	□	□
设立代理人	□	□
设立销售办事处	□	□
配备生产设备	□	□
设立采购中心	□	□
设立分销中心	□	□
不知道	□	

2.5 以下哪些选项最能如实描述贵公司目前的主要海外经营活动所涉及的行业？（请针对贵公司投资的每个地区仅选择一个合适的答案）

	投资所在地为发达国家 (2.5.1)	投资所在地为发展中国家 (2.5.2)
农业、捕猎、林业	□	□
渔业	□	□
制造业	□	□
□ 食品、饮料和烟草	□	□
□ 纺织及纺织品	□	□
□ 皮革及制品	□	□
□ 木材及制品	□	□
□ 纸浆、纸产品、出版、印刷	□	□
□ 煤炭、石油冶炼、核燃料	□	□
□ 化学品、化学制品与人造纤维	□	□

□ 橡胶与塑料制品	□	□
□ 其他非金属矿产品	□	□
□ 碱性金属、金属制品	□	□
□ 机器、设备（不另分类）	□	□
□ 电气、光纤制品	□	□
□ 运输设备	□	□
□ 回收	□	□
水、电、气供应	□	□
建筑业	□	□
批发及零售业；汽车、摩托车及日用物品修理业	□	□
宾馆及餐饮业	□	□
运输、仓储及通信业	□	□
金融中介	□	□
房地产业、租赁及经营、咨询业	□	□

2.6 贵公司的海外投资最经常采用的是以下哪种方式？

	投资所在地为发达国家	投资所在地为发展中国家
	（2.6.1）	（2.6.2）
绿地投资（新建直接投资）	□	□
褐地投资（拓展或升级现有设施）	□	□
兼并与收购	□	□
设立合资企业	□	□

2.7 以下哪个选项最能准确描述贵公司海外分支机构的所有制形式？

	投资所在地为发达国家	投资所在地为发展中国家
	（2.7.1）	（2.7.2）
中方持有全部股份（=100%）	□	□
中方控股（>50%并<100%）	□	□
中方持有部分股份（<50%）	□	□

2.8 请贵公司就如下列出的一些在对外投资过程中产生影响的因素选项予以选择，并就每项后所列"1、2、3、4、5"五种评价，明确一个（其中"1"为决定性影响，"2"为非常重要的影响，"3"为重

要影响,"4"为较有影响,"5"为影响很弱)。

	1	2	3	4	5
a. 当地消费者对中国品牌不了解					
b. 潜在消费者对中国产品的质量和安全性存在担心心理					
c. 在融资上有困难					
d. 中国政府或群众对于该投资有负面反应					
e. 投资东道国的政府或群众对于该投资有负面反应					
f. 缺乏国际经营和管理的人才					
g. 缺乏对新市场法规和风险的了解					
h. 缺乏对国际市场产品/加工技术的创新					
i. 文化壁垒使得商业活动难以推行					

参考文献

[1] Aharoni, Y., *The Foreign Investment Decision Process Boston* [M]. Harvard University Press, 1966.

[2] Aliber, R., A Theory of Direct Foreign Investment, in Kindledeger, C. (ed.). *The International Corporation* [M]. MIT Press, Cambridge Mass, 1970.

[3] Anderton, R., Underlying Trends In Manufacturing Export Shares For Six Major Industrialised Countries [J]. *Bulletin of Economic Research*, 1991, Vol. 43, pp. 169 – 178.

[4] Bain, J., *Industrial Organization* [M]. New York, John Wiley & Sons, 1959.

[5] Bajo – Rubio, O., Foreign Directment and Trade: A causality Analysis [J]. *Open Economics Review*, 1999, Vol. 12, pp. 305 – 324.

[6] Bayoumi, Lipworth, Japanese Direct Investment and Regional Trade [R]. IMF Working Paper, 1997.

[7] Bayoumi, T. and G. Lipsey, Japanese Foreign Direct Investment and Regional Trade [R]. 1997, IMF Working Paper, No. 1659.

[8] Berman, E., J. Bound and S. Griliches, Changes in the Demand for skilled labour within U.S. Manufacturing: Evidence from the Annual Survey of manufacturers [J]. *Quarterly Journal of Economics*, 1994, 109 (2): 367 – 397.

[9] Bergsten C. Fred, Thomas Horst and Theodore Moran, American Multinationals and American Benefits [M]. The Brookings Institution, Washington D.C., 1978.

[10] Blomstrom, Gunnar Fors, Robert E. Lipsey, Foreign Direct Investment and Employment, Home Country Experience in the United States and

Sweden NBER Working Paper No. 6205 Oct. , 1997.

[11] Blomstrom, M. and Kokko, A. , 1995, Home Effect of Foreign Direct Investment Evidence: From Sweden, Working Paper NEBR No. 4639.

[12] Blomstrom, M. , G. Fors and R. Lipsey. , Foreign Direct Invwstment and Employment: Home Country Experience in the United States and Sweden [R]. NBER Working Paper, 1997, No. 6205.

[13] Blomstrom, M. , R. Lipsey and K. Kulchycky, U. S. and Swedish Direct Investment and Exports [M]. in R. Baldwin (ed.), *Trade Police Issues and Empirical Results*, Chicago University Press, 1988.

[14] Braconier, H. and K. Ekholm, Swedish Multinationals and Competition from High – and Low – Wage Locations [J]. *Review of International Economics*, 2000, Vol. 8 (3), pp. 448 – 461.

[15] Braconier, H. and K. Ekholm, Foreign Direct Investment in Eastern and Central Europe: Employment Effects in the EU. Mimeo [R]. Stockholm School of Economics revised version of CEPR Discussion Paper, 2002, No. 3052.

[16] Braconier, H. , K. Ekholm and K. H. Midelfart Knarvik, In search of FDI – transmitted R&D spillovers: A study based on Swedish data [J]. Weltwirtschafliches Archiv, 2001, Vol. 137 (4), pp. 644 – 665.

[17] Brainard, S. , A simple Theory of Multinational Corporations and Trade with a trade – off between proximity and concentration [R]. NBER Working Paper, 1993, No. 4269.

[18] Brainard, S. and D. Riker, Are US Multinationals exporting US jobs? [J]. NBER Working, 1997, No. 5958.

[19] Brainard, S. and D. Rike, US Multinationals and competition from low – wage countries [R]. NBER Working, 1997, No. 5955.

[20] Brainard, S. , An Empirical Assessment of the Proximity – Concentration Trade – off between Multinational Sales and Trade [J]. *American Economic Review*, 1997, Vol. 87: 520 – 544.

[21] Branstetter, L. , Is Foreign Direct Investments a Channel of Knowledge Spillovers? Evidence form Japan's FDI in the United States [R]. NBER Working Paper, 2000, No. 8015.

[22] Bulatov, A., Russian Direct Investment Abroad – Main Motivations in the Post – Soviet Period. *Transnational Corporations*, 1998 (7), pp. 69 – 82.

[23] Bulcke, D. V. D., Halsberghe, E., Emploment Effects of Multinational Enterprises A Belgian Case Stude (Geneva: International Labour Office, Multinational Enterprises Programme) (mimeo). 1979, pp. 40 – 45.

[24] Buckley, P. and Casson, M., *The Economic Theory of The Multinational Corporates* [M]. Macmillan Press LTD., 1985.

[25] Buckley, P. and Casson, M., *The Future of Multibational Enterpriae* [M]. Macmillan Press, London, 1976.

[26] Campbell, D., Foreign Investment, Labor Immobility and the Quality of Employment. *International labor Review*, 1994, 133 (2), pp. 185 – 204.

[27] Cantwell, J., A Survey of Theorys of International Production, in Christos, N. and Roger, S. (ed.), *The Nature of the Translational Firm* [M]. Routledge, London, 1991.

[28] Carr, D., Markusen, J. and Maskus, K., Estimating the Knowledge – Capital Model of the Multinational Enterprises [M]. University of Colorado manuscript, 1998.

[29] Casson, M., *Alternatives to the Multinational Enterprises* [M]. Macmillan Press, London, 1979.

[30] Casson, M., *Multinational Enterprises and Economic Analysis* [M]. Cambridge University Press, 1982.

[31] Caves, R., International Corporations: The Industrial Economics of Foreign Investment [J]. *Economica*, 1971, Vol. 38, pp. 1 – 27.

[32] Caves, R., Multinational Firms, Competition and Productivity in Host Country Market [J]. *Economica*, 1974, Vol. 41, pp. 176 – 193.

[33] Cheung, Steven, The Contractual Natural of the Firm [J]. *Journal of Law and Economics*, 1983, Vol. 26, pp. 1 – 21.

[34] Coase, R. H., The Nature of the Firm [J]. *Economica*, 1937, 4, pp. 386 – 405.

[35] Coe, D. T. and E. Helpman, International R&D Spillovers [J]. *Euro-

pean Economic Review, 1995, Vol. 39, pp. 859 – 887.

[36] Corden, W., The Theory of International Trade, in Dunning, J. (ed.), *Ecomnomic Analysis and the Multinational Enterprise* [M]. Allen & Unwind Press, London, 1974.

[37] Courtney, William H. and Danny M. Leipziger, Multinational Corporations in LDCs: The Choice of Technology [J]. Oxford Bulletin of Economics, 1975, Vol. 57.

[38] David T. Coe and E. Helpman, International R&D Spillovers [J]. *European Economic Review*, 1995, Vol. 39.

[39] Dellatorre, The Theory of International Production [J]. *The International Trade Journal*, 1973 (3), pp. 8 – 17.

[40] Dunning, J., *American Investment in British Manufacturing Industry* [M]. Allen and Unwin, London, 1958.

[41] Dunning, J., Explaining Changing Patterns of International Production: An Defence of the Eclectic Theory [J]. *Oxford Bulletin of Economic*, 1979, Vol. 41, pp. 269 – 296.

[42] Dunning, J., Towards an Eclectic Theory of International Production: Some Empirical Tests [J]. *Journal of International Business Studies*, 1980, Vol. 2, pp. 9 – 31.

[43] Dunning, J., The Eclectic Paradigm of International Production: An Update and Some Possible Extensions [J]. *Journal of International Business Studies*, 1988, Vol. 19 (1), pp. 1 – 31.

[44] Dunning, J., The Theory of International Production [J]. *The International Trade Journal*, 1981, Vol. 3.

[45] Dunning, J., *Explaining International Production* [M]. Unwind Hymen, 1981.

[46] Dunning, J., *International Production and the multinational Enterprise* [M]. Allen & Unwind Press, London, 1981.

[47] Dunning, J., Explaining Outward Direct Investment of Development Countries: In Support of the Eclectic Theory of International Production, in Kumar, K. and Mcleod, M. (ed.), *Multinationals from Developing Countries* [M]. Lexington Books, Lexington, Mass., 1981.

[48] Dunning, John H. , *The selected essays of John. Dunning* [M]. Edward Elgar, 2002.

[49] Dunning, John, Locations and multinational Enterprises: Neglected Factor? [J]. *Journal of International Business Studies*, 1991 (1).

[50] Dunning, J. , The Investment Development Cycle and Third World Multinationals, in Khan, K. (ed.), *Multinationals of the South* [M]. Routledge, London, 1986.

[51] Dunning, J. , The Eclectic Paradigm of International Production: A Personal Perspective. in Christos, N. and Roger, S. (ed.), *The Nature of the Translational Firm* [M]. Routledge, London, 1991.

[52] Dunning, J. , *Multinational Enterprises and the Global Economy* [M]. Addison Wesley, 1993.

[53] Dunning, J. , *The Thory of Transnational Corporations* [M]. Routledge, 1993.

[54] Dunning, J. , Reappraising the Eclectic Paradigm in an Age of Alliance Capitalism [J] . *Journal of International Business Studies*, 1995, Vol. 26 (3): 461 - 492.

[55] Dunning, J. , Globalization and the Theory of MNE Activitiy, in Hood, N. and Young, S. (ed.), *The Globalization of MNE Activity and Economic Developmen* [M]. Macmillan Press, 2000.

[56] Eaton, J. and Tamura, A. , Bilateralism and Regionalism in Japanese and U. S. Trade and Direct Foreign Investment Patterns [J] . *Journal of the Japanese and International Economics*, 1994, Vol. 8 (4).

[57] Edward M. Graham, Erika Wada, Foreign Direct Investment In China: Effects On Growth And Economic Performance.

[58] Feenstra, R. and G. Hanson, Globalization, Outsourcing and Wage Inequality [J] . *American Economic Review*, 1996, Vol. 86 (2), pp. 240 - 245.

[59] Feenstra, R. and G. Hanson, Foreign Investment, Outsourcing and Relative Wages, in R. Feenstra et al. (eds.), *The Political Economy of Trade Policy: Papers in Honour of J. Bhagwati* [M]. MIT Press, 1996.

[60] Feenstra, R. and G. Hanson, Foreign Direct Investment and Relative

Wages: Evidence from Mexico's Maquiladoras [J]. *Journal of International Economics*, 1997, Vol. 42, pp. 371 – 393.

[61] Feldstein M. and C. Horioka, Domestic saving and international capital flows [J]. *Economic Journal*, 1980, pp. 314 – 29.

[62] Feldstein, M., The Effect of Outbound Foreign Direct Investment on the Domestic Capital Stock [R]. NBER Working Paper, 1994, No. 4668.

[63] Ekholm, K., Forslid, R. and Markusen, J., Export – Platform Foreign Direct Investment [R]. NBER Working Paper, 2003, No. 9517.

[64] Flatters, Frank, Commodity Price Equalization: A Note on Factor Mobility and trade [J]. *The American Economic Review* (AER), 1972, 62 (3), pp. 442 – 476.

[65] Fontagne, L. and Pajot, M., How Foreign Direct Investment affect International Trade and competiveness: An Empirical Assessment [R]. CEPII, document de travail, 1997, pp. 97 – 167.

[66] Fors, G. and Kokko, A., 1999, Home country Effect of FDI: Foreign Production and Structural Change in Home Country Operations, The Seventh Sorbonne International conference, Paris, June.

[67] Fortanier, F., 2007, "Foreign Direct Investment and Host Country Economic Growth: Does the Investor's Country of Origin Play a Role?". Transnational Corporations, Vol. 16, pp. 41 – 76.

[68] Fosfuri, A. and M. Motta, Multinationals without Advantages [J]. *Scandinavian Journal of Economics*, 1999, Vol. 101 (4), pp. 617 – 630.

[69] Glickman, Norman J. and Douglas P. Woodward, The New Competitors: How Foreign Investments Are Changing the U. S. Economy [M]. Basic Books, New York, 1989.

[70] Glickman, Woodward, The New Competitor: How Foreign Investor are Changing the US Economy [M]. Basic Books, 1989.

[71] Goldberg, L. S. and M. W. Klein, Foreign Direct Investment, Trade and Real Exchange Rate Linkages in South East Asia and Latin America [R]. NBER Working Paper, 1998, No. 6344.

[72] Graham, E., Oligopolistic Reaction and European Direct Investment in US [M]. Harvard Business School, mimeo, 1975.

[73] Hamill, J., Employment Effect of Changing Multinational Strategies in Europe [J]. *European Management Journal*, 1992 (10), pp. 55 –58.

[74] Hanson, G., Mataloni, R. and Slaughter, M., Expansion Strategies of U. S. Multinational Firms, in Dani Rodrik and Susan Collins (ed.) [J]. *Brookings Trade Forum* 2001, pp. 245 –294.

[75] Hansson, P., Skill, upgrading and production transfer within Swedish multinationals in the 1990s [R]. CEPS Working Document, 2001.

[76] Hatzius, J., Domestic jobs and foreign wages: labour demand in Swedish multinationals [R]. Centre for Economic Performance Discussion Paper, 1997, No. 337.

[77] Hawkins, R., Job Displacement and the Multinational Firms: A Methodological Review [R]. *Occasional*, No. 3, Center for Multinational Studies, 1972.

[78] Hawkins, R. G., Job Displacement and Multinational Firm. A Methodological Review [J]. Washington: Center of Multinational Studies, 1972, June.

[79] Head, K. and J. Ries, Offshore production and skill upgrading by Japanese manufacturing firms [J]. *Journal of International Economics*, 2002, Vol. 58, pp. 81 –105.

[80] Helmberger and Schmitz, Factor Mobility and International Trade: The Case of Complementarity [J]. *The American Economic Review* (AER), 1970, 60 (4), pp. 761 –67.

[81] Helpman, E., A Simple Theory of International Trade with Multinational Corporations [J]. *The Journal of Political Economy*, 1984, Vol. 92, pp. 451 –471.

[82] Helpman, E. and Krugman, P., Market Structure and Foreign Trade, in Increasing Returns, *Imperfect Competion and International Economy* [M]. The MIT Press, Cambridge, Mass, 1985.

[83] Helpman, E., Melitz, M. and Yeaple, S., Export Versus FDI [R]. NBER Working Paper, 2003, No. 9439.

[84] Hirsch, S., Location of Industry and International Competitiveness [M]. Oxford University press, London, 1976.

[85] Hufbauer, G., D. Lakdawalla and A. Malani, Determinants of Foreign Directment and its Connection to Trade [R]. *UNCTAD Review*, 1994, pp. 39 – 51.

[86] Hummels, D., J. Ishii and K. – M. Yi, The Nature and Growth of Vertical Specialization in World Trade [J]. *Journal of International Economics*, 2001, Vol. 54, pp. 75 – 96.

[87] Hymer, S., *International Operational of National Firms: A Study of Direct Foreign Investment* [M]. Doctorial Dissertation for Massachuusetts Institute of Technology, Mass. MIT Press 1976.

[88] Hymer, S., *The Multinational Corporation: A Radical Approach* [M]. Cambridge University Press, Cambridge, 1979.

[89] Irving B. Kravis and Robert E. Lipsey, The Effect of Multinational Firms' Foreign their Domestic Employment [R]. NBER Working Paper, 1988, No. 2760.

[90] Jaffe, A., M. Trajtenberg and R. Henderson, Geographic Localization of Knowledge Spillovers as Evidenced by Patent Citations [J]. *Quarterly Journal of Economics*, 1993, Vol. 108 (3), pp. 577 – 598.

[91] Jasay, A. E., The Social Choice between Home and Oversea Investement [J]. *Economic Journal*, 70, 1960, pp. 105 – 113.

[92] Johanson, H., The Efficiency and Welfare Implication of the International Coperations, in Kindleberger, C. (ed.), *The International Corporation: A Symposium* [M]. Mass. MIT Press, Cambridge, 1970.

[93] Johanson, J., Vahlne, E., The International Process of the Firms: A Model of Knowledge Development and Increasing Market Commitment [J]. *Journal of International Business Studier*, 1977, Vol. 8 (2), pp. 23 – 32.

[94] John H. Dunning, The Eclectic Paradigm as an envelope for Economic and Business Theories of MNE Activity [J]. *International Business Review* 9, 2000, pp. 1 – 12.

[95] Jost, T., Direct Investment and Germany as a Business Location [R]. Deutsche Bundesbank Discussion Paper, 1997, No. 2/97.

[96] Kalotay, K., Modeling Russian outward FDI [J]. *Journal of Interna-

tional Management, 2010, 16 (2): 131 – 142.

[97] Keith Head and John Ries, Overseas Investment and Firm Exports [J]. *Review of International Ecomomics*, 2001, Vol. 9 (1), pp. 108 – 122.

[98] 毕海霞：《河北省中小企业对外直接投资的发展特征意义及发展战略分析》，《沿海企业与科技》2009 年第 10 期。

[99] 宾建成、刘兰勇：《中印对外直接投资比较研究》，《当代经济管理》2011 年第 4 期。

[100] 蔡悦：《论上海企业的对外直接投资》，《上海工程技术大学》2005 年第 2 期。

[101] 蔡丹：《我国与日本对外直接投资的比较研究》，《科技投资》2002 年第 6 期。

[102] 曹巍、朱长风：《领先型 R&D 战略和追赶型 R&D 战略的比较研究》，《中国矿业大学学报》2004 年第 12 期。

[103] 钞鹏：《对外直接投资对母国的就业效应及其传导机制》，《广西社会科学》2011 年第 3 期。

[104] 陈文彬：《我国对外直接投资的动因分析和模式选择——以福建省为例》，《时代金融》2008 年第 4 期。

[105] 陈泰峰：《中国国际收支平衡：模式选择与目标方向》，《国际经济合作》2007 年第 2 期。

[106] 陈浪南、童汉飞：《我国对外直接投资的行业选择战略》，《国际商务》（对外经济贸易大学学报）2005 年第 5 期。

[107] 陈蔚：《对外直接投资与西部大开发》，《西北大学》2004 年第 4 期。

[108] 陈江：《对外直接投资对安徽经济发展影响分析》，《华东经济》2006 年第 2 期。

[109] 陈刚、李燕：《对外投资在云南省对东南亚和南亚开放战略中的作用》，《商业文化》2010 年第 3 期。

[110] 陈奇：《福建民营企业"走出去"及政策建议》，《国际经济合作》2006 年第 5 期。

[111] 陈福添：《福建企业跨国经营战略的实证研究》，《华东经济管理》2006 年第 2 期。

[112] 陈继勇主编：《国际直接投资的新发展与外商对华直接投资研究》，

人民出版社 2004 年版。

[113] 陈继勇、秦臻:《外商直接投资对中国商品进出口影响的实证分析》,《国际贸易问题》2006 年第 5 期。

[114] 陈继勇:《美国对外直接投资研究》,武汉大学出版社 1993 年版。

[115] 陈舜:《对外直接投资的利益来源》,《世界经济》1994 年第 5 期。

[116] 陈小强:《中国跨国公司经营论》,中国财政经济出版社 2005 年版。

[117] 陈小文:《技术寻求型对外直接投资和中国企业的跨国经营》,《南京财经大学学报》2007 年第 1 期。

[118] 陈计旺:《东部地区产业转移与中部地区经济发展》,《山西师大学报》2003 年第 3 期。

[119] 成思危主编:《中国境外投资的战略与管理》,民主与建设出版社 2001 年版。

[120] 程俊杰:《我国对外直接投资的经济效应分析》,《沿海企业与科技》2008 年第 9 期。

[121] 程惠芳:《对外直接投资比较优势研究》,生活·读书·新知三联书店 1998 年版。

[122] 程惠芳:《对外直接投资与宏观经济的内外均衡发展》,《经济研究》1998 年第 9 期。

[123] 程惠芳、潘信路:《入世与国际直接投资发展》,世界图书出版公司 2000 年版。

[124] 崔岩、臧新:《日本对外直接投资与产业结构的实证分析》,东南大学,2006 年。

[125] 崔家玉:《对外直接投资对出口的影响》,《现代经济》2009 年第 4 期。

[126] 戴翔:《对外直接投资对国内就业影响的实证分析———以新加坡为例》,《世界经济研究》2006 年第 4 期。

[127] 邓宁:《中国对外直接投资与产业结构调整研究》,《国际贸易问题》1956 年第 6 期。

[128] 狄会深:《重点依托欧洲强化"特殊关系"——析英国对外战略的调整》,《当代世界》2001 年第 4 期。

[129] 董蓉蓉、臧新:《韩国对外直接投资与产业结构调整的实证分析》,

《商业研究》2006 年第 3 期。

[130] 董会琳、黄少达：《浅析扩大对外投资对就业的影响》，《财经科学》（增刊）2001 第 20 期。

[131] 杜阳群：《R&D 全球化反向外溢技术获取型 FDI 国际贸易问题》2006 年第 12 期。

[132] 段军山、毛中根：《FDI 投资收益汇出与潜在国际收支危机的理论及经验分析》，中国金融国际年会论文，2005 年 2 月。

[133] 范珂萌：《我国对外直接投资宏观分析及建议》，《内蒙古财经学院学报》2010 年第 4 期。

[134] 范欢欢、王相宁：《我国对外直接投资对国内产业结构的影响》，《科技管理研究》2006 年第 11 期。

[135] 范方志、周剑：《对外直接投资与母国技术创新》，《湘潭大学社会科学学报》2003 年第 5 期。

[136] 方慧、张贝贝、张青：《中印对外直接投资的比较研究》，《山东大学学报》（哲学社会科学版）2009 年第 1 期。

[137] 弗农：《产品周期中的国际投资和国际贸易》，《经济学季刊》1966 年第 3 期。

[138] 冯志坚、蔡兴、莫旋：《对外直接投资与母国就业模式》，《商场现代化》2007 年第 11 期。

[139] 冯倩：《论中国—东盟自贸区下的山西对外直接投资》，《商品与质量》2010 年第 12 期。

[140] 高巍：《印度对外直接投资的经验与启示》，《观察家札记》2006 年第 12 期。

[141] 高文志、余建星、王庆云：《河北省境外直接投资的战略研究》，《河北经济社会发展研究》2006 年第 3 期。

[142] 高铁梅：《计量经济分析方法与建模应用及实例》，清华大学出版社 2005 年版。

[143] 高雪莲：《巴西入世后的政策演变与启示》，《开放导报》2002 年第 10 期。

[144] 高敏雪：《对外直接投资统计基础读本》，经济科学出版社 2005 年版。

[145] 古广东：《中国企业对外直接投资对出口贸易影响分析》，《亚太

经济》2008 年第 1 期。

［146］古广东:《中国企业对外直接投资对出口贸易影响分析》,《亚太经济》2008 年第 1 期。

［147］古广东:《对外直接投资与中国国际收支:机理分析与尝试性检验》,《重庆师范大学学报》2008 年第 2 期。

［148］郝丰慧:《山西企业实施"走出去"战略的问题及对策》,《科学之友》2009 年第 7 期。

［149］韩太祥:《经济发展、企业成长与跨国公司——发展中国家跨国企业研究》,经济科学出版社 2004 年版。

［150］贺文华:《FDI 与经济增长区域差异:基于中国省际面板数据的研究》,《经济前沿》2009 年第 3 期。

［151］贺琼、孙伍琴:《浙江省企业对外直接投资分析》,《宁波大学商学院》2004 年第 3 期。

［152］胡日东:《基于小规模技术理论的福建民营企业境外直接投资战略分析》,《经济地理》2006 年第 2 期。

［153］黄蔚:《美国对华直接投资发展的实证研究及趋势分析》,《国际贸易问题》2005 年第 12 期。

［154］黄放:《我国对外直接投资存在的问题与发展战略分析》,《佳木斯大学社会科学学报》2005 年第 5 期。

［155］黄亚均:《宏观经济学》,高等教育出版社 2005 年版。

［156］黄庐进、梁乘:《中印对外直接投资比较研究》,《对外经贸》2011 年第 11 期。

［157］黄先海、石东楠:《对外贸易对我国全要素生产率影响的测度与分析》,《世界经济研究》2005 年第 1 期。

［158］黄志远:《中国对外直接投资的经济效应分析》,同济大学出版社 2006 年版。

［159］何大安:《投资流向与结构调整、结构升级的关联分析》,《经济研究》2001 年第 11 期。

［160］何洁、许罗丹:《中国工业部门引进外国直接投资外溢效应的实证研究》,《世界经济文汇》1999 年第 2 期。

［161］吉粉华:《通过对外直接投资调整我国产业结构》,《全国商情(经济理论研究)》2008 年第 9 期。

[162] 江小涓：《我国对外投资的战略意义与政策建议》，《中国外汇管理》2000 年第 11 期。

[163] 蒋恩尧、李丽红：《我国企业对外直接投资的结构分析与思考》，《商业研究》2002 年第 8 期。

[164] 蒋昭侠：《产业结构问题研究》，中国经济出版社 2005 年版。

[165] 蒋志强：《基于 VAR 模型的我国对外直接投资与经济增长关系经验研究》2009 年第 3 期。

[166] 姜虹、范纯增：《韩国对外直接投资的区域特征及成因》，《东北亚论坛》2002 年第 5 期。

[167] 姜巍：《广东省企业对韩国直接投资的可行性及战略选择》，《走向贸易强国之路》2011 年第 1 期。

[168] 姜艳、杨惠升、陈近光：《云南省企业扩大进口和对外投资现状调查》，《时代金融》2011 年第 12 期。

[169] 金祥荣、李有：《FDI 与我国技术进步关系的实证分析》，《技术经济》2005 年第 5 期。

[170] 景婷婷：《日本的产业空心化与美国的对比分析》，《管理世界》2008 年第 7 期。

[171] 康伟、齐中英：《东道国 FDI 政策国际比较研究》，《学术交流》2005 年第 11 期。

[172] 兰绍瑞：《中国对外经贸的就业效应分析》，《经济工作》2000 年第 3 期。

[173] 蓝庆新、张雅凌：《印度对外直接投资的经验及对我国实施"走出去"战略的启示》，《东南亚纵横》2009 年第 3 期。

[174] 梁树新、王哲：《对外直接投资与本国产业发展》，《中国经济评论》2003 年第 10 期。

[175] 梁琦、施晓苏：《中国对外贸易和 FDI 相互关系的研究》，《经济学季刊》2004 年第 7 期。

[176] 李蕊：《跨国并购的技术寻求动因解析》，《世界经济》2003 年第 2 期。

[177] 李杏、李小娟：《外商直接投资对经济增长的影响——基于母国的分析》，《国际贸易问题》2006 年第 4 期。

[178] 李文溥、张明志：《福建发展对外直接投资问题研究》，厦门大学

出版社 2012 年版。

[179] 李良：《对外直接投资与对外贸易关系的实证研究——以湖南经济为例》，《国际贸易》2011 年第 11 期。

[180] 李良新：《对外直接投资与经济增长关系研究——以湖南经济为例》，湖南涉外经济学院，2010 年。

[181] 李敏：《美国、法国、日本鼓励对外投资的税收政策比较》，《涉外税务》2006 年第 5 期。

[182] 李保民：《中国对外投资的政策与支持》，《国际贸易论坛》2008 年。

[183] 李子乃、潘文清：《计量经济学》，高等教育出版社 2008 年版。

[184] 李国平：《日本对外投资的发展与结构变化研究》，北京大学出版社 2001 年版。

[185] 李青阳：《湖南省对外贸易与经济增长关系的协整分析》，《黑龙江对外经贸》2007 年第 6 期。

[186] 李东阳：《国际直接投资与经济发展》，经济科学出版社 2002 年版。

[187] 李春艳、刘力臻：《对外直接投资在东北地区行为的实证分析》，《社会科学战线》2011 年第 11 期。

[188] 李荣林：《国际贸易与国际投资的关系：文献综述》，《世界经济》2002 年第 4 期。

[189] 林彩梅：《美、日多国籍企业经营策略》，（台北）五南图书出版有限公司 1988 年版。

[190] 林玉红：《实证分析 FDI 对中国经济增长的阶段性影响》，《科学技术与工程》2009 年第 1 期。

[191] 林佳洁：《FDI 对我国国际收支的影响及对策分析》，《中央财经大学学报》1998 年第 3 期。

[192] 刘慧：《利用外汇储备优势加强对外直接投资》，《当代经济》2009 年第 9 期。

[193] 刘冬、古广东：《对外直接投资与产业结构的关系——基于中国数据的实证研究》，《市场论坛》2010 年第 1 期。

[194] 刘龚、张宗斌：《中国对外直接投资和出口关系的实证研究——基于 ECM 方法》，《世界经济研究》2007 年第 4 期。

[195] 刘昌黎：《日本对华直接投资研究》，东北财经大学出版社 1999 年版。

[196] 刘昌黎：《日本对外直接投资的新衰退与新动向、新特点》，《世界经济导刊》2005 年第 8 期。

[197] 刘凤根：《FDI 投资区位的决定因素的实证研究》，《科学决策》2009 年第 7 期。

[198] 刘海云：《跨国公司经营优势变迁》，中国发展出版社 2001 年版。

[199] 刘红忠、张卫东：《蒙代尔—弗莱明模型之后的新开放经济宏观经济学模型》，《国际金融研究》2001 年第 1 期。

[200] 刘红忠：《中国对外直接投资的实证研究及国际比较》，复旦大学出版社 2001 年版。

[201] 刘正才：《韩国与巴西政府投资比较》，《东北亚论坛》1996 年第 2 期。

[202] 刘士余、李培育：《巴西的经济改革与政策调整及启示》，《管理世界》1995 年第 3 期。

[203] 刘凯敏、朱钟棣：《我国对外直接投资与技术进步关系的实证研究》，《亚太经济》2007 年第 4 期。

[204] 刘之杨、蒋文英、卢忠宝：《现阶段大力发展我国对外直接投资的必要性、可行性及对策》，《咸宁学院学报》2007 年第 4 期。

[205] 刘秀玲：《国际直接投资与技术转移》，经济科学出版社 2003 年版。

[206] 刘新英：《浅析中国对外直接投资与出口的关系》，《跨国投资》2007 年第 3 期。

[207] 刘新英：《中国对外直接投资与出口贸易关系及对策分析》，《江苏商论》2007 年第 1 期。

[208] 刘跃斌：《德国对外直接投资研究》，武汉大学出版社 2000 年版。

[209] 刘志伟、高利、陈刚：《中国的对外直接投资对其国际收支影响的实证研究》，《国际贸易问题》2006 年第 12 期。

[210] 刘志彪：《国际贸易和直接投资：基于产业经济学的分析》，《南京大学学报》（哲学·人文科学·社会科学）2002 年第 3 期。

[211] 柳思维、尹元元、生延超：《湖南境外投资的现状及发展对策》，《湖湘论坛》2008 年第 3 期。

[212] 龙明锋、杨兴礼：《积极拓展重庆对外直接投资》，《决策导刊》2002 年第 10 期。

[213] 鲁桐：《WTO 与中国企业国际化》，中共中央党校出版社 2000 年版。

[214] 卢慧芳：《广东省对外直接投资对产业升级的影响研究》，《中国经济导刊》2011 年第 10 期。

[215] 卢力平：《中国对外直接投资战略研究》，经济科学出版社 2010 年版。

[216] 罗良文、国际贸易：《国际直接投资与就业》，中国财政经济出版社 2004 年版。

[217] 罗良文：《对外直接投资的就业效应：理论及中国实证研究》，《中南财经政法大学学报》2007 年第 5 期。

[218] 马亚明、张岩贵：《技术优势与对外直接投资：一个关于技术扩散的分析框架》，《南开经济研究》2003 年第 4 期。

[219] 马常娥：《对外直接投资：韩国的经验和启迪》，《郑州航空工业管理学院学报》2009 年第 2 期。

[220] 马凌远：《FDI 对国际贸易的影响：来自中国的证据》，《中南财经政法大学学报》2008 年第 5 期。

[221] 毛中根、段军山：《外汇储备与我国对外直接投资》，《投资研究》2004 年第 10 期。

[222] 毛中根、段军山：《基于外汇储备角度的对外直接投资》，《亚太经济》2004 年第 2 期。

[223] 木每：《中日对外直接投资比较分析》，《日本学刊》2006 年第 3 期。

[224] 苗晓宇：《对外直接投资宏观经济效应的实证分析》，《统计与咨询》2006 年第 3 期。

[225] 潘颖、刘辉煌：《中国对外直接投资与产业结构升级关系的实证研究》，《统计与决策》2010 年第 2 期。

[226] 綦建红、李鸿：《中印对外直接投资的特征与效应比较》，《南亚研究》2008 年第 1 期。

[227] 钱学锋、张瑶：《中印海外投资的比较分析》，《世界经济研究》2005 年第 11 期。

[228] 秦斌：《中国企业对外直接投资必要性的理论研究》，《世界经济与政治》1995年第5期。

[229] 任晓莉、杜明军：《河南经济国际化：成就、比较与推进》，《中州学刊》2008年第9期。

[230] 戎建、苗瑞卿：《美国对外直接投资对国际收支的影响》，《世界经济与政治》2005年第5期。

[231] 茹玉骢：《技术寻求型对外直接投资及其对母国经济的影响》，《经济评论》2004年第2期。

[232] 桑秀国：《利用外资与经济增长——基于新经济增长理论的模型及对中国数据的验证》，《管理世界》2002年第9期。

[233] 商晤：《分析英国直投方略掌握投资——引资诀窍》，《世界机电经贸信息》2004年第3期。

[234] 邵祥林：《"走出去"跨国经营——中国经贸强国之路》，经济科学出版社2005年版。

[235] 沈伯明等：《"入世"与中国国际直接投资战略》，中山大学出版社2004年版。

[236] 沈坤荣、郁强：《外国直接投资、技术外溢与内生经济增长》，《中国社会科学》2001年第5期。

[237] 沈红霞：《FDI对河北省对外贸易影响的实证分析》，《沿海企业与科技》2009年第9期。

[238] 申建军、张效利：《我国巨额外汇储备的负面影响及对策分析》，《平顶山学院学报》2007年第10期。

[239] 史小龙、张峰：《外商直接投资对我国进出口贸易影响的协整分析》，《世界经济研究》2004年第4期。

[240] 宋军：《跨国并购与经济发展》，中国财政经济出版社2004年版。

[241] 孙建中：《资本国际化运营——中国对外直接投资发展研究》，经济科学出版社2000年版。

[242] 孙建中、马淑琴、周新生：《中国对外直接投资的产业选择》，中国财政经济出版社2002年版。

[243] 孙敬水、张蕾：《对外直接投资与进出口贸易关系的协整分析——以浙江省为例》，《财贸研究》2007年第1期。

[244] 孙晓萍：《对外直接投资对我国经济的中宏观影响分析》，《未来

与发展》2007 年第 2 期。

[245] 索燕京：《中国对外直接投资的内部约束及战略》，《商场现代化》2008 年第 3 期。

[246] 谭顺福：《中国产业结构的现状及其调整》，《对外经贸实务》2007 年第 6 期。

[247] 谭本艳、柳剑平：《对外直接投资对湖北经济增长的拉动效应分析》，《湖北社会科学》2011 年第 2 期。

[248] 滕智艺：《广西对外投资分析》，《特区经济》2010 年第 8 期。

[249] 汤丹花：《巴西利用外国直接投资及对我国的启示》，《商业研究》2009 年第 17 期。

[250] 汤建光：《中日对外直接投资的动因与特点比较及其启示》，《当代财经》2007 年第 3 期。

[251] 汪琦：《对外直接投资对投资国的产业结构调整效应及其传导机制》，《世界经济与政治论坛》2004 年第 1 期。

[252] 王丽娟：《中国对外直接宏观绩效的实证研究》，《重庆大学学报》（自然科学版）2007 年第 5 期。

[253] 王丹：《我国对外直接投资影响因素的实证研究》，《经济与社会发展》2007 年第 9 期。

[254] 王文举、王三星：《中日对外直接投资比较研究》，《财贸研究》2002 年第 1 期。

[255] 王会龙：《浙江民营企业对外直接投资的模式及其策略》，《经济研究导刊》2011 年第 38 期。